疫情时期的环球旅行

# 肆拾玖

疫行　琐记　杂忆

NZ·S 著

飞马国际出版社

2020年3月，随着新冠疫情的爆发，中国的政治环境和民粹气氛，让我感觉到呈现出前所未有的恶化趋势。这让我做出了再一次踏上环球旅程的决定。即使那是在一个全世界都在拒绝旅行者的"特殊时刻"。

这本书记录了从2020年3月到2022年3月，这整整两年的时间里，我从南亚到东欧到北美，又从拉美到西非到中东，最后又从西欧回到南亚的旅程。在这段旅程里，我不仅得以在这个人类社会近乎停摆下来的时刻，欣赏到了这个世界难得的寂静和他的孤独之美。同时我也亲历了不同国家地区，不同政治制度，不同宗教信仰，在疫情肆虐的考验之下，政治与人性，民主与民粹，权力与权利，纠结缠斗在一起的复杂局面。

作为一个有着8年环球旅行经历的旅行者，我曾经无数次的被这个世界上从未停止迸射的无数善良和质朴的光芒深深的温暖过。但同时在人性的汪洋之中，我也频频的感受到了比比皆是，荡涤不尽的丑恶和卑劣所释放的寒凉。鞭笞丑恶和质疑世俗，不是为了否定和颠覆现时所拥有的美好。而恰恰是为了对美好的坚守和追求。

我只想以一个旅行者的视角，把我所见的世界记录下来；作为一个渺小的星球过客，把我的点滴感怀固执的抛洒在这浩瀚的尘埃之中；以忠于灵魂的名义，证明我曾带着我的偏激和真诚从这个人间走过。

2024年1月28日

# 目次

# Banyan Tree 的阁楼

# 是酒肉穿肠过，还是彻底改佛法

# 终极的信仰是自由

# 率性的生活才是最有尊严的生活

Banyan Tree 的阁楼

# 一、开启"强行之旅"

# 逼出我戾气的庚子年初

2020 年 1 月 19 日，距离中国庚子年春节还有不到一周的时间。此时的新冠病毒，实则早已经在中国官员的刻意隐瞒之下开始蔓延。而因发布了疫情信息而遭"训诫"的医生李文亮，也已经早在此时的十几天前就签下了著名的"能，明白"。而我不知道的是，此时此刻的习近平是否已经开始了，如他随后在 1 月 28 日所言的，由他"一直亲自指挥，亲自部署"的疫情防控工作。但我只看到了 CCTV 在 19 号这一天从中国云南腾冲发出的报道。此时正在和顺古城里"闲庭信步"的习近平，对着游客人群中，向他高喊"习大大，彭妈妈呢？好爱你们"的人含笑回应："没来，哈哈哈，要过年了，都在家忙着呢"！

而短短的 4 天之后的 1 月 23 号，本应该和"他彭妈妈"一样忙着过年的武汉人已经忙不起来了。因为他们被强制性的封锁在他们生活的城市里，并被要求足不出户的度过这个中国庚子年的春节。

和往年的春节一样，由于大量的在京务工人员回乡过年，使北京有了难得的清静。但是 2020 年的春节，由于新冠疫情的爆发，北京的"清静气氛"几乎可以换成用"一片萧杀"来形容。从大年初一开始，我租住的北五环外的一个新建成的住宅小区，已经增设了出入盘查证件的保安和警察。所有的车辆进出都必须要有一张小区物业另外发放的出入证！小区之外的任何车辆一律不让进入。

第一次

保安：你这车怎么没有出入证啊？

我：没人给我什么证，我没功夫办那玩意！

保安：那不行昂！现在小区都得要出入证。没证车一律不让进。

我：你爹妈没教过你怎么跟大人说话啊？你 tm 给谁立规矩呢？

保安：这是物业定的！

我：你是物业下的蛋，孵出来的吗？你跟我说不着昂！

保安：我现在就是通知你啊。从下周开始，没有出入证都进不去。

我：好！那我到时候试试，谁拦着我，我就 tm 就撞死谁！

保安：这是街道办和派出所一起定的。

我：我现在给你停车是给你脸，你下次再拦着我一个看看。

第二次：

警察：您好，您这车还没办出入证是吧？

我：是谁都有资格让我办证吗？

警察：这个是咱们街道和区委统一安排的。现在这疫情情况比较特殊。还请您配合一下。

我：你们单位给你们培训的时候，告诉你们街道和区委有权立法是吗？

警察：现在这疫情期间，情况比较特殊。您要是不办就比较麻烦。我知道您这是院里的车。您要是不办，每次他们保安还得拦着您，也是给您添堵。不如办一个就省事了。

我：你说你要让人办这个证的目的是什么？有了证病毒就进不去了？这小区本来就是封闭的。我这院子里的车，有车位的，系统早录入了车号，电子扫描抬杆。外面的车本来就没有录入车号，不可能自动抬杆放进去。你们总是拿着给群众添麻烦不当回事是吧？

警察：我们其实也不想，这不是疫情吗，上边这么安排，我们就得执行，您多理解一下，多谢您配合了。要不然我跟他们保安说，让他们把证给您办好送过去。

后来的两次我进小区，没有保安再拦着我废话。大概一周后，保安还是在有一次我进小区的时候，拦住我给了我一张名片大小的卡片，上面写着我的车牌号。并跟我说这就是出入证。以后没事了。而这张"名片大小的出入证"在后来的日子里也从未有人查过。

无论是电视还是网络的各个媒体都在反复的播放着各种针对疫情的封控措施。"强制戴口罩"成了一个瞬间凭空设立的"法条"。违反者面临着被"执法者"粗暴的对待，以及道德舆论的诋毁式谴责。

返京的务工人员被拦截在火车站和租住的小区门口，业主被责令前去签署"防疫责任承诺书"，否则就不允许租户进入自己租住的房子。一时间，像流氓地痞一样的"社区执勤人员"，和用生硬甚至野蛮的"执法"来表示疫情严重的警察，一并被纳入"最美逆行者"的行列！他们与各种没有"手续"却需要进入封控区域的人员的争执，以及与大街上拒绝戴口罩的人的扭打，一并被看成是可歌可泣，舍生忘死的"英雄"行为！

网络上和微信群里各种难辨真伪的疫情消息，夹杂着对武汉人乃至湖北人的声讨，对吃蝙蝠人的谩骂和讽刺，对不戴口罩的人的鄙视和威胁，与对武汉早期疫情信息封锁的控诉，以及那些用来"刻意催泪"的正能量报道掺杂在一起，混淆着凌乱的逻辑，也摧毁着人们的认知……


## "约酒群"里的争执

正月初七是我的农历生日。已经在家憋了好几天的我，决定去天安门广场转转。广场入口安检的武警照例盘查我的证件。在他接过我证件的环节，我已经感觉到，他在刻意的与我保持着身体上的距离。

小武警：这时候了还出来啊？不怕病毒吗？

我：我不怕！你怕吗？

小武警递还给我证件，示意对我放行，但没有回答我对他的反问。

我们平时走的比较近的四五个朋友有一个约酒聊天的微信群。我从广场出来后，在这个"约酒群"里开玩笑说，今天我生日，我请喝酒啊！看看谁没出息不敢出来！其实，我这么说也只是开个玩笑而已，因为那时候已经很难找到还在开业的餐厅了。群里的老 C 本就是自己开餐厅的，更是早早的关了张。但是让我意外的是，这个群里的人已经完全接不起来这个玩笑了。老 C 甚至略带愤恨的说，都什么时候了，你愿意出去找死，你就自己去吧……

在那一刻我似乎才略微意识到了，大家平日里推杯换盏之间的那份豪放所释放着的"牛逼人设"，此刻已经荡然无存。取而代之的是疫情之下，难以摆脱的恐惧与焦虑！但是在那一刻还没有让我意识到的是，这份恐惧与焦虑的背后，所隐藏着的我们在价值认知，甚至是人格建设上的巨大分歧，正在随着这场疫情的发展而悄悄的弥漫并暴露出来！

大概就是从这个时候开始，在这个"约酒群"里的争执则变的愈演愈烈！而让我意外的是，群里的四五个人中，竟然只有我一个人坚持认为当前这些"抗击疫情"的措施大部分是在"违宪立法，违法立规"！是对法治和人权的践踏，是会造成次生危害和人道灾难的！这对社会的伤害会比疫情更严重！而这个"约酒群"里，除我之外的所有人却都对政府当前的封控措施抱持无条件的支持和服从态度。他们更多强调在"疫情如此严重的特殊时刻"，在人人都可能随时感染病毒甚至丢掉性命的时候，再谈什么"人权自由"是虚妄的！生命高于一切才更具价值！个体权利必须服从集体利益！群里的老 Y 甚至抛出"肺腑之言"："这个时候了，不听政府的，你说听谁的？难道听美国政府的吗？现在这疫情是怎么回事，谁也说不清楚，所以让干嘛就干嘛吧！保命要紧！"

当大家各自亮明立场之后，分歧当然愈加不可调和。气氛也变得越来越抵触和对立。最后以老 Y 退群为结束。尽管我确实不太认为生命应该高于一切！至少生命与生命之间，就没有高低之分。但是我更多强调的是，不能强迫他人去只服拥一种价值选择。即使是在所谓的"集体利益"面前，个体的权利也应该得到最大程度的保护，而不是被无底线的要求让渡。口罩可以戴，或许也应该戴，但是必须自愿，不能强制！如果今天"科学家认为"戴口罩必要，就用公权力去强制带口罩，那么明天"科学家认为"割掉一个器官可以避免病毒扩散，保全生命。是不是就要强制割掉国民的一个器官？这些在我看来理性的逻辑思考，在他们看来是虚妄执拗的强词夺理。或许是他们无言以对，也或许是他们早已被恐惧和焦虑夺走了心平气和思考问题的耐心。就连一直以"和睦型"自居的老 C，此刻也已经变得气急败坏，"你这样的就是应该被强制，就应该强制！必须强制！"那口气就好像一直隐忍顺应时势，且颇具江湖睿智的他，是时候以一个江湖"老炮儿"的姿态，"出手护法"一样。

无论是对中国政治体制老生常谈的批评，还是对中国社会扭曲生态的诟病，甚至是国家领导人任期限制被取消的这种极度无耻行为的出现，等等所有这一切，对于在中国这片土地上生活了 40 多年的我来说，都早已变成了一种不具有应激性的情绪表达。但是，这次疫情之下权力的野蛮出笼，和民粹的丑态百出，突然间变得与我如此切身！它仿佛瞬间突破了我一直努力隐忍的底线！而同时，长期以来强撑着，力求同时容纳我的意志和肉身的那个"立命空间"亦被击穿了。我突然切实的意识到，让我感到失望和无奈的，并不仅仅是这个国家的政府，政党和体制，更重要的是在这个时代阶段里，被暴露无遗的这个国家的国民性！

我鄙视当前这个普遍想要通过"要求他人必须去做些什么"，而来保全自己的健康和安全的民粹价值。而更加严重的是，我嗅到了一丝非常不详的感觉。在这位 50 后领导人的"亲自指挥，亲自部署"之下，中国社会当前这种前所未有的糟糕局面，可能会借着疫情而发展到不可收拾的程度。

因此就在那一刻，我决定要离开这里。


## 开启"强行之旅"

从我 2018 年 3 月回国后，我就没有再做过长线旅行的计划。虽然那时候我距离"去到 100 个联合国会员国"的目标还差几个，但我想我这已经走了将近 4 年的环球旅行应该算是已经结束了。2019 年我只去了朝鲜和菲律宾。那时的我以为，这种好似"填空"一样的短途旅行，可能是我今后的旅行常态了。

虽然我在 2019 年年底更换了新护照，更新了我的 EVUS，移签了新西兰签证，还拿到了沙特的电子签。但在我那时的 2020 年的旅行计划里，仅仅只是从西藏进入尼泊尔，去完成一直心心念念的 EBC 和 ACT 而已。顶多在之后顺路去填空不丹和孟加拉。总共大约两三个月就会回来。

1 月 31 号，WHO 最终还是宣布，中国的新冠疫情已经构成了"国际关注的突发公共卫生事件"（PHEIC）！随后，多个国家相继发布了入境限制。当时我手上拥有的还在有效期内的签证里，新西兰和沙特已经分别向我发送了我的签证被暂停的通知邮件。日，韩和加拿大明确了旅行签证禁止入境。美国也禁止了在 14 天内有中国旅行史的游客入境。国际航班的数量在直线下降。这一切显然给跨境旅行的困难性和可能性增加了极大的负面影响。但是这却让我更加确定，无论如何都要尽快离开中国。并且必须在之前的"南亚计划"的基础之上，制定更长期的旅行规划。

我租住的房子本是在 2020 年 2 月 5 号到期。这本来是我原计划的出发日期。我和房东商量，我暂时确定延长一个月的租期，用他手里押着我的一个月租金折抵。如果到了 3 月 5 号，我需要继续租，我会在那时再完善"押一付三"的支付款项。如果我到时候决定退租，我只需按时搬离，这样双方都省事。房东虽然表现的有一点不情愿，但是迫于当时的疫情情况，还是勉强答应了。

尽管我清楚的知道接下来疫情的发展，可能会给这次旅行增加多少难以预估的困难和不确定性。但我还是决定，坚持按照之前的"2020南亚计划"出发，之后再进入中东，从黎巴嫩进叙利亚和伊拉克，中东之后再去填补西非的空白。之后经过美国，然后再去刷掉没去过的那两个中美洲国家。不知道到那时候，这个疫情，这个国家，以及这个国家里的人，是不是能都正常一点……

　　与此同时，国内的情况也是在飞速变化。西藏已经明确宣布拒绝域外人士进藏。我只好选择了直飞尼泊尔的方案。实际上我从 2 月 18 号就已经开始尝试订飞尼泊尔的票，而那时，国内航线的稳定性完全无法保证，已经陷入了一片混乱！国航转成都和东航转昆明，飞加德满都的航班，国内段相继取消。最后我选择了价格最高的国泰航空转香港到加德满都。

　　虽然这一次我已经在国内长住了接近两年，但可能是因为没有了自己的房子，也可能是因为我的心绪始终还是没有稳定下来，所以这两年来我依旧保持着"极简主义"的生活方式。因此，收拾我的背包和腾空我租住的房子只用了半天时间。除了一些重要的文件和几件厚重的衣服之外，我依然可以把我所有的物品都放进我的那个 70 升的背包！而剩余的东西则一并扔掉！

　　我把房子的钥匙放在了楼道电梯间旁边的一个设备管道里。告诉房东我已经搬离，他可以过来取钥匙收房。这种避免见面的方式我们双方都理解并且更愿意接受。在离京的前一晚，我回到我母亲住的房子住了一晚。我买了足够她两个星期吃的东西，并告诉她没东西吃了给我妹打电话，实在不行找我，我会尽力安排人给他买东西。但是不要下楼出门！这么多年来，她已经习惯了对我完全没谱儿的行程不再多问，只是简单的知道我要先去尼泊尔，最快可能两三个月回来，但也可能，什么时候回来就没谱儿了……

　　我母亲住的小区门口也有了驻守的"志愿者"负责登记和查体温。一个"志愿者"小姑娘看我走过来，挡在了我的面前。

　　小姑娘：您把口罩戴上。登一下记，测一下体温。

　　我：这是户外，我戴不戴口罩，不是你管的事啊！体温你爱测不测。

　　小姑娘：那您登一下记吧。

　　我：我就住这，不是访客，登什么记啊！

小女孩没有说话。过来了一个小伙子。

小伙子：你住哪啊？

我：你是 XXX 家的那个傻儿子吧？不认识我，回家问你妈去！

（街道找了居委会工作人员的家属在这守着"执勤"，见到了老住户一般不敢造次，唯独对外地的租户们耀武扬威！见着我了可能眼生，但是一看又不是外地人的气场）

小伙子：您户口是这的吗？

我：（头也不回的往里走……）

从小就在这长大的我，虽然已经不在这里住有二十多年了，但是此刻的我还有上去大嘴巴抽这傻逼孩子一顿的冲动。我妹在后面替我应付着："都在都在，他就住这，户口也在……"

3 月 3 号早晨天色还没大亮，我让我妹开我的车，把我送到了首都机场。她在车里问我，你估计这趟什么时候能回来，我说也许今天晚上，也许，不知道……

在首都机场经过了必要的程序之后终于顺利出境。

在香港机场等待转机后，准备再次登机往加德满都飞的时候，一个面容姣好的女地服人员手持体温枪，站在登机大厅的门口为进入的旅客检测体温。当每一个旅客走到她面前的时候，她首先抬起左手挡在旅客的眼眉处，之后再提起右手里的体温枪对准旅客的额头测温。疫情发生后的这一个多月里，测体温已经是一个随处可见的常规性动作。经历了不计其数的测体温的我，这是第一次遇到会先用左手遮挡住对方的眼眉，再为对方测体温的情况。这一个简单的动作背后，折射出来的不仅是避免了可能的失误，给对方重要器官造成的不力。也不仅仅是可以避免让客人感到被不礼貌和不尊重的对待。而更重要的是，可以让对方感觉到检测者不是在实施权力，而是在提供服务与关护！

在后来我不止一次的思考过，就这一个简单的动作，与疫情爆发以来这一个多月里，我所目睹的在内地上演的种种"防疫行径"的巨大反差，不知道是需要几代人才能弥补上的社会文明和公民意识的差距！我不否认，当我生活在一个充斥着野蛮纵权，自私丑陋的"下三滥"的环境里的时候，我也不得不只有靠流氓和充满戾气的手段才能获得一些保障和达到一些目的。

无论怎样，这一刻是进入庚子年以来，让我最感温暖的一刻！

经过一整天的旅途波折，尼泊尔时间 2020 年 3 月 3 号晚上，我终于落地加德满都，并顺利入境尼泊尔。

# 二、EBC

# 你好，加德满都！

你好，加德满都！

时间来到三月初的时候，按照国内媒体的报道，似乎国内疫情的基本面已经得到了控制。但此时国外报告的病例数字已经超过了国内。病毒已经蔓延到了40余个国家和地区。网上有一个充满戏谑的消息，在所有报道过有确诊病例的国家中，有两个国家是只发现了一例。一个是尼泊尔，发现了一例，已经治愈了。另外一个是朝鲜，发现了一例，已经枪毙了。

早在3月3号之前，尼泊尔政府就已经宣布，从3月10号开始，停止中国公民的落地签入境政策。幸好我卡在这个时间之前进来了。尽管那一刻，尼泊尔官方的数据里并没有报告新的确诊病例。加德满都的街头也没有太多人做出防护。更谈不上有什么政策去干预和影响当地民众的正常生活。但是泰米尔街头的热闹与喧嚣显然多少还是受到了疫情的影响。游客的数量显然是溃不成军的！几乎每个人在知道我是中国人之后，都会关心的向我询问疫情的状况。

加德满都的杜巴广场一直是收费的，尽管这种收费极具侥幸的象征意义。

女保安：先生，进入广场需要买票的！

我：哦？其实我只是穿行而已。

女保安：那也是需要票的

我：好吧，那我不进去了，就在这里看看吧。

女保安：你是韩国人吗？

我：不，我是中国人

女保安：哦！那个病毒怎么样了？

我：我不清楚，我离开中国的时候，听说好像已经控制住了。

女保安：呃，那个，你们中国人都很喜欢吃蝙蝠吗？

我：这个我也不清楚，可能是有少数人喜欢尝试吧。不过我倒是听说，好像在印尼或是马来西亚，蝙蝠倒是一种更加传统和流行的食物。

女保安：啊，那为什么中国会有病毒？

我：这也是我很想知道的事情！所以你认为病毒的出现，是因为有人吃蝙蝠传染的吗？

女保安：哈哈哈，据说是的！你觉得呢？

我：我不知道，我只是知道蝙蝠在东南亚一些国家曾经是一个传统的食物。目前好像也还没有足够充分的证据可以证明，病毒是因为食用或者如何食用蝙蝠而传播到人体的。至少这个判断还很有争议。

女保安：你好像不怕病毒，你都不戴口罩的吗？

我：我在来的飞机上是戴的，但是在户外我没有戴。不过，你戴着口罩也是对的。因为这可能有助于避免你被病毒感染。

女保安：我觉得你好像就是不怕病毒的！

我：其实我也怕！但是我更愿意让人看到我轻松的表情，而不是感受到我没有表情的紧张情绪。中国已经很不幸了。但愿世界不会都这样。

女保安没有继续说话，但是默默的摘下她的了口罩……


# 星球三极之梦

很多旅行者把南极，北极和珠穆朗玛峰合称为这个星球的"三极"。南极和北极我都已经去过了，但是都没有去到极点，恰好我想我今生可能也不会有机会去登顶珠穆朗玛峰了。因此，在已经进入了南极圈和北极圈之后，再完成了到达珠峰南北两侧的登山大本营，则成为了我探访这个"星球三极"的一个终极目标！

有过 7 年藏地旅行经历的我，已经去过两次在中国境内的珠峰北坡大本营。如果这次完成了位于尼泊尔境内的珠峰南坡的大本营

（EBC）之后，我的这个"星球三极"的旅行目标也就算是完美收官了。与中国境内的珠峰大本营不同的是，尼泊尔境内的 EBC 必须要靠徒步到达。这也是尼泊尔境内比较知名的，非专业徒步路线里强度较大的一条。

从在北京经历了一个月的风声鹤唳后，一下子沉浸在了加德满都的风平浪静里。这种社会气氛的巨大反差好似让我从地狱回到了人间。但是几乎所有人都可以确信，这场疫情的全球化蔓延已经不可阻挡。而哪个国家可以成为没有病毒的净土似乎也已经成为幻梦。尼泊尔当前的风平浪静是否可以解读成是一种山雨欲来也未可知。所以为了避免夜长梦多，我尽快找了一家旅行社，订好了背夫和飞卢卡拉的机票。

卢卡拉的丹增希拉里机场被称为世界上最危险的机场。由于跑道非常短，对飞机降落时的着陆点要求极高，落早了会掉进悬崖，落晚了会撞上山体。平均每两年就会有一架飞机失事，而我当时飞的时候，已经两年半没有出事了……

但我还是很幸运的，6 号的早晨，我安全的降落在了这个世界上最危险的丹增希拉里机场。我的 EBC 之旅开始了：

"Lukla2841-Monjo2855-Namche3468-Pangboche3950-Dingboche4313-Lobuche4918-Gorak Shep5168(EBC5364& Kala Patthar5630)-Dzonglha4860-Dragnag4704-Gokyo4775-Dole4035-Monjo2855-Lukla2841"（全程 12 天）

# 夏尔巴背夫的"生意经"

每年的 4 月份是喜马拉雅山区最好的登山季节，而三月份还略微有一些早，有些地方的积雪还没有融化。通过的难度和不确定性还依旧存在。但此时的夏尔巴背夫和向导们已经活跃起来了，兴奋的迎接着他们今年的第一个收入旺季！显然他们并没有意识到即将到来的疫情会给尼泊尔的旅游业，以及他们的生计带来什么样的深远影响。他们依旧耍弄着他们自觉高明却充满侥幸的"挣钱套路"。在这一点上，我的背夫显然是最自负，但却是最不幸的那一个！

在一个商业文明并不发达的国家里，市场生态总是存在着这样那样的问题。很多时候最辛苦的工作者，可能并没有得到一份公平的收入。就好像这些夏尔巴的背夫和向导，不得不始终接受着这个市场配置给他们的这份并不能让他们"感到满意"的收入。而那些在这个市场里拥有更多支配权的旅行社，又默认着让这些夏尔巴人用并不光彩和清白的手段，去要挟和逼迫旅行者付给他们额外更多的费用。例如强迫你住在背夫们可以免费吃住甚至得到回扣的客栈！不断的表达"必须"向他们支付额外"小费"的要求！而当少数向我这样的强势而不妥协的人出现，矛盾被激化了之后，这些旅行社则不得不再去要挟这些夏尔巴背夫放弃这些无耻的手段和妄想！久而久之，本就尚处暧昧，并不能理会商业文明的夏尔巴人，干脆用他们的欲望去衡量他们的工作所应得的收入。用威胁恐吓的侥幸方式去增加他们获利的可能。如此，在整个喜马拉雅地区，尽管夏尔巴人在高山协作市场里的能力和名声独树一帜，但是在旅游市场里的口碑已经变得越来越差！

在尼泊尔徒步路线上的大部分客栈，只要你在他那里吃饭，其实住宿多数是不要钱的。这是因为我从第一天开始就执意拒绝背夫硬要给我安排的客栈，才得以发现的"秘密"。否则我不知所以而支付的房费则会成为背夫的额外收入。这无疑让背夫失去了一笔不小的进项！甚至，如果我自己选择的这家客栈不愿意为背夫提供免费食宿，则会让他更加被动！

这让我的背夫勃然大怒，一路上的殷勤瞬间消失。扬言决定不继续和我走了，准备回去。我说很好！我正好也很不喜欢你！你明天就回去吧。我会告诉旅行社把你这一天的费用付给你。在加德满都规划行程和旅行社交涉的时候，我只向旅行社预订了9天的背夫，尽管我知道这条线走下来一般需要15天，至少也需要11天。实际上我最终也用了12天。但是为了保留必要的主动性，我要求在后期根据实际天数多退少补。这样，即使我在第9天的时候走到半途，我如果选择不继续付费使用这个背夫，他则不得不自己一个人空着手走回Lukla！事后看来，我这样的设计，对背夫形成的牵制和掌控还是很有效也很必要的。

显然，他很快发现对我的恐吓是无效的。反而挨了旅行社的一顿骂！他不得不转回头告诉我他还是希望继续走。但是按照"规矩"，我必须每天支付他至少10美金的"小费"！我告诉他我不会给他一分钱！不必再存这样的幻想了。他说这是"规矩"！都要给的！我说我这个人从来不听别人给我立的"规矩"！你的"规矩"去和你的旅行社说！别给我惹急了，否则我让旅行社明天就给你结账！

没想到这种撕破脸的局面从第一天的Lukla到Monjo的行程就开始了。可能他一直都想不明白到底自己走了什么霉运，竟然遇到了我这样一个游客，经验丰富到已经提前就做好了对付他所有伎俩的准备，且还是一个颇爱较劲的人。但是一直走到了Dingboche的时候，他才算彻底放弃了在我身上挣到钱的幻想。他终于意识到这种与我对抗的侥幸做法，可能会让他失去的更多。继而换了态度，力求只保住从第9天之后回到Lukla的背夫收入。

# Dingboche，我的反问

在 Dingboche 的客栈遇到了一个要去登岛峰 (Imja Tse) 的美国小伙子。我选择的这家客栈里只住了我和他以及一个法国姑娘三个人。三月初的喜马拉雅山区，晚上还是异常寒冷的。客栈里只有在吃饭的大厅有可供取暖的火炉。晚上大家会都围坐在火炉前喝酒聊天，而不愿过早的回到各自的寒冷的房间睡觉。Dingboche 的海拔超过 4300 米，法国姑娘有一些不适，不时的向我们询问着适应高山环境的方法。但是美国小伙子显然对中国发生的疫情状况更感兴趣。不停的向我询问着他关心的问题。在闭塞的喜马拉雅山区，以及并不稳定的通讯设施，使我们当时并不知道，其时，这时全球疫情的发展状况已经是一泻千里了！

敢于去探险的人，更容易保持住清晰的思路和沉着的逻辑。美国小伙子在听我讲述了武汉的疫情状况，和我在北京经历的"疫情防控"措施之后，问了一个至少在当时，无疑是颇具"前瞻性"的问题："你认为这个疫情是否真的需要中国政府这样做？如果不这样做会怎样？我的意思是，可能没有一个西方国家可以向中国这样，或者说没有一个西方国家的政府能做到像中国政府这样。那……哈哈哈，那这疫情会把这些国家变成什么样……"

"这真的是个好问题！但是我想此刻恐怕没有人能回答！我真的不知道做不到像中国政府这样去"防控疫情"的国家，疫情会把那些国家变成什么样子？但是，我也想问问你，你觉得在预判到了疫情可能会发展成什么样子的情况下，一个国家的政府就应该，并且有权像中国政府这样做呢？？？"

他摇摇头，没有回答，但拿起他的啤酒瓶碰了一下我手里的啤酒瓶！

他的这个问题让我想起在疫情肆虐武汉，武汉决定封城的初期。那时候的疫情还没有波及到全球，即使是在国内，武汉之外报告的病例也还不是很多。网上开始大肆的宣扬中国"体制优势"。"危难之处见价值"。而在我的朋友圈里甚至也开始弥漫着一种声音,这样严重的疫情突发,只有中国共产党领导下的中国才可以应对。如果是发生在国外,那些国家早就乱了……

这种声音和观点甚至来自于更多年轻的,有过西方国家留学经历的 80 后,90 后。以及一些尚在国外谋生的华人华侨。

# EBC (Everest Base Camp)

在 EBC 环线里有三个重要的垭口 (Kongma La Pass, Cho La Pass, Renjo La Pass) 连带着三个重要观景点 (Chukung-ri, Kala Patthar, Gokyo-ri) 。Dingboche 是一个重要的节点,这里是决定是否要去翻越第一个垭口 Kongma La Pass 和去第一个观景点 Chukung-ri 的分叉点。同时,这里也是最后一个可以进行 Acclimatization 的住地,这之后的行程将上升到一个新的海拔等级。所以很多人都会在这里多停留一天用来调整自己的状态。由于当时得到的消息是,因为积雪 Kongma La Pass 封闭,无法穿越。因此我决定,既然 Kongma La Pass 过不去,干脆也就放弃第一个观景点 Chukung-ri,选择了走 Kongma La Pass 左侧向上的道路,上到 Lobuche,直冲 EBC 和第二个重要的观景点 Kala Patthar。

2020 年 3 月 11 号,在从 Lukla 出发的第 6 天,我终于成功的登上了海拔 5364 米的珠峰南坡大本营 EBC!此刻,我的"星球三级"计划算是彻底完成了。

在到达 EBC 的第二天早晨,我又冒着极寒,完成了登顶 5648 米的 Kala Patthar。但是 EBC 的路线里,最艰苦的阶段并没有结束。无论是 5364 的 EBC,还是 5648 的 Kala Patthar,都需要从我们住在的 5175 的 Gorak Shep 出发,之后再回到 Gorak Shep。当天再从这里去到 4860 的 Dzonglha。在这里调整一晚后，准备在第二天翻越 5420 的 Cho La Pass。

　　在不同的季节里，甚至是不同的月份里，走 EBC 的难度差别也是非常大的，在积雪没有完全融化的时候，很多路段是无法通过的。我走的时间是 3 月份。实际上，全部三个垭口，当时官方都是不建议走的，危险系数还是太高。但是第二个垭口 Cho La Pass 如果不走，我们则必须从原路返回。不仅会失去后面的第三个观景点 Gokyo-ri 和 Gokyo Lake，也会给整个行程造成缺失……虽然确实有少数人在 Gorak Shep 做出了原路返回的决定，虽然得到的消息是垭口周边的徒步道路已经被大雪覆盖无法分辨，但是我和大多数在路上遇到的徒步者，还是决定冲这个 Cho La Pass！

## Dzonglha 的碰撞

在 Dzonglha 的晚上，大家不约而同的都聚集在了同一家客栈，都是为了第二天这段最困难的路程可以结队而行。一对澳大利亚的老夫妻，一对美国夫妻，一对葡萄牙＆美国情侣，三个来自德国的年轻人，一个日本人，一个中国人。大家依旧是围坐在火炉旁，一边烤着自己的袜子和靴子，一边聊天。而聊天的话题自然躲不开疫情。此时全球疫情已经呈现出泛滥的局面，大家都接到了关于航班取消和停航的消息。很多人面临返程无航班的窘境。焦急与抱怨的情绪已经开始呈现。

其中表现最为激烈的就是那一对美国夫妻中的妻子，她先是批评特朗普政府的无作为。没有在第一时间采取边境管控措施，控制来自有病例国家的游客入境美国。继而话题逐渐转到，大量有病例国家的人为了躲避所在国的疫情，"不负责任"的跑向美国，造成美国现在的局面。虽然那个时候，欧洲的疫情已经几乎超过了中国的情况。虽然我的英文水平并不能完全听懂她的每一句话，但是我从她刻意躲避我的眼神里可以看出，她抱怨里的指向性。

"在你离开美国开始你的这次旅程的时候，美国已经报告了很多病例了。但是尼泊尔并没有。而你在那个时候依然决定跑来尼泊尔旅行，按照你的观点，你这不也是对尼泊尔的不负责任吗？？？"

我感觉我不得不回应一下她的嚣张情绪。

她故意没有回应我的话，转身与澳大利亚老太太继续讨论关于航班的问题。刻意表现出一副不屑于与我争论的态度。尴尬的局面被他的丈夫打破，他拿起餐厅的一把吉他为大家唱了一首美国的乡村民谣。德国人的掌声响起，葡萄牙男人拿起啤酒瓶碰向我的啤酒瓶，他漂亮的美国女友故意大声的向我问起环球旅行的见闻……

在这段艰苦的翻越 Cho La Pass 的道路上，准确的说是，是在寻找翻越 Cho La Pass 的道路的过程中，早已被我"打回原形"的背夫似乎突然在心理上多了一些优越感。他那份期待我们所有人都依赖他带路的情绪昭然若揭！甚至在路上半推半就，刻意虚张声势又刻意表现出傲慢造作。这段路上大部分的道路痕迹已经被大雪覆盖了。没有当地人带路，确实非常困难。就连每天都比我们晚出发，却早到达的，半专业的澳大利亚老夫妻，也选择跟在我的背夫后面，"哄着"他前行。而在最后一段攀上垭口的道路，陡峭的山体上本就是一条必须依靠抓着绳索才可以上去的路。此刻已经完全被冰雪盖住，变成了几乎直上直下的冰坡。我脚上的这双美军陆战靴，唯独在冰雪路面的表现不尽人意。而我却又是唯一一个即没有冰爪又没有手套的人。这时的背夫挑衅般的示意我先走，而他要在下面休息一下。我摘下我的围巾缠在手上，努力抓住冰冷的铁锁链。脚上没有冰爪的我，每一步都要先用脚尖在冰坡上踢出一个脚尖可以踩住的冰窝。然后借此用力向上攀爬。

我当然是第一个攀上垭口的人，我回身伸手，把跟在我身后的每一个正抓着铁锁链往上爬的人拉上来。我忘了第几个是昨晚那个颇多微词的"美国妻子"！她显然迟疑了一下才抓住我的手。所有人上来垭口之后，短暂休息一下，很快就要从同样陡峭的山体往下走。美国妻子要她的丈夫让出一只冰爪给我。我客气的拒绝了。"不用不用，我这双靴子还是很棒的！是你们美军作战的时候穿的，我想没问题的"！这一次背夫走在了最前面，而我走在了最后一个。

Gokyo Lake 还处在完全封冻的状态，不仔细看还以为是雪原，但是当地人严肃的叮嘱我们，千万不要踏上湖面，现在这个季节已经千万不能再踏上湖面了！！！ Gokyo 本来是一个可以庆祝的地方。如果不打算从这里去卓奥友，或者去翻越第三个垭口 Renjo La Pass，从这里往后的路都是一路向下。这意味着整个 EBC 最艰苦的路段已经结束了。但是此时，大部分人已经开始焦灼于他们回国的航班。只有葡萄牙人和他的美国女友还是和我一起喝着啤酒。我喜欢他们两个。葡萄牙小伙子朴实随和，美国女孩聪明又漂亮！我和他们有着相同的后期计划，就是尽快回到 Lukla，然后转战 Pokhara 去走 ACT ！

我们各自选择了不同的"节奏"下山。他们希望在 Namche 住一晚，最后再感受一下那里的气氛。而我选择了更下面一点的，可以洗澡的 Monjo 去住。但我们是同一天到达的 Lukla，当晚我们三个人在一个酒吧喝酒，同时都在担忧后面的 ACT 计划可能已经难以确定。因为那时的 EBC 已经封闭，许可证已经停办，Lukla 的游客只许出不许进。

疫情的突飞猛进造成了尼泊尔的政策也是瞬息万变。好在第二天离开 Lukla 的航班虽然晚点很多，但还是带着我们飞回了加德满都。他俩没有在加德满都停留，直接转飞了博卡拉。但是我需要在加德满都住几天，喝酒吃饭洗衣服，再养一养我已经完全被晒破相了的脸！

# 三、Lockdown

# Lockdown

从 Lukla 回到加德满都后得到了两个消息：

一是新冠病毒已经彻底在全球所有国家和地区蔓延开来。新增病例数已经呈现指数级增长！指日即破百万！几个疫情严重的欧美国家的病例数字，已经远超早期中国国内高峰时期报告的病例数。其中意大利所报告的死亡数字也已经超过中国。大部分国家已经关闭了边境，全球航班大面积停滞。

第二个消息是，尼泊尔政府决定，在近期将要"抄中国作业"。启动全国 lockdown。

尽管在那个时候我还不能确切的理解这个"lockdown"的具体细节是什么。也不能确定这个所谓的"lockdown"要持续多久。但是不管怎样，我还是决定无论后面的 ACT 计划是否可以成行，都在尼泊尔国内交通还没有被阻断之前，赶去费瓦湖畔的博卡拉。

3月22日，我刚从到达博卡拉的大巴上下来，还背着包在湖滨区转悠着寻找住处的时候，就看到比我早来了三天的葡萄牙人和他的女朋友从远处向我挥手。他们和我拥抱完之后的第一句话是，ACT 完全没有可能了，别想了！第二句话是飞欧洲和美国的航班全部停了，我们回不去了。这正好印证了我在加德满都的时候得到的消息是准确的。实际上，在比我们从 Lukla 飞回加德满都的 3月18日更早的时候，尼泊尔的所有登山活动就已经都被喊停了。即使他俩当天就赶到了博卡拉，也依然没有机会上山了。

3月24号，尼泊尔正式启动全国 Lockdown！关闭所有边境口岸和机场，除了人道主义性质和政府间协商的航班之外一律停航！境内一切的交通停运。非要害的政府部门放假，所有学校停课，所有的商业设施，店铺一律关闭不许营业！所有人员除了每天固定的一两个小时被允许去指定的地点购买生活用品之外，一律居家不许外出。警车在街上巡逻，车上的警察手里拿着棍子，追打着在街上零星出现的尼泊尔人。唯独对我们这些滞留的外国游客视而不见。有人开玩笑说，尼泊尔这一波的"抄作业"抄的真是青出于蓝！

后来的几天里我们陆续得到消息，更加悲催的人是那些在 Lockdown 启动之日，已经离开 Lukla 正在山上徒步的人。当他们从 EBC 再下到 Lukla 的时候，Lockdown 已致航班取消，而不得不在 Lukla 滞留了好几天之后才飞回加德满都。但值得表扬的是，这些人在当地滞留期间的吃住都被尼泊尔政府承担了。

关于中国政府正式启动"入境隔离"政策的确切时间我已经不记得了。似乎在开始阶段还是试探性的，针对来自不同国家的疫情状况而决定。国内不同省市的口岸启动入境隔离的时间也不一样。但是很快，干脆所有境外人员入境都需要隔离。我之所以对这个不是很关心，是因为我始终就没有想过在这个时候回国。

在尼泊尔 Lockdown 之后，依然滞留在尼泊尔的中国人的数字也是众说纷纭。普遍的说法是，包括旅行，经商和中资企业的员工等全部滞留在尼泊尔的中国人至少不低于两万人。其中仅滞留在博卡拉一地的"短期旅行者"的数量大概有 600 人左右。

在 Lockdown 的初期，滞留在尼泊尔的中国人里，除了少数在国内有工作或者紧急事务要处理的人之外，大部分人还没有表现出格外的焦虑。他们大部分人相信 Lockdown 会很快结束，或者中国政府的包机会很快到达。但是很快，尼泊尔即开始报告病例，尤其是印度的疫情开始泛滥，病例数字呈直线上升趋势。而印度和尼泊尔之间的边境管理对于双边的国民而言基本上是形同虚设。即使在 Lockdown 之后，依然很难阻止那些绕开军警，强行跨境的印度人和尼泊尔人。当时舆论对全球疫情的分析认为，印度的疫情如果一旦失控，整个南亚可能就"沦陷"了！

这样的压力一直到 4 月初。大约在 4 月 2 号之前，除了中国人之外的，几乎全部滞留在尼泊尔的外国人，都已被他们国家政府安排的和协调的包机接走了！也就是说，从 3 月 24 号 Lockdown 开始，到 4

月 2 号，除了中国之外的其他国家政府只用了 10 天的时间，就安排或者协调了相关的航班，接走了全部想要离开尼泊尔的本国公民！即使是一些没有派出包机的非发达国家，他们的政府也在全力协调他们友邦的包机，带走他们滞留在尼泊尔的本国公民。我在 EBC 山上认识的新加坡女孩比我晚下山几天。在 Lukla 滞留了三天后到达了加德满都。经过新加坡政府的协调，她在 3 月底搭乘了马来西亚的航班经转吉隆坡后回到了新加坡。

也是 4 月初，我在 Juicery 吃饭的时候，遇到了一个似乎是常住在博卡拉的美国老头。在得知我是中国人后，他带着一种带有戏谑的口吻问我，你打算怎么办？现在所有国家的包机都来了，中国的还没有消息。我觉得中国政府不会为你们做任何事的。"我相信中国的包机应该迟早还是会来的，尽管这可能会比任何国家的都晚。不过对我而言无所谓，我并不着急回去中国"。我敷衍的回答着他。他笑着对我做了一个摊手的动作。

虽然与他的交流让我并不愉快，但是必须承认，这个时候滞留在尼泊尔当地的一部分中国人已经开始展现出不安和失望。一来是持 Lockdown 会在短期解除的想法落空了，二来是所谓的"中国战狼"的包机迟迟没有消息。然而实际上，对于中国人而言，Lockdown 在这一刻，才只是刚刚开始……

## 偷渡回家

4月2号，欧洲的撤离包机已经到达加德满都机场待命。博卡拉旅游警察局派出的专车大概有四到五辆，送所有想要搭乘包机离开的欧洲旅行者前往加德满都机场。而在此的前两天，澳大利亚，美国和日本的包机都已经飞走了！此刻，大批的欧洲人在 Lakeside 的路边排队准备上车。葡萄牙人和他的女友也在其中。我和他俩拥抱话别。这种众多人聚集的场面，在 Lockdown 期间并不多见。引得很多并没有要搭车离开的人也驻足观看。

这时从路对面走过来一个中国人，走到我面前直接对我说，

他：中国人吧？

我嗯了一声。

他：看看人家，好伤感啊！我们的国家不管我们了！

我：哈哈哈，再等等吧。我若无其事的安慰着他。

他：我出来的时间太久了，我去年就来了。现在实在是想家了！

我：哦，你是哪里人，

他：我武汉的。

我：哈哈，那你幸亏出来了。

他：我宁可死在中国，也不想困在这里。看新闻了吗？印度？

我：没有，怎么了？

他：爆发了！已经失控了。你知道印度有多少人口吗？

我：哦，不知道！

他：印度失控了，你觉得尼泊尔会怎样？整个南亚全要完蛋了！

我：哦，真的吗？

他：其实我们现在极其危险！

我：嗨！那该死就死呗！

他可能听出来我已经有点烦他了。于是低着头没打招呼的离开了围观排队的人群。

几天后在一个叫 H 的中国客栈里，我又遇到了他。但是这次他是去和这个中国客栈的老板娘打架的。起因是他在这个客栈短住期间与这个老板娘的一些鸡毛蒜皮的争执。老板娘说他是从柬埔寨过来的，很可能是从事网络赌博的。在疫情发生之前，尼泊尔政府抓捕了一批参与网络赌博的中国人，他虽然侥幸逃脱，但致使他手上有大量的尼币现金一直等待兑换。而且，他的护照不知道是被尼政府还是什么人扣押着。所以没有护照的他，现在无法通过正常途径回国。而他正是因为老板娘的这些话，认为受到了诽谤，而前来争执。老板娘威胁他说，她尼泊尔男朋友的家人就是警察局的，你初来乍到最好识相点。他威胁老板娘说，你在中国可也还有家人孩子，人在江湖最好收敛点。被我们劝开之后，他无趣的离开了。

　　再后来偶然会在路边或者湖边看到他，虽然并不是每次都和他打招呼，但是他却总愿意传递一句两句耸人听闻的"内幕消息"。诸如尼泊尔已经多少人感染了，多少人死了。甚至什么，要和美国打仗了，一旦打起来，先打你们北京上海。

　　最后得到的关于他的消息，就是他采取了"偷渡回国"的方式。入境后被中国警方正式刑事拘留。后期根据一些公众号的披露，他们一共三个人，以一万尼币加一部旧手机为报酬，找了一个在吉隆口岸附近的当地尼泊尔人带路。通过一条"特殊的道路"，入境了西藏。但是入境后不久即被中国警方逮捕。其中另外两人行政拘留期满后释放，而他因为被认定为是组织者，被刑事拘留，等待起诉。


# 闯关的老 V

　　老 V 是一个北京人，在西藏做生意，来尼泊尔是偶然来看市场，没想到被滞留了。而大部分的生意都在拉萨，被滞留的他如热锅上的蚂蚁。我们是在费瓦湖边偶遇，北京人遇到北京人，交流比较顺畅。

年纪相差不大。偶尔一起去中国客栈喝酒。就算混熟了。

虽然在 Lockdown 之初，中国方面就宣布吉隆口岸关闭，但是依然有从各种渠道和途径传来的消息，说有人从吉隆口岸入境了。实际上这些消息在后来，也在不同程度上得到了证实。老 V 和与他同住一个客栈的小伙子，加上另外一对带着一个大概 3、4 岁孩子的中国夫妻，还有一个在博卡拉做生意的中国人，他们一行一共五个大人，一个孩子。决定想办法绕过尼泊尔警方布置在路上的卡子，闯进吉隆口岸。一路上甭管多难多险，到了家门口了，敲咱们"自己家的门"，"自己的家人"不可能不给开门，不让进屋吧！

从博卡拉到中尼边境的吉隆口岸总共 280 公里。他们一路上通过搭车和步行绕路等方式，在到达距离口岸还有 40 多公里的地方，还是被尼泊尔警方的检查站发现并拦截。显然，他们不会放弃，极力解释，甚至一度几乎要与尼泊尔警方发生肢体冲突。同行的唯一的一个女性又以自杀相威胁。最终他们的"坚持"惊动了尼泊尔当地警方的高级官员。他们的动情陈词与据理交涉似乎感动了这位高级警官。这位警官表示自己也有一个年纪相仿的孩子，对他们的心情和境况表达了同情。于是当着他们的面，给剩余的这 40 多公里的路上的所有警方卡点打电话，命令卡点放行。以此表示他的诚意和态度。但是，在这一切工作完毕之后，这位警官要求，在对他们一行人放行之前，需要打电话给中国大使馆，得到大使馆的认可。这也是对他这个警察职业的一种尊重。

老 V 心想，既然尼泊尔方面都特例允许了，作为一个中国人想回家，也会自觉接受隔离。中国官方怎么可能会拒绝？可是遗憾的是，中国大使馆在电话里的回答是斩钉截铁的"NO"！

"他们这几个人要干嘛啊？他们不能过去，把他们送回加德满都！"

当被问到是否可以把他们送去中国大使馆的时候，回答依然是"NO"。

老 V 在电话里极力与这个使馆的 F 姓领事交涉。但是得到的回答就是油腔滑调的推诿和充满官腔的不放行。最后以老 V 在电话里问候了这位领事的家人而结束。他们一行人被强行送回了加德满都。可能这时候的老 V 才明白过来，让他回不了家的不是尼泊尔政府，至少不仅仅是尼泊尔政府。

## 总统府请愿

尼泊尔政府对于解除 Lockdown 的承诺和官宣，采取了"逗你玩"的方式。在这点上，好像在尼泊尔政府的思想里，只想通过这种方法缓解滞留者紧绷的不满情绪。而从没有想过"政府信用"这个概念。在宣布了解除 Lockdown 的日期，而在临近解封日期的时候又再次宣布延长 Lockdown。这样愚蠢而无耻的做法在整个 Lockdown 的 4 个月里，平均每两周一次的反复重演着。每一次尼泊尔政府公布了复航时间后，航司的网页就会开放机票改签通道。但是随着尼泊尔政府随后宣布再次延长 Lockdown，航司会再次取消已经改签的航班。

根据尼泊尔移民局的数据显示，从 3 月 24 日 Lockdown 开始，截止到 5 月 10 日。一共有 60 个国家政府参与，组织了 51 架次的包机飞进尼泊尔。一共接走了 4874 名滞留的游客。排在前三位的分别是英国接走了 666 人，德国接走了 656 人，美国接走了 535 人。而其中中国政府仅安排的两架次，直到尼泊尔封锁了四十余天之后的 5 月 7 日才姗姗而至。只接走了 346 人。

即便当时很多手里持有返程机票的短期旅行者，依然寄希望尼泊尔政府可以在短期内复航后，使用自己的返程机票离开，而免去花费八千多元的商业包机费用。因而并没有向使馆申请搭乘包机回国。但是尽管如此，还是有超过 500 多人申请包机回国。而这接近三分之一的缺口，显然给未能如愿搭乘包机回国的人造成了愈加沉重的心理压力。

在中国包机飞走第二天的 5 月 8 日，以没能登上飞机的滞留人员为主的四十余名中国人，手持"我要回家"的标语牌走上加德满都的街头。据接近当事人的消息表示，他们首先是去中国大使馆表达诉求，请求协助。而得到的却是来自使馆工作人员挑衅式的推诿和轻蔑的嘲弄和恐吓。致使这些明显失去了理智的愤怒者，走向尼泊尔总统府。去向尼泊尔官方请愿。最终造成与尼泊尔警方的冲突。大部分人在被逮捕后释放，其中 4 人被羁押。

事后，5 月 11 日时任中国驻尼泊尔大使侯艳琪在其官方公众号上发表了"致全体在尼泊尔中国同胞的一封信"。以一副"父母官"的姿态，用一口"威慑性"的语气，居高临下的"正告"所有滞留在尼的中国公民，中国政府不会袒护任何违反尼泊尔法律的人！并谴责了不理智的中国公民违反了当地法律，损害了中尼友好关系和整体中国公民形象！同时，高度评价和肯定了尼泊尔政府的"封国措施"具有积极正面的意义和必要。在对中国滞留者的心情和境况表达了理解之后，没有提出任何切实的解决方案和措施。而是反复空洞的强调了党和政府对海外滞留人员的关心，以及国内如火如荼的疫情防疫工作。整篇文章极尽官僚权术之能事，尽显无耻政客之丑态。

很明显，这场闹剧的最终受益者和胜利者是以中国大使馆为代表的中国政府。而这些可怜的中国滞留者被迫的意识到，他们的任何努力，不仅改变不了尼泊尔政府，更改变不了中国政府。而身在尼泊尔滞留的中国人必须承受来自两个政府的打压和无作为。而中国政府在"拍拍你的肩，就会听从安排"的尼泊尔政府面前，并未利用本来的外交资源和必要的政府手段，履行应尽的领保职责，帮助被困的中国公民回家。而是采用了"借刀杀人"的无耻方式，牢牢管控住了滞留在尼的华人，轻而易举的完成了"外防输入"这个光荣的政治任务！而中国老百姓的疾苦和基本的权益在一个官员的政治命运面前，在一个政治利益体的意志面前，根本不值一提！

世界这么大，而此刻空间这么小。因为很不幸，你滞留在的国家是尼泊尔，不是美国或者欧洲，而更不幸的是，你是一个中国人！

# 四、Banyan Tree 的阁楼

# Banyan Tree 的阁楼

Lakeside 是博卡拉最重要的一条路，这条路背山沿湖，几乎横贯整个博卡拉湖滨区。路的一侧就是著名的费瓦湖，所有的商店，餐厅，酒吧等等商业设施都散布在这条路的两侧。在 3 月 24 号 Lockdown 之初，我还住在费瓦湖对面的，Lakeside 另一侧的山上。虽然每次从湖滨区回客栈需要上一点山，但是我的房间可以居高而见费瓦湖景。Lockdown 之后，所有的商店餐厅和无人居住的客栈都关闭了。偷偷营业的将会面临严重的惩罚。Lakeside 街上全天都有闪着警灯巡逻的警车，车上的喇叭反复播放着有关 Lockdown 的警示。车里的警察手里拿着棍子，搜寻着街上闲逛的尼泊尔人。但对于我们这些滞留的外国游客原则上不予干涉。但是无疑，我们的吃饭问题确实变得很不方便。

夜色降临以后，湖滨区几乎是一片漆黑，只有迟缓而过的警车闪烁着警灯。在 Lackside 溜达着找饭吃的我，几乎走到了这条沿湖路最北点的时候，才突然发现了一家竟然敢亮着灯的餐吧。而且还放着声音不小的音乐。但是进入的大门却锁着。我问正站在楼上看着我的老板这里有没有饭吃，老板警觉的看了看已经开远的警车，下楼为我打开了门。

这是一家尼泊尔人经营的三层楼的客栈，名字叫 Banyan Tree。第一层是主人家的住所和一个小商店，二层是三间简易的客房。三楼则是一个餐吧。男主人 Delma 是这里的老板，和他老婆，母亲带着一儿一女，一家五口住在这里。

我：你竟然这么大胆子！还敢营业？

Delma：其实我也不能对外营业，但是我这里有客房，还有滞留的客人住在这里，所以我得给他们做饭吃啊！

我：明白了，所以我不住在你这里，原则上是不能上来的是吧？

Delma：是的，但是没关系，现在警车已经开走了。你想吃什么？

我要了 Chicken Dalbhat 和一瓶 Gorka

在我还没有搬到山下来之前的那几天，我几乎天天晚上都去 Delma 的 Banyan Tree 的阁楼餐吧，去吃这个尼泊尔最传统的有鸡肉，有蔬菜，有米饭，还有汤组合在一起的，叫做 Dalbhat 的东西，再要一瓶尼泊尔最常见的 Gorka 啤酒。在开始的那些日子，我很多时候一天只有这一顿饭。好在尼泊尔的 Dalbhat 里的蔬菜，汤和米饭是可以添加到你吃饱为止的。


# 回家即是分离

我不能记得在早期的时候 Banyan Tree 仅有的三间客房里住的是什么人。而在稍后一段时间，其中的两个日本背包客回国之后，这三间客房在很长一段时间里住的是三个中国人。所以每天聚集在三楼的餐吧里的也是中国人居多。我就是其中的常客。坐在三楼的阁楼上，有一个床榻形式的座位，可以看见费瓦湖景，更能看见 Lakeside 路上的各色行人。Banyan Tree 无疑是在 Lockdown 期间，博卡拉 Lakeside 最热闹的一家客栈和餐厅。

Heidi 和 Fred 是一对来自中国和比利时的跨国夫妻。他们带着还在蹒跚学步的孩子住在 Banyan Tree 客栈其中的一间。他们本在中国经营专门接待欧洲游客的旅行社。在疫情发生之初，他们断然结束了他们在中国的生意，关闭了他们的公司。二人决定带着还没有断奶的孩子来尼泊尔徒步。Heidi 还没有拿到比利时的身份，而之前的申根签证也早已过期。Fred 在中国的工作签证也已经过期。在疫情发生之后的全球普遍出入境管控状态之下，他们所面临的尴尬局面非常典型。当前在第三国的他们，"回家即是分离"！因为他们各自都不能进入对方的国家。

有一次和他们聊到中国当前的"集中隔离制度"的时候，Fred

脱口而出的是："这对中国而言可能是必须的，没有办法，因为中国要回国的人太多了。如果不隔离，可能会让疫情失控。"而来自中国的妻子 Heidi 则坚持这种做法完全是侵犯人权！Fred 听到了妻子的看法，停止了发表意见，而陷入了沉思。第二天，Fred 主动找到了我，告诉我他昨天的表达欠缺全面的思考，单纯考虑疫情的因素来研判一个政策的合理性确实是不妥的。他经过考虑之后，现在觉得这个隔离制度如果是强制的，那确实不合理，确实有违人权，欧洲国家是不会这样做的。

我不能确定是否在昨天的讨论之后，这对意见不同的夫妻是否做了更多的交流，Fred 的再次表达里确实有一半体现出对问题的更全面思考，而也有一半似乎带有着歉意，这歉意似乎因为是他意识到，对如我这样的中国人，在选择回国时所会面临的所有这些不力政策的盲目认可，似乎会伤害了我的立场和感情。

我的英语水平一时不能在这么复杂的问题上和他说清楚，但是我从心里确实希望，他对此事的分析和看法里，并没有出于对我的立场和情感的关切。我更希望听到，即使是在这样的特殊和危急的状态之下，西方民主思维和价值体系之下是怎么看待的。后来 Heidi 告诉我，Fred 的表态是正常的。此前一直，Fred 对中国的政治体制和"低人权战略"都抱持颇多微词和批评。两人有过很多争论。而这次他们的意见方向竟然调换，实属偶然。也许在疫情的压迫和气氛之下，人们有时候瞬间做出的价值判断会不自觉的忽略更深层的一些，一直以来的自我坚持。但事实证明，疫情的来袭不是一道闪电。人们终有足够的时间去反思和纠正自己。


# 老 J 的顺流与逆流

三间客房里住的除了这对跨国夫妻和一个来自广东的小姑娘之

外，就是同样来自广东的老 J

老 J 是住在 Banyan Tree 的另外一个常住客。60 年出生的老 J 在 Lockdown 之前只身走完了 ABC。来自广东的老 J 平时并不是很健谈。只有在恰当的时候，只有是在有些酒精助兴之后。老 J 除了颜值以外，无论是内心还是身体都不是 60 岁的样子。在徒步登山的耐力和热衷程度上，远超年轻人。在所有滞留的中国人里，老 J 的年纪算是数一数二的大了。但是尽管如此，就算你能从老 J 的身上看到"为老不尊"的影子，也完全没有可能看到他"倚老卖老"的架子。他甚至乐于让比他儿子还要小一两岁的年轻人叫他 J 哥，和他们在一起玩，除了偶尔抱怨这些年轻人太懒，体力还不如他这个老人家之外，毫无违和感。而那些年轻人与老 J 在一起也从来不拘束，平时叫着 J 哥，但是又会在餐厅里叫着"爸爸"，哄平时节俭抠索的老 J 请他们喝啤酒。

开始的时候我与老 J 的交往并不多。除了和他去环湖徒步过一次之外，更多的时候是在 Banyan Tree 的阁楼消磨时光的时候，总能见到他与 Delma 抱怨着，一会儿说房间有蚊子，被褥不干净，一会儿说鸡肉饭的价格高，里面的鸡肉又少。而脾气随和的 Delma 总是满脸堆笑的哄着他，Delma 心里知道，老 J 虽然一贯表现的小气计较，但是从来不会耍浑赖账！老 J 毫无疑问就是这样一个浑身是戏的人！

有一次在 Lakeside 遇到了 Heidi，一个人在路上匆匆的走着。这让我感到很反常，因为几乎所有见到 Heidi 的时候，她都是抱着还没有断奶的孩子。Heidi 告诉我老 J 出事了！被抓进警察局了，昨晚一夜未回。她现在想去警察局问问是否需要翻译。

我到了 Banyan Tree 的时候，Delma 忍俊不禁的对我说，老 J 被抓进监狱了。不知道为什么，好像是因为在禁区玩无人机。我想这放无人机应该没有什么大事，这点问题很快就能解决。然而，事情确实很快处理完了，老 J 他们也在被关了一夜之后也被放回来了，但是事情的情节却完全与我想象的大不相同。

当天，老 J 带着两个 90 后小伙子一行三人去费瓦湖划船，费瓦湖上有个湖心岛，岛上有一个被当地人非常看重的佛教寺庙。由于是Lockdown 期间，无论是湖上还是岛上还是庙里都是寂静一片。登上人影无踪的静谧小岛，背依空灵寂寥的安神小庙，尽览着群山环抱里的波痕幽幽。虽然已经是花甲之年，但常年坚持户外活动的老 J，还保持着匀称的身材和弹性的肌肉。每当在绮丽的山水面前，老 J 总希望把一个"返璞而原始"的自己与大自然融为一体。而在此时，这无限治愈的一刻，无疑让老 J 心旷神怡。他让同行的一个小伙子放起无人机，而自己宽衣解带。不多时，一丝不挂的老 J 背对古庙，面朝幽湖，金鸡独立，托天拜日……

老 J 的这"一通操作"，估计把小岛上唯一一个留下看守小庙的尼泊尔人吓的不轻，一时间也不知道这岛上是来了什么"妖魔鬼怪"。也没敢上前多问就直接报了警。此事发生的时间，正好是在加德满都游行请愿之后的大概两三天，可能警察也确实对滞留的中国人有所心存芥蒂。不仅及时出了警，还带上了一众记者。警察到了现场，在岸上向在湖心岛上的他们吹哨，要他们立刻离岛上岸。赶忙穿上衣服的老 J 指挥着小伙子们划船逃窜，那怎么可能逃的了！？上岸之后，警察要求他们回去警局接受调查。其中一个血气方刚的小伙子，认为自己既没有脱衣照相也没有放无人机，没有理由跟着回去。因此与警察发生了一些推搡和肢体冲突。后来，据前去警局协助解决问题的博卡拉华侨华人协会的老会长跟我说，如果不是这个小伙子与警察发生了冲突，他去了警局，当天就可以把他们三人都放了。结果警察也为了挣回面子，以在禁区放飞无人机，宗教场所不雅举动为由，坚持要拘留到第二天才可以放人！还把一个小伙子的无人机扣了一星期。

虽然老 J 的裸照是他们一起同行的小伙子发给我的，我并没有在当地的媒体上看到。但是他们在岸上被当地人围观与警察纠缠的照片，确发在了第二天的报纸和网站上。一个 60 岁的大爷带着两个 90 后小伙子，去湖心岛"拍裸照"，因为有伤风化而被尼泊尔当地警察拘留！这不仅在博卡拉的华人圈名声大噪，就连使馆也得知了这位"酷酷的老 J"的大名。有人戏谑，这尼泊尔的 Lockdown 再把中国人憋在这不让回家，说不定还能憋出什么奇葩事件呢！

尼泊尔的 Lockdown 到 6 月初的时候，因感染新冠病毒而死亡的总人数是报告了 8 人，但是因为经济压力和精神抑郁而自杀的尼泊尔人有 1227 人！加德满都街头针对 Lockdown 政策的抗议示威活动已经异常频繁，尼泊尔政府在压力之下采取了"不解封，但复工"的奇怪政策。Delma 决定晚上搞一个小型的 BBQ 庆祝活动。他准备了所需的烤炉和鸡肉牛肉，还有大麻。除了啤酒之外都是免费的。他邀请他的几个好友和住在他客栈的客人参加。而我也在他的邀请之中。大麻带给我的刺激不是很强烈，但是酒精带给老 J 的刺激，却让他顺势打开了话匣子。

虽然文化大革命在 1976 年就结束了，但是"全国知识青年上山下乡工作会议"却在 78 年才召开，而 77 年高中毕业的老 J 恰好赶上了最后一批下乡。这也让老 J 在两年后得到了一份在体制内的政工工作。这份工作一干就是 10 年。

我：你做了十年的政工工作，居然一直不是党员！？

J：不想入，没兴趣！

我：不是党员能做政工工作吗？

J：怎么不能？我一直在团支部！

也许作为一名共青团员，在团支部工作还能说的过去。但是到了 28 岁自动退团的年纪，还是不求进步，恐怕再在体制内搞政工就不太讲究了吧！

1990 年，30 岁的老 J 决定下海。在老 J 的自我介绍里，他是一个"摄影师"！虽然从他微信朋友圈里 po 出来的那些照片的水平来看，让我很怀疑他的这个职业。但是他确实是一个从 20 岁开始接触摄影，用他的话说，从事了 35 年"摄影工作"的老摄影师。老 J 从 92 年就开始自己经营影楼，从证件照到婚纱照，从基建施工现场的留存资料到旅行团队的随行摄影。曾受托于私企老板，给他们的女朋友拍人体写真，也受聘于公安机关，去拍摄案发现场的尸体照片……

所以老J根本不屑于我对他专业水平的怀疑，他轻蔑的翻了我一眼说："你认识的那些厉害的摄影师，有几个给死人照过相的？"恶性刑事案件，大型交通事故，这些案发现场都是他的工作场景。老J讲了很多他遇到的或离奇，或凄惨，或恐怖的所见，而这些对于他这个"老摄影师"而言，都已经司空见惯了。一直到了2015年，55岁的老J把自己的三家影楼交给手下人打理，而自己彻底脱身去旅行。他让经营者买断了经营权，但是还保留了一部分分红的股权。这让他在即使什么都不干的情况下还可以有足够生活和旅行的收入。

老J无疑有一颗向往自由的心，喜欢骑行，更喜欢摩托车，但是最喜欢的当然还是远行天涯。从44岁开始到55岁，每年去一次藏区采风摄影。从把影楼托管出去以后，老J开始彻底放手，开启了他的环球之旅。目前已经游遍了东南亚的大部分国家，开始了他的南亚计划。这一次在尼泊尔滞留，反倒让他对尼泊尔偏爱有加！

2012年，相濡以沫了26年的发妻终于受不了他总是不回家的到处游荡，向他提出了离婚。在老J认为，女人无一例外的都是"爱钱又现实"，但这并不影响其中他的老婆是同时"善良又顾家"。而男人可以"逢场作戏"，但是对自己的女人以及彼此的家庭必须要负起责任。经过了艰辛打拼的人，自觉会在经济上给自己挣出尽量多的掌控空间。对家庭注入过情感的人，会把血脉的延续当作是一种责任，对风雨同行过的伴侣，他知道要平衡好情感责任和灵魂自由的关系。老J说离婚可以，但是要"离婚不离家"！

从此，老J用"经济杠杆"去调节与对方的"生活关系"；用"市井手段"去守护自己的"男权领地"！放逐了灵魂里的情绪，但不能割断情感纽带的连接；剥离掉了法律的背书，不等于亲情关系的解体。每一次和老J把酒言欢提到这些的时候，老J嘴里始终称呼对方为老婆，而从没用过"前妻"两个字。一边炫耀着自己管控"已离婚的老婆"的手段，一边动情的夸奖着"已离婚的老婆"对家庭的负责和爱心！远行天涯是为了释放心中的苦，嬉皮笑脸是为了面对生活的难！

经过了人生中的顺流与逆流的老 J，在博卡拉滞留的日子里，不仅过了他的 60 大寿，他的孙子也是在这期间出生的。


## 听 loli 讲故事

Banyan tree 的最后一间客房里，住的是一个 95 后的小姑娘 Onki，Onki 也同样来自于广东。在所有人都急于想表达，很容易抱怨的这个特殊时刻，只有 Onki 从来不主动多言。同时也未见她与谁交往渐深。大多数的时候总是能看到她一个人坐在费瓦湖边的草地上，吃着从 juicery 买的瑜伽餐。不知道的还以为这小姑娘有自闭症呢。但是只有一种情况列外，那就是谈起她走 ACT 时的背夫 suju。

"我 3 月 22 号就从 ACT 下来到了博卡拉，住了两天就 lockdown 了！ suju 就要我和她一起去她在山上的家里住。我在她家一直住到了 4 月 2 号吧好像。我住在她家里的那段时间，城里有很多警察拿着棍子在大街上打人。所以 suju 的妈妈就一直不让我走。怕我被警察抓去关起来，也怕因为我是中国人而被当地人欺负"。

嚯！你的背夫对你这么好啊！你这么轻易的跟着她去了她家，就不怕把你卖到尼泊尔大山里给当地人生孩子去吗？哈哈哈

"没有啦，哈哈……

我在 LP 上看到一个旅行社，是专门为女生安排徒步行程的。于是我就通过他们找了背负。她就是 suju，是一个比我小差不多三岁的女孩子。她在路上很照顾我的。其实我脾气很不好，尤其是在累了和饿了的时候。但是每次我发脾气，suju 都很谦让我。我的好朋友都是和我打过架之后又和好的。所以 suju 不止是我的背夫，她还是我的好朋友。我们都已经约好了，疫情之后要一起去走 EBC"！

因为一个非常偶然的因素，Onki 在 2016 年第一次来到了尼泊尔。

那一次，几乎没有做任何功课的她，除了完成了飞一次滑翔伞的目的之外，最重要的收获就是知道了尼泊尔有举世闻名的雪山徒步路线。于是在 2019 年辞职了之后，立刻就订了第二年 3 月飞尼泊尔的机票，就是要来走 ACT。

每次和 Onki 谈起她的 ACT 徒步，她都会滔滔不绝的讲起她的背夫。她毫不讳言这次的尼泊尔之行留给她最重要的记忆就是 suju 和她的家人。尽管在滞留最焦灼的时候，是看到有很多同样滞留在博卡拉的中国人，才让她释然了太多的不安。但是相比之下，她还是觉得与这个尼泊尔女孩和她家人的交往，比和中国人的交往要简单和轻松。suju 一家人对她的关护与尽心，甚至爱怜，让她几乎忘记了刚到加德满都时候遇到的那么多贪心，猥琐又不怀好意的尼泊尔人。

suju 只做了背夫一年多而已，本来女孩子做这个就很不容易，何况尼泊尔的女孩子大部分都很少出远门。所以也很少有女背夫。她刚开始做的时候性格很内敛，晚上睡觉的时候都很害怕。虽然这家旅行社会给每个女背夫安排独立的房间，但那时 suju 也还是会害怕，怕那些男背夫晚上会敲她的门。但是她现在已经完全适应了，那些路上遇到的男背夫都夸她是"殿堂级"的！哈哈……

我实在从来没见过这么勤劳的尼泊尔人，她真的是好敬业啊！她英语也够好，也很善于沟通，时时处处都为我着想。我们的行程里有些枝节的路线她也不是很熟悉，每天走到了住的地方，我都累的半死了，她却还去不厌其烦的和其他的背夫，以及客栈的老板询问路线和安全情况。

suju 是家里最大的孩子，她还有两个弟弟和一个妹妹。她妹妹好害羞啊，我猜一定就像以前的她。suju 的爸爸妈妈好像是做裁缝的，在 lockdown 初期，他们也还是能接到了一些活计，所以他们都说我是他们家的福星！她的家里其实很穷的，房子都是铁皮的。连水龙头都好像是和隔壁人家共用的，洗澡的地方房顶也处处是漏着天，更没有热水器。厨房就好像户外野炊时搭的灶台一样简单。一家人吃饭就坐在地上。家里有一个很小的电视机，因为只有一个插座，全家人只能挤在一个很小的房间里看。但是尽管如此，她们一家人都生活的好开心。烦了的时候就唱唱歌，跳跳舞，或者打打牌。suju 的爸爸不怎么说话，每次吃完饭总是独自望望雪山。但我相信，他心里也一定是开心的。

我觉得在她家里，她和她妈妈是最有能力的人。她家里的其他人都没有她和她妈妈那么聪明。suju 真的和大部分的尼泊尔女孩很不同。她告诉我，她妈妈从小就教育他要勤劳，否则将来嫁人以后会吃亏受气的。虽然她妈妈这种说法我觉得有问题，但是真的是把 suju 教的好优秀啊。勤奋务实，豁达善良，即活在当下，又不过分计较得失。suju 跟我说她很想去国外打工，好像说是很想去韩国。可能是因为我们俩都很喜欢韩剧吧。哈哈哈

我住在她家的时候，她妈妈总是怕我吃不饱，睡不好，又怕我会闷，找出他们在节日里才会拿出来穿的传统衣服让我试穿。还找出来一些他们当成宝贝的化妆品和饰品，给我化妆，扎头发……她家人对我都很好。尤其是她妈妈，看我的眼神就好像能把我"烧透"一样。他妈妈的第一胎也是一个女儿，可惜夭折了。所以她妈妈说，觉得我就像她的大女儿一样。我从来没有见过一个人看我的眼神是那样的，那么真挚，又那么认真。她妈妈还给我取了一个尼泊尔名字，叫Ankita。

后来我实在是觉得生活太不方便了。不能每天洗澡。吃的也不适应。她们家里有地，自己种粮食，但是蔬菜要从外面买，所以很少吃蔬菜。每天都是吃 Dalbhat，我吃的胃都疼了。我想要回去湖滨区。开始她妈妈不让我走。怕我一出去就被警察抓走了。在她家住的时候，她妈妈都不让我到村子里去。她担心村子里的人会怕我带病毒，也怕我被村里的人欺负。

后来我一再坚持之下，suju 和她妈妈还是答应了。在我离开她家的前一天，我让 suju 的妈妈和我妈妈通了一次视频。她妈妈只会尼

泊尔语，我妈妈只会汉语。只能我们给她俩翻译。这样翻译来翻译去的，其实也没说几句话，但是她们俩说着说着都哭了……

她妈妈可能是舍不得我吧，又总是怕我离开后会遇到不安全。我妈妈更是担心我一个人照顾不好自己，也是非常感动他们一家人能收留我。

我开始先给使馆打电话，使馆把我推到了博卡拉的华侨华人协会去"寻求帮助"。而协会就是说让我不要动，说不能找车去接我。最后 suju 和她妈妈为我找了车，并带我去了警察局报备。开始的时候好搞笑的，suju 的妈妈不敢去警察局，怕警察知道了会把我抓走。本想找一个在当地开救护车的朋友，把我偷偷的送到湖边。但是我觉得那样好像更危险，出了问题更说不清楚。哈哈

嗯……看样子，你的背夫和她的一家都是好人，都对你很好啊！

是啊！我想不通为什么很多人都说尼泊尔的背夫不好。你也说你在 EBC 的背夫很不好。反正我遇到的确实就是这么好的啊！ suju 从来没有向我要过小费，都是我主动给的。她在路上还总担心我带的现金不够，总说不要急着给她小费，等行程结束再给也行的。在我离开她家的时候，我在枕头下面留了 4K 卢比给她。只剩下一点现金在身上。

那看来你的运气很好，或者是因为你样子太可爱了，没有人会欺负你。

哈哈哈，其实也不是啦。其实我对 suju 之外的尼泊尔人的印象很不好的。这次刚到加德满都的时候就很不爽。因为我 2016 年来尼泊尔是从西藏入境的，所以就忘了考虑这次出了机场具体怎么办。我之前出国旅行只去过台湾和日本，所以我一直以为机场外面的士都是不会坑人的，是安全的。在机场问工作人员怎么到我的客栈，他们也跟我说不清楚。同班机的一个中国男人说，他也去泰米尔可以带我过去。我当时有点犹豫，因为觉得他对我毛手毛脚的。但想想应该也不会怎样，就还是跟他去了。后来先到了他的酒店，我又换了的士，他告诉了司机我的客栈的名字。这个男人直到后来我去徒步的时候，

还总给我发微信什么的，最后把我搞烦了就把他删了。

那天我新换的的士司机开始说他认识我要去的客栈，后来又说不认识。但是却一直向我推荐另外一家他熟悉的客栈。我当时没有买尼泊尔的手机卡，也没有网。直到我都已经看见我的客栈的路标了，他还在故意把车要往别的地方开。我要他停车我自己走进去。下车以后我好紧张啊，那时候已经是深夜，客栈的那条街黑漆漆的，一个人都没有。我那个的士的司机还不肯走，一直跟着我。我身上装着刚刚换了 4K 人民币的卢比，我吓死了，当时我想我不会就死在这个晚上了吧？哈哈哈

当时我紧张的连客栈大门上的门铃都没看见。就一个劲的用力敲门。那个司机就一直不走，一直骗我说这家客栈过了 check in 的时间了，没有人了。非要让我跟他去他介绍的那一家，还说住在那家不要钱等等之类的。可能是因为当时的时间已经太晚了。我敲了很久，客栈的小哥很久才听到我的敲门声出来开门。这时那个司机又来和我握手，还要抱我。让我感觉好恶心啊……

反正在加德满都的时候很不爽，总是被坑！打车被坑，买零食被坑，去办登山证也被坑……所以，我就决定一定要找一个女背夫。这才认识了 suju！

## 比蚂蝗和蚊子还让我反感

博卡拉是尼泊尔曾经著名的皇家度假胜地，但是酒店的水平实在不敢恭维。稍微好一点的也都因为 Lockdown 而关闭了。尚在营业的基本都条件一般。在 Onki 搬去 Banyan tree 之前，她在山上的一个叫"PURNA"的瑜伽会馆住了一个月。那个 PURNA 瑜伽的位置绝佳，依山而建，幽静隐蔽又可居高望湖。瑜伽房宽敞明亮，可面湖静坐冥想。我上去看了之后，也没多想就也搬了进去。本想既可以躲开湖区的人

事和杂音，又可以借机练练身体的柔韧性，如果真能把叉劈开，也可算是我滞留的一大收获。就算叉劈不开，我也愿意在那里常住下去。

但是我只住了三天，就借着"520"请所有女孩子吃饭的借口搬下来了。我受不了炎热的环境，其实也不完全是受不了热。主要是我的血太受蚊虫欢迎。而博卡拉背山临湖，蚊虫甚至蚂蝗巨多！没有空调而密封又差的房间我实在受不了。这个 PURNA 瑜伽的客房没有空调，狭小的洗澡间的纱窗都是破的，里面的墙壁和屋顶爬满了各种蚊虫。这实在是突破了我能承受的底线。像这样的瑜伽会馆的环境条件，不能把舒适性和体验的细节做好，在我看来实在是太可惜了。不知道这其中的原因是因为瑜伽，还是因为尼泊尔人……

为了寻找到一家密封好，有空调的房间，在 Lockdown 以后，我换了好几个地方。最后在当时还在开业的，条件最好的一家酒店里住下。那家叫 KUTI 的酒店老板显然是有点道行。巡逻的警车从门口过从来没有干预过他们的经营。即使他家门口的露天咖啡厅坐满了人。

6 月份博卡拉的天气在我感觉已经很炎热了。我早晨不太想早起，也就少了锻炼。我也没有老 J 那样勤快的每天必去爬山。所以每天起床以后，在我住的 KUTI 酒店咖啡厅喝一杯美式，然后沿着费瓦湖散步到 Banyan Tree，这两三公里的路就算是一种活动。在 Banyan Tree 吃个午饭，逗逗老同志，再逗逗小 loli，一瓶啤酒混到下午，这一天也就过去了。就我所知道的，滞留在博卡拉的旅行者里，老 J 的年纪第二大，Onki 的年纪第二小。这"一老一小"是我觉得博卡拉最有意思的两个人。而巧合的是，他俩都住在 Banyan Tree。

持短期旅游签证入境尼泊尔的中国人里大致有三种人，除了一般的游客之外，还有一些所谓的游商旅代，直播网红。再有就是一些游走海外谋生打工的人。这部分人里有的背景比较复杂。大部分都是在国内混的不好，或者不安于国内的生活。但是又没有积累到足够的资源和基础，于是选择一些签证便利，生活成本较低的国家，出来讨生活。混的好的，能在某一个国家扎根下来变成华商。这些人大多踏实肯干，勤奋务实；混的不好的，只好一边给人打工先让自己生存下来，再一边找机会做点"生意"。实在不行就再往别的国家晃荡。这些人当中不乏是眼高手低，一心投机。他们的身上即没有游客的那种潇洒劲，也没有旅代和网红的那股机灵劲。但是却总愿意，逢人就吹嘘自己闯荡江湖的经历和见多识广的经验，用以掩饰自卑，也用以建设信任。甚至力图积累坑蒙拐骗的机会。这三种人本来就形态各异，诸多不同，而且各有各的圈子。如果不是因为 Lockdown 的原因，平时鲜有交集。也很难互相融合。

lockdown 持续的时间不断的突破着滞留者的心理预计，同时也突破了一些人在经济上的承受能力。虽然在 6 月初的时候，尼泊尔政府提出了"不解封，但复工"的政策，但实际上，复工的商家很少，即使复工了也没有生意。尤其在博卡拉这种完全依赖游客的城市，更是体现的非常突出。这对以上提到的那些到尼泊尔来寻求谋生机会的中国人而言更是毫无意义，他们在这里获得收入的可能根本为零。然而此时的 Lockdown 已经持续了两个多月，这明显让有的人已经扛不住了……

KUTI 酒店的咖啡厅在 lobby 的外面，露天临街。坐在这里喝咖啡可以看着街上过往的行人车辆。一天我正坐在这里喝着咖啡，看见 KUTI 酒店的尼泊尔服务员拦着一个正从酒店门口路过的中国小伙子不让离开。这个小伙子也是滞留在博卡拉的。总是听别人都叫他 Buter。我与他并不算熟。虽然见过几面，但仅仅是打个招呼，没有交流。主要是因为，他的表现在我看来，就是我所说的那种肤浅浮躁，却又热衷自我吹嘘的海外谋生者。无论是疫情，时局，病毒来源，滞留展望，国际局势，尼泊尔政治……所有的所有，他全是专家，没有他不知道的，而且都是众人皆醉他独醒。这样的人在博卡拉并不是只有他一个，我一旦遇到都是避之不及，从不与之搭话。

然而此刻，这个 Buter 却被我酒店的尼泊尔服务员拦住不让走。只见两人撕扯了一阵子，我没听见两人说了什么，明显这 Buter 是走不掉了。当他看见我正坐在这里喝咖啡，就一脸窘迫的样子冲着我走过来，大哥，能不能借我 3000 卢比，我身上没带。您住哪间房，我一会儿就给您送过来。

我转过头问这个拦着不让他走的尼泊尔服务员到底怎么回事。原来是，他有一次请客，带了三个人在这里消费，欠了 3000 卢比结不了账，他说过一会儿给送过来，就让他走了。现在已经两个多星期过去了，在门口也看见他好几次，找他要，就一直说身上没带钱，拖着不给。今天又抓住了他，显然是不能再让他走了。而此刻的 Buter 完全没有了以前见到我的时候，那种好似何方神圣一样的江湖大侠的神气样了。一副乞求的表情看着我。

我是一个从来不借给别人钱的人。但是此刻确让我心里升起一股莫名的恶心。这 3000 卢比还不到人民币 200 块钱，这么多次不给人家，明摆着就是想赖账。而连这点钱的帐都想要赖过去，多半也是已经真没钱了。在尼泊尔如果只想吃一顿饱饭用不了 150 卢比。自己有多少钱自己心里没数吗？还非要来这种三星级的酒店来请客？我一边低头无奈的笑着，一边心里犹豫了一下。毕竟这不是在中国。毕竟他"舔着"一张和我一样的中国脸，此刻还把这张脸凑到了我跟前……

我低着头看着手上的手机，冲他摆摆手，你走吧，这的事你甭管了。我实在是连抬头看他一眼都觉得恶心。一会儿把他欠你们的钱，记在我这杯咖啡里。我对酒店的尼泊尔服务员说。

您住几号房，我"找时间"给您送过来，

呵呵，行啊，你送过来就交给前台吧。

此后我从未收到过他送来的钱，但是，在小小的博卡拉湖滨区，我很难不在其他的地方碰到过他几次，不过这个 Buter 再见到我时，几乎是撒腿就跑，好似从不认识我一样……

无论如何，反正那个早晨实在是把我恶心坏了，我还是赶快去找老同志和小 loli 去聊天吧。

## 另一种"滞留"

我：Onki，去给我买一份 Juicery 的瑜伽饭，就是带菠菜的那种

Onki：你又使唤我，老让我给你做事

我：你自己不吃饭吗？反正你也要去买

Onki：我不啊，我就吃零食就够了，中午就不吃饭了

我：你快点，这么不乖！你去买回来给我，我请你喝一杯 Masala tea

Onki：你自己为什么不去，这么懒！

我：外面在下雨，我不喜欢打伞，出去就淋湿了，你不下雨都打伞。快快快，快去快回。

总吃 Dalbhat 也还是会腻的，有时候换一换还是感觉好一点。一向乖巧可爱的 Onki，总可以在我的软磨硬泡之下，省去我很多最讨厌去做的事。我吃着 Juicery 的瑜伽饭，Onki 喝着 Delmar 为她做的 Masala tea，老 J 一边吃着鸡肉饭，一边向 Delmar 抱怨房间里有蚊子。有些时候，中午的 Banyan Tree 阁楼只有我们三个人。Onki 也说想换个地方了。一来是房间临街太吵，不能睡懒觉。而且房间因为不透风，还是太潮了，衣服都发霉了。

我：你最初不是住在 H，不如搬回去吧？

Onki：不要，不喜欢那里。

我：哈哈哈，那里怎么了？那么多中国人多热闹啊。还有你 K 哥罩着你！多幸福啊！哈哈哈

Onki：不要，就是觉得那里的人，很无趣，又很吵闹，还很不好沟通的样子。

我：哈哈哈哈哈，我听说 momo 也搬走了是吗？

Onki：嗯，好像是吧。

在我们环球旅行者的圈子里，为数不少的人都具有一个共识。如果不是极特殊的情况。尽量不住中国客栈。而我更是这其中的拥趸

者之一。我比较频繁的使用 Airbnb 的时候，也极少选择中国房东。偶尔的几次，也几乎没有一次让我满意。加拿大的华人房东在房源描述里故意用很小的字标注房子是地下室，而照片美化到让人以为是别墅。法国的华人房东把一间 10 平米的房子切成 3 间 3-4 平米的小间，照片使用广角镜头实现效果。新西兰的华人房东隐瞒房间其实是一间布满管道的设备维修间，卫生间其实在单元外面。

博卡拉的中国客栈和餐厅其实也算为数不少，毕竟这是一个中国游客占主体的旅游地。尤其是在博卡拉，超过 50% 以上的观光客都是来自中国。大街上即使是尼泊尔人的商店和餐厅，也会有显眼的中文招牌。走在湖滨区的 Lakeside，有时候你会感觉这里好像中国的一个小镇一样。但是到了 Lockdown 以后，还在开业的中国客栈也就不过两三家而已。我初到博卡拉时住的第一家客栈旁边，就是一家中国客栈。开始还有几个客人，后来干脆就只剩下老板和自己的老娘住在那里，最后只能关了客栈，带着老娘搭乘第一架包机回国了。房东因为疫情躲在加德满都一直没有过来博卡拉收房。很长一段时间里，那里只留下人去楼空，凉台外面挂着一面显眼的中国国旗。一股萧瑟，不言凄凄。

Lockdown 以后的博卡拉，无论是中国客栈还是尼泊尔客栈，普遍的价格都在 500 卢比 / 天。便宜的还有 400 的，可能不同之处就是房间小一点。还有的滞留者去按月租民房，价格则更低。客栈的房间基本条件都差不太多，都是独立卫生间，但是都没有空调。

H 是博卡拉的一家在当时比较活跃的中国客栈。客栈的老板娘健谈，亦愿意刻意的表现出自己的八面玲珑。始终声称，是为了响应使馆和华人协会的号召，照顾滞留的游客而降成了这个价格。疫情前比这个价格要高多少多少。但实际上在 lockdown 期间，尼泊尔人开的客栈也是一样的价格，有些还带简单的早餐。价格的涨跌是市场决定的，与谁号召不号召没有根本影响。不过这家 H 客栈确实是在 Lockdown 期间，博卡拉曾经最热闹的一家中国客栈了。也是住过的中国人最多的一家。

在除了滞留者之外，没有任何游客的 Lockdown 期间，中国客栈与尼泊尔客栈争夺这为数不多的滞留者其实并不占优势。尼泊尔人是自己的房子，没有房租开支。主人家就住在客栈，天天早晨起床后，一家人勤快的忙里忙外，打扫擦洗已成日常习惯。不需要再雇工人，客栈也是井井有条，窗明几净。而中国客栈，在相同的价格之下的收入，能负起房租水电已经很不错。更是雇不起工人打扫客栈卫生，客栈老板也没有自己动手的习惯和愿望。这带给住客的体验明显不会好过尼泊尔的客栈。如果干脆把客栈关了，房东能不能减免房租还是未知，而自己还得另外找地方住。背井离乡讨个生活，各有各的心酸，谁都不容易。

可能中国客栈唯一有点优势的就是提供了一个"中国厨房"。这一点在开始确实吸引了一些中国人。其实疫情之前，中国客栈的厨房也没有这么强烈的需求。行者匆匆，做饭本就不是游客的高频行为。厨房作为客栈的一个配置和服务当然是免费的。但是疫情发生以后，旅行者变成了滞留者。自己做饭不仅安全，还可以节省开支。或者与同住的客人大家一起搭伙 share，也省去很多麻烦。

尼泊尔的煤气罐都是从印度进口的，确实也是要花钱买。本来这个房价，客栈就不太挣钱。而此时，厨房的使用率再空前高频，连以往免费提供煤气所耗的开支，也可能会变成了不能承受之轻。

还有的客栈在没有客人的情况下，如果客人选择了睡床位，就跟住了单间也区别不大，如果这位睡床位的客人，再天天去使用免费的厨房和煤气，这客栈老板心里肯定是不舒服。甚至连打碎一个碗都想借机多收点赔偿，其实是疫情之下，商家的心理上已经失衡了。

因此 Hero 客栈的老板娘提出，要每做一次饭收 100 卢比的煤气费。但是住客们后来才理解，原来老板娘要的这"每次 100 卢比"是按人头收的。是"每人每餐"收 100 卢比的煤气费。例如 3 个人搭伙做了一顿饭，这三个人一起 share 他们的这顿饭的花销之外，还要每个人交给客栈老板 100 卢比的煤气费。换句话说，无论是谁做的饭，只要住在这里的人参与吃了这顿饭，就得付给老板 100 卢比。这价格算下来可就不那么合算了。即使你不和人搭伙，自己一个人煮了一包方便面，也需要支付 100 卢比的煤气费。那这煤气费可是比方便面还贵了。更重要的是，这样的收费方式，客栈可能在煤气费上的收入比煤气公司还挣钱了。最终，看中了厨房而住进来的住客，最终还是都和老板娘不欢而散。

商人最重要的不是有没有善心，而是守不守诚信，以及懂不懂得让渡。挣钱的和花钱的发生了矛盾的时候，做出让渡的只能是挣钱的，不可能是花钱的。这时候你别说你定的价格没挣钱，那是你自己定的。你非要人家花钱的让渡，那人家让完就不来了。

最忌讳的是自以为的小聪明。住进来的时候跟你说，煤气费"每次" 100 卢比，等事后解释说是"每次每人" 100 卢比。住进来的时候说是房租 450/ 天，等结账的时候说，450/ 天是住满一个月的价格，你不满一个月是 500/ 天。如果再对客人甩个脸色，定点什么规矩要求，那就更没人惯着你了。最后，大部分的中国人还是扎堆"团住"了尼泊尔人的客栈。而包括 Hero 在内的所有两三家中国客栈基本都处于了关停状态。至少是基本没有住客了。

虽然华商的为人格局和商业作风不能绝对的一概而论，但是，在国外"中国人专坑中国人"的抱怨声，从来都是不绝于耳。中国人不太愿意潜心于公平规则的制定和遵守，更愿意把"小节"置于自己占有优势地位的"将心比心"之中去处理。这样的行为选择，不仅在华商的身上，在普通中国人的行为文化里也可以寻到痕迹。但是人心都是难测的，不仅难测他人的心，恐怕也难测自己的心。更多时候我们在潜意识里就是容易向别人要包容，要让渡。

中国人讲究充满了人情世故的"礼尚往来"！而外国人更喜欢清晰公平的"规则模式"。外国人在日常里很少赠与，但一旦赠与是完全不求回报的。而中国人会在潜意识中把模糊的赠与融进"人情往来"

的回合里。外国人普遍惯常而自然的采用 AA 制，很少见过谁会因为"没有"或者"没带"零钱，让别人先帮垫上，下次再一起还给人家。更不会在不参与 share 别人的晚餐时，却愿意拿着筷子去"品尝"几口人家的菜肴。即使在经常光顾的店铺或餐厅里，也不会提出想赊账或月结的要求。类似这样的画面和镜头，即使是在那几个已经在博卡拉混的"人嫌狗不待见"的人之外，其实也会经常闪现。

因此我其实非常理解像 Onki 这种单纯率真的年轻人，既不喜欢去融进中国人的圈子，也不愿刻意去与谁交往渐深的想法。即使遇到"不好沟通"的华商，宁可吃点亏，也不愿去承受那份心累。躺在床上追一整天的剧，也比去"见习"那些充满着伪善而不纯粹的人情世故要爽更多。

我曾经认识的一个中型国企的高管，在一次饭局上借着酒劲说过一番颇具戏谑意味的话。

中国的"社会进步"分为三个阶段，第一个阶段是改革开放，人们意识到了一个"真理"，就是"有钱能使鬼推磨"。这个阶段让人们知道了金钱的魔力！第二个阶段是六四之后，人们又发现了一个"真理"。就是"权利权利，权在前，利在后。没有权是不可能真正得利的"。这个阶段让人们知道了"权力"的厉害！现在中国进入了第三个阶段，人们会渐渐的认识到第三个"真理"。就是你再有钱，再有权。最终还是跳不出一个文化的束缚。甭管你是哪国人，这文化对人的控制，有时候似乎比金钱和权力，更加无形隐蔽也更加有力。

他的这段"酒后之言"，确实让当时席间的很多人都深以为是。我也一直记到今天。但是他说这段话的时间已经是差不多快 20 年前了。中国有没有可能会进入第四个阶段呢？而在这第四个阶段里，中国人又会发现什么比"文化"更厉害的东西呢？但是不管怎样，至少人们已经看到，文化里不一定都是让人自豪的瑰宝，也有欲罢不能的糟粕。越来越多被"滞留"在糟粕文化里的人们，也正在挣扎着解锁这份束缚。

# 强加于人的"文明"，只可能变成一个讽刺

如果说最能体现疫情里对人性的考验，我觉得大概就是关于口罩的争议了。这个问题也是我和大多数人之间最容易产生分歧的地方。因为我始终坚持认为口罩是坚决不可以强制要求他人戴的！

早在 2020 年大年三十的时候，那个时候的社会舆论和主流民粹还没有"强制戴口罩"，甚至"伟大光荣正确"的政府还在大言不惭的宣传"未见明显人传人"。当天晚上我回我妈家过年，因为要喝酒就没开车，叫了滴滴。我把很久之前为了防 PM2.5 而买的口罩找出来戴上了。虽然我的科学知识不能让我确定口罩对防止病毒传播的实际意义和价值，但是戴上口罩这个动作的成本确实在我的承受范围之内。因此自疫情发生以来，我始终选择在空气流通状况差，人员比较密集的地方戴上口罩。我甚至也认同，在一些同类的特定场合，应该加大对"戴口罩以避免感染病毒"的宣导力度。我也会躲避那些在无法保持必要的社交距离的场合未戴口罩的人。

但是无论如何，戴口罩都是一个关于个人对于科学的认知问题。你觉得他愚昧也好，无知也罢，那都是他无人有权干涉的个人选择。与道德无关，与社会责任无关，与法律政令更无关。退一万步，就算一个"不戴口罩的病毒携带者"确定会传播给他人病毒，那也依然不能使用"强制"手段让他戴上口罩！此时此刻，"被感染"是一个人活在这个星球上，自己必须承担，而不能转嫁给他人的成本和风险！你只能要求自己戴上口罩保护好自己，但是不可以为了让自己降低感染风险，强迫别人做他不愿意的事情。

也有人提出，"强制戴口罩"和"禁止随地吐痰"是一样的，都是文明的延伸，和立法的方向。但实际上，"禁止"和"强制"这两个概念在法治的精髓和逻辑里是有着巨大不同的。而立法则必须要遵循必要的程序。并不是大多数人同意的事情就可以形成法条。没有在"程序正义"之下所建立的法条，与法治的精神完全是背道而驰的。

只要多数人举手同意，就可以处死亚里士多德的时代，是"雅典式民主"之下的强权时代，而不是宪政民主精神之下的法治时代。

而事实上，在疫情期间，大多数人完全是出于对病毒的恐慌，甚至是认知的谬误。让人性中因贪生怕死而产生的野蛮和因自私无知而暴露的懦弱，驱使着人们用粗暴的手段去破坏了一个基本的伦理秩序。用暴戾的态度对待坚持己见的同类。而且还自以为是"文明"的先知和民粹中的优胜者。用道德和社会责任去绑架他人的基本权利，其实不过是一个无知自卑的傻逼和一个惊慌失措的怂逼，为了掩盖自己在危机之下的懦弱和野蛮的丑态！

我也知道，在疫情呈现出困难焦灼的局面的时候，包括在一些西方民主体制的国家里，政客出于平衡政治利弊和稳定社会舆情的考虑，也不得已的推出了各种各样的"口罩令"。他们或者"旁征援引"即在的法条，或者避开议会"牵强解释"政府权力的外延。但是无不颇多争议。而实际上，在几乎每一个国家的"口罩令"的执行过程里普遍都是充满克制的。至少在我所到国家里，是从没有见过如中国这般野蛮粗暴和无知丑陋的。

疫情之初，更有甚者在朋友圈里发，"今天又在大街上骂了多少个不戴口罩的人，真痛快！"。疫情后期，也有人在朋友圈里发，"今天打了疫苗，希望大家也都去打，为社会尽一份责任"。这样自以为是的无知，在疫情时代里比比皆是。虽然我并不拒绝在必要的时候戴上口罩。但是由于这样的局面和背景，确实让我对于来自外界的口罩的提醒和要求，具有了情感上的抵触和反感。对于与之相关的人也具有了难以克制的蔑视和鄙夷。

在 6 月底的时候，老 J 和 Onki 还有 Heidi 一家，都从 Banyan Tree 搬了出来，各自在 Lakeside15 街到 17 街附近找了比较安静的住处。7 月份以后，省内的交通开始恢复，尼泊尔人可以适度的移动了。老 J 决定离开博卡拉，去 Bandipur，一个在半山腰的小村子去住一段，等待彻底解封和复航。得到了这个消息后的 Onki 非常沮丧，啊呀，抓不到他了！他还欠我一顿饭呢！

接下来的两天，我和Onki开始留心博卡拉街头巷尾有否老江的出没。功夫不负有心人啊！终于在他要离开博卡拉的前一天下午，在Lakeside抓住了刚刚爬山回来的老J。老J其实并没有故意躲避。尽管他身边还跟着另外一个同样滞留在博卡拉的胖哥，老江还是乖乖的就范。"没问题啊，你俩说想吃什么吧！"本来胖哥是一直想他来请客给老J送行。一看我俩来了，就争着说都一起，他请客。但是Onki说不行！并且故意撒娇的必须要老J请客！我们选择了在7街的一家餐厅。一行人沿着Lakesid往那边走。

自从5月初尼泊尔政府提出了"不解封，但复工"的政策以后，街上的管控已经没有开始那么严格。路边的那些没有得到特许开业的商家也开始偷着营业。只是看到警车过来，就赶紧把卷帘门拉下来。警察也就睁一只眼闭一只眼，不再过分计较了。随着省内的交通的开放。Lakeside开始出现少量的人流。警车除了巡逻之外，就在路口备勤，也就是偶尔无聊的时候检查一下当地人而已。

我在尼泊尔滞留了这么久，除了去移民局大厅办理签证续期的时候之外，我是从来不戴口罩的。因为我也很少在人多的室内待着，其实Lockdown期间也没有什么"人多的室内"。而在户外是一直没有被任何人强制戴口罩的。但是从7月份以来，确实听见有人说，警察突然开始在街头拦截不戴口罩的人。而此时，当我们一行人走到了大路口的时候，我看到了停在那里的警车和在那里的警察，正把好几个没戴口罩的尼泊尔人拦在警车前说着什么。

这时同样都没有戴口罩的我们一行人正在走过那辆警车。Onki因为走在最前面，并且赶紧拿出了口罩戴上，使警察似乎没有看见她。而我回头看见我身后的老J和胖哥已经被拦在了警车旁边。这时候我听见警察开始向我吹哨，要求我回去警车旁边。我好似没有听见一样的不停步的往前走。警察的哨声更急促了，这时所有的路人都听见了刺耳的哨声，齐刷刷的转过头看着已经提起棍子快步冲向我的警察。

Onki 也转过身紧张的对我说，这样不行吧，他要你过去！我赌着气对 Onki 厉声说，甭看他！！！此时我已经可以用余光看见，提着棍子吹着哨的警察已经跑到了我的右侧，与我几乎平行的位置。而我依然好像不知道发生了什么一样，按照始终的速度不停步的向前走着。这时的我已经走过大十字路口，快要到大超市的门口了。警察终于放弃了。我怕他回去开车再追来，于是顺势拐进了旁边的 17 街。但是警察并没有再追来。

后来在餐厅喝酒的时候，老 J 和胖哥说，警察也就是要求他俩戴上口罩而没有说别的什么，但是却对我的当时做法表达了非常的不满。老 J 和胖哥假装不懂英文，而没有做任何回应。

我：你就跟他说我是聋子听不见，或者傻子什么都不懂！哈哈哈

老 J：那警察已经提着棍子过去了，要是一棍子抡你身上你可怎么办？老 J 不乏担忧的说。

我：我操！就是带枪的美国警察，也不能随便在人身后，对人后背开枪吧！别说是警察了，就是在战场上，对人后背开枪也是很"没种"的行为吧！操！那就让他抡吧！

晚饭的气氛一如所料的好。虽然我和 Onki 都吃过饭了，但是 Onki 还是如愿的喝上了老 J 请的饮料。我也和老 J 畅饮到餐厅不得不拉下卷帘门的时候。老 J 也是走遍了东南亚各国的人，分享了很多他路上的所见所闻，特别是各种让他还"尚未尽兴"的艳遇，不亦快哉。酒过三巡，老 J 毫不掩饰的向我和 Onki 咨询，想"邀请"一个女人和自己上床，用英文怎么说？ Onki 说的好几种，老 J 都觉得太难，记不住。我教他的，老 J 又担心我故意骗他出丑，不敢轻易信！

当晚"散场"后，我发了朋友圈，"老 J 是我的偶像！年轻人不懂，纵情苦旅的人总是别有怀抱！"

那条朋友圈的九宫格里发了一张老 J 在湖心岛的裸照！

第二天老 J 和一个小伙子按计划搭车去了 Bandipur，在这个山间小镇一直住到了尼泊尔彻底解封。航班恢复后，他们终于成功的改签

了手里半年前的返程机票，回了国。

　　就在他们即将离开小镇前往加德满都准备离境的前几天。老 J 竟"鬼使神差"的把他一直带在身上的几个口罩洗了！并且夹在屋外的晾衣绳上风干。与他同行的小伙子拍了照片发在了我们微信群里。一排白色的口罩，迎着喜马拉雅山谷里的微风，在这个半山的小村里的晾衣绳上轻轻飘荡。如果不仔细看，一眼望去俨然就是一排女人的胸衣。而老 J 这个不经意的动作，在此时此刻，更是像极了一个"行为艺术大师"对这个时代恰到好处的巨大讽刺！

# 五、阿 S 的迟疑

## 无解的死结

在 3 月份的时候，国内的疫情据传得到了基本上的控制。甚至根据中国政府的宣传，国内已经实现了"社会面清零"。于是国内的舆论开始强化"外防输入"。入境以及隔离政策也随即出台。每一个入境人员都必须自费完成 14 天集中隔离。而当时整体上看，滞留境外的人员结构里，如我这样的旅行者是很少的一部分。大量的是留学生和境外华人华侨。其中仅留学生的数字就让我大吃一惊，我第一次了解到，身在海外的中国人的数字竟然是如此庞大。

随着病毒在全球蔓延开来，同时国际上对病毒溯源的呼声瞬间高涨。部分海外华人开始担忧接下来在海外的生存环境。纷纷寻求回国。令人作呕的中国"外交天团"们，天天都在媒体上伪善的把滞留在海外的国人称为"祖国母亲永远的牵挂"。可他们派出的使馆却在全球范围内对寻求回国的中国公民极尽"围追堵截"之能事。十几甚至几十万一张的机票价格，繁琐苛刻的行前检测，丧权而充满歧视性的隔离规定，充满了懈怠作风和抵触情绪的回国审批程序。滞留海外的中国公民已不再是千方百计的在全球自费搜购口罩防护服，驰援祖国的拳拳之子。瞬间变成了"祖国建设没有你，千里投毒你第一"的祸国殃民之徒！墙内墙外瞬间变成了两种情感的世界。此时此刻，没有人再有心去分析，在一个"所有媒体皆喉舌"的国家里，一个舆论结果的背后，究竟是来自政府操控还是民间发声。而只留下一片怨愤和心凉。

随着疫情的肆虐，防疫措施和政策的制定，迫在眉睫的摆在了每一个国家和政客的面前。自由民主体制的精神遭到考验和怀疑，而权威主义思潮正在涌起甚至被追捧。政治逻辑与文明信仰的不一致性本就是一种全球化的存在。而在这一刻体现的尤为突出。

由于中美之间在对病毒溯源的政治态度和疫情防控政策上存在的分歧，而释放出很多不同甚至对立的价值和资讯。这使得国内的民粹意识，对疫情的政治化思维开始泛滥到对病毒的科学认知领域。在对疫情的防范和相关的政策的理解，存在了更多主观的情感驱动。专制体制之下的"集中力量办大事"得到了空前的认同和拥趸。对立情绪之下的自豪式炫耀和立场化态度，使中国瞬间变成了"全世界最安全的地方"。而中国之外的国家则变成了"人间地狱"。这些复杂错综的观点和思维，肢解了人们的价值逻辑，也打碎了人们的认知体系。这一点上，不分成长背景和男女老少，也不分社会阶层和墙内墙外。在一件事情上彼此认同的两个人，瞬间会在另外一件事情上不共戴天！立场绑架着情感，情感又操控着认知，认知又反过来制造着立场。这一切凝结在一起形成一个好似无解的死结，而充满着戾气。

在 2 月初国内武汉疫情泛滥的时候，很多人对武汉封城的做法拥护备至。对中国的"体制优势"五体投地。也许当时没有人会意识到病毒会如此迅猛的蔓延到全球。包括很多留学生和华人华侨在内的境外人士甚至都发出了"身体力行"的自豪式感慨，"这样严重的疫情如果发生在国外的一些国家，估计那国家早乱了！亡国了都不一定"！其中以我在巴塞罗那的时候，住过的一个 Airbnb 的中国房东叫嚣的最为激烈。虽然与她只有一次商业往来，但是一只保留着微信。即使在我微信换号之后，她也依然追加了我。

我是从来不给别人的朋友圈点赞或留言的。甚至也很少在我自己的朋友圈里回复别人的留言。我觉得这个动作毫无意义，微信朋友圈不是微博，如果确有必要完全可以直接私信。而我也对网络媒体

的属性没有什么特别的信赖感和依存度。因此我更愿意对之保持克制性的使用方式。总之我是没有多么突出的"网络社交牛逼症"。而这位房东大姐则正相反。似乎总想强迫对方与她交流。我所发的一些批评国内防控疫情和控制言论的朋友圈，她总愿意在下面发表一些相左的评论，或者提出一些彰显她霸气性格的疑问。意图挑起与我的交流。虽然我没有删她，但是也从来不搭理她。那些脑残式的言论让我觉得也是根本不值一驳。至于与我交流，我实在是觉得她根本不配。

在我完成了 EBC 回到加德满都休整的时候，彼时 WHO 的数据显示，新冠病毒已经蔓延至接近 130 个国家和地区，报告的确诊病例达到 15 万，死亡人数已逼近万人。美国以及个别欧洲国家的确诊病例数已经超过了中国疫情爆发时的峰值数字。我随即发了条朋友圈，"现在好了，国外的疫情已经比国内当时还严重了。哪个国家乱了？哪个国家亡国了？那个国家像武汉那样对待自己的国民了？"

这位大姐在我这条朋友圈下留言：你这个吃里扒外，有人生没人教的东西！

这次我搭理她了，"你爸是叼着谁的鸡巴操你妈，操出你这么个贱逼杂种玩意儿来？怎么走到哪都一股骚逼味！"

她回复说，没想到一个走过了 100 多个国家的"旅行家"也就是这个素质。能说出这么不堪入耳的话。

我说，你知道的太晚了，没这素质怎么走 100 多个国家？！我从来不惯着你这种给脸不要脸，以为靠撒泼犯贱就能撑起来气场的货！

中共布局的"大外宣"所释放出来的"意识形态化"防疫理念，与正值美国总统换届期间，复杂的美国国内政治包装出来的"政治战术化"疫情报道，混杂在一起。让无论是墙内墙外，尤其是"简中"媒体上的疫情资讯真假难辨。无论是对自然科学的认知，还是对社会价值的判断，都大大超出了一般老百姓的辨析能力。让病毒这个在自然科学领域尚存巨大探究空间和争议的议题，在政治的作用之下变的更加的复杂混乱和难以认知。被疫情裹挟之下的普通人对各种资讯的辨别和采信无疑更加被动，甚至根本无从下手。

2020 年 7 月底的时候，尼泊尔政府解除 Lockdown 已经箭在弦上，中国包机计划也已经启动登记程序。一个同样滞留在博卡拉的 93 年的小姑娘，在听说我不打算回国，而是准备辗转进入美国之后，平静又不屑的问我，

这个时候还去美国？美国有什么可好？

我说，可能至少还算自由吧。对人的限制不会没有底线。

她说，自由就这么重要吗？去了美国你是自由了，但也死的也更快了！

　　在人的认知过程中，最直观的选择是价值导向，最无奈的选择是立场导向，最不易克服的是情感导向，而最难以做到的是事实导向。


## 永恒的双标

　　在 6 月份的时候，尼泊尔政府派出专机，把在印度因感染新冠病毒而死亡的尼泊尔人的尸体接回国内，入土为安。这个做法随即在滞留尼泊尔的华人圈内产生了极大的恐慌和责骂！认为尼政府这种"脑残做法"简直不可理喻。对尼泊尔国内的安全环境完全是自杀式的破坏。对尼泊尔国民是完全不负责任的。滞留在尼泊尔的中国人里相当一部分抱持着这样的"双标"态度，一边骂着中国的"外防输入"政策的不合理不人性，使他们归国无门，另一方面又骂着尼国政府没有有效的堵截住从尼泊尔境外返回的尼泊尔人。

　　尼泊尔南部与印度有着漫长的边境线。与北部崇山峻岭的喜马拉雅山脉不同的是，南部大部分都是海拔低于一千米的密林。通行非常便利。也许正因如此，使得印度和尼泊尔的用工市场几乎是一体化的，根本没有严格的管理。大量的尼泊尔人去印度工作，也有更大量的印度人来尼泊尔工作。在疫情爆发之前，他们切换工作与生活的标志大概就是穿越边境，这对他们而言就如同上下班一样平常而随意。

　　但是 Lockdown 之后，尼泊尔关闭了边境口岸。大量因疫情的爆发，已经在印度失去工作的尼泊尔人期待回家，他们聚集在只有一河之隔的国境对面与军警僵持着，等待着入夜之后，伺机游过河面仅有二三十米宽的界河。而他们当中有人确实已经有了感染的症状。虽然尼泊尔政府在边境线上加派了军警力量阻止这些意图强行跨境的尼泊尔人。但是对比漫长的边境线与众多在恐慌之下回家心切的尼泊尔人，军警的力量根本是杯水车薪。同时，这些被困者的家人也在给尼泊尔政府压力，谴责这种在如此特殊的时刻，让自己的国民有家难回的政策。尼泊尔政府在压力之下采取了根据隔离条件而批量放行的政策，但实际上还是有大量的尼泊尔人在管控之外强行跨境进入。这种情况无疑给一部分尼泊尔境内的人，也包括滞留在尼泊尔的中国人带来了很大的恐慌。

一天早晨，我在费瓦湖边散步的时候。看到一个尼泊尔男孩，一个人面对着费瓦湖专注而深情的唱着《成都》。那显然不是一日之功的中文发音里，好似释放着对疫情的无奈和 Lockdown 带来的压抑。攀谈后知道才得知，男孩在浙江大学学习了 5 年。由于中国疫情爆发，回到了博卡拉。

我：你的歌唱的很好啊。

他：啊，哥哥，你好！我在中国 5 年了，要不是疫情我不会回来。我爱中国。中国太好了，什么都好。什么都比尼泊尔好。好太多！

我：哦？哈哈哈，都哪里好啊，你说来听听。

他：你看，中国政府能力多大，一下子就把中国的疫情控制住了。但是尼泊尔就是不行。那些河边的人都跑进来了。政府根本控制不了。

我：所以你是不赞成政府让他们入境的是吗？

他：是的，不能！他们很多人已经感染了，让他们进来，我们所有人都会被感染。

我：但是，如果你的父母兄弟姐妹病了，你就会不让他们进家门吗？其实现在河对面的人，不就是我们的兄弟姐妹吗？

他：这个，啊！我不知道，但是，我们没有办法啊，哥哥，我们救不了他们！我们救不了他们啊，反而会害了我们这些没有感染的人！

我：所以我们也就不用再去努力救他们了是吗？

他：我不知道，哥哥，那你觉得呢？

我：我赞成让他们进来！我们到底救得了救不了他们，以及我们能救得了他们当中多少人，这都要等我们努力过之后才知道！无论如何都要让他们进来！就算我们救不了他们，也要让他们死在家乡的土地上！那是他们的权利，而我们没有权力阻止他们！无论任何时候，我们为了保全我们自己的健康和安全，都不能建立的在伤害他人的权利之上。否则，早晚有一天我们也会被他人伤害！

他：啊，我不管了。我要回去中国。一旦开放我就回去中国。这次要带爸爸妈妈一起去中国，不会再回来尼泊尔。


## 你到底是想让我爱你，还是想听我说爱你

自从在"约酒群"里话不投机之后，坦率的说，从我而言已经不太愿意再于这些根本的分歧之上展开什么交流了。我始终知道我和身边的人走在不同的道路上，有着不同的生活态度和价值排序。老 C 自己开着规模中等的餐厅日进斗金，早已财务自由。自称是"和睦型"的他很愿意融入和浸染在中国的"江湖文化"里。每次酒后畅聊，他津津乐道的都是他身边的好大哥，以及他好大哥的地位和成就，特别是他每一个大哥对他的有求必应和扶持器重的感激！在中国开餐厅本就是一个需要对江湖无限仰仗的营生。工商税务，卫生城管，环评水电，公安消防……这要是没有几个"好大哥"撑着，恐怕也确实是不可开交。

世事洞明皆学问，人情练达即文章。老 C 确实总能展现出他的八面玲珑和驾轻就熟。但是开餐厅太耗人！一天忙下来除了睡觉和看店之外几乎没有其他的时间了。在餐厅里，被必须"见人说人话，见鬼说鬼话"的江湖气氛环绕着的老 C，可能一时间也很难切换状态。只有偶尔在和我们"酒到高潮"的时候，才能露出一些驰骋江湖的疲惫和对生活的无趣甚至孤独感。但是老 C 很善于"自我激励"。很能让自己想方设法的从他的"江湖生涯"中汲取营养，甚至找寻情感

寄托。更重要的是他愿意把本是消极的，甚至被动的一些东西揉进更深层的价值本质，升华成一种他深以为是的人生哲理。以此让自己从心理上获得必要的成就感和自我认同，可能这也是获得外界认同的一个前提条件吧。

我和老 C 正相反，我是一个极其抵触和反感江湖的人。我其实更喜欢只有我和老 C 两个人的酒局。但是老 C 似乎更喜欢一大帮人热闹。不要说是老 C 组织的大局，就算是有了我和他之外我不够熟悉的第三人，我都有可能会感到些许的无趣甚至疲累。所以后来很多时候老 C 约我赴宴的时候，是不告诉我当晚有多少人和什么人参加的。

不要说像老 C 这样依仗江湖而安身立命的人，就是普通人的生活里也躲不开那句中国的老话，"在家靠父母，出门靠朋友"。我倒也没有什么"社交恐惧症"。但是确实随着年纪的增长我越来越对"交朋友"没有什么热望和期待。尤其是对"围朋友"更加的反感和抵触。在常年的长线跨国旅行中，从不喜欢妥协和迁就别人的我，也很少与人同行。因此我的旅程百分之九十以上都是独行的。既没有同行者，更没有可以"靠"的朋友。我理想的状态是和这个世界互不相欠的状态。我希望自己能置身江湖之外，不需要什么人脉，不用考虑任何的人情世故。既不碰触任何的江湖利益，也不会产生任何的江湖恩怨。这种星球过客的感觉，倒让我感到更释然和随意。

人最需要的朋友就是酒肉朋友。我以前一直认为即使是不在一条路上的人，就算彼此的差异再怎么大，坐下来喝杯酒总还不至于话不投机吧。事实上我和老 C 等一干人，也是这样的一起厮混了十好几年的"酒肉年华"。很久以前有一次和老 C 在喝酒的时候，争论起来杨佳的事情。老 C 的大概意思是认为杨佳的这种行为极端偏执，既无价值又害人害己。是完全不可取的。我则认为"引刀成一快，不负少年头"！把这种行为列入极端，是被生活和社会规训之后的语境和认知。在有些情况下这种"极端"反而可能倒逼社会公平和法制建设的进步。

总之我们当时互不认同，争的有些激烈。我问老 C，如果你是杨佳，而你确实受了委屈无处可伸，也永远没有机会再昭雪。你会怎么办？老 C 把他杯中的酒一饮而尽后说，"我想那我就忍了！我还有家人和朋友，我还有比报仇更能让我获得快乐的生活去追求。"

我听他说完，也把我杯中的酒一饮而尽。我告诉老 C，我想如果是我，我可能暂时也会忍了。在这个问题的实际操作上，可能你我的分歧并不大。但是，假设，我们像杨佳一样去做了，但因为是含冤而为，而无需承担法律责任，也不会影响家人的生活。我想可能我们都会去重新考虑忍还是不忍的。因为没有人会愿意背着冤委生活。但是事实上，像杨佳这样做的后果代价太大，成本太高。我们应该承认这是一件你我想而干不敢干，或者不肯干的事！而此刻别人干了！而我们是用什么态度去对待这个，干了我们想干而不敢干的事情的人！？这才是你我真正分歧巨大的环节。

大哥可以换，老婆也可以换，挣钱的营生也可以换。但是江湖上的人设和积累不能换！隐忍成精的江湖经验和处世哲学必须能应对任何复杂残酷的人生课题。背叛灵魂的趋炎附势和伪善功利的人情练达必须被解读成坚强而睿智的人格魅力！

我和老 C 都比杨佳年龄要大，我们对社会和生活的操控力以及自我保护能力也相对较强。可能我们不会轻易把自己置于如杨佳一样的境地。所以这样的争论对于我们而言，仅仅是一次酒后畅言。实际意义距离我们还是很远。但是，这次疫情的爆发似乎让我们长期存在的很多分歧突显了出来。因为在病毒面前我们没有任何人再具有保护自己的绝对优势。因为我们已经感受到这一次的民粹和公共政策会直指我们的切身利益。谁也跑不掉！我确实希望即使死，也要保住自由的尊严。而老 C 们希望只要有一线希望能活，似乎什么都可以"不惜"。在任何时候，活下来都比死去都更有尊严！

虽然我们都意识到了这次疫情之下，我们之间观点上的巨大差异。但是避开这些分歧和差异，我们还保持着不至彼此疏离的交流。

从我被滞留在尼泊尔开始，老C就一直建议我争取包机回国。他也坚持认为中国是全世界最安全的地方。并且极力劝我在这种时候放弃去美国和西非那些国家的旅行计划。尤其是当中国疫情被控制住，而全球疫情开始泛滥的时候，老C似乎更加觉得他之前与我相悖的那些认知得到了绝对的认证。在他看来恰恰是这次疫情证明了，中国政府是一个非比寻常的"牛逼政府"。是为国家和人民承担着"无限责任"的政府。用他的话说，这个党，这个政府一定还可以再进步。这个国家必然会更加强大。"伟大的习主席"已经做好准备收复台湾了。老C断言，如果2020不动手，2021肯定动手！中国在国际上的地位和姿态都会在这次全球疫情之后，得到空前的发展和壮大。

而我认为，一个国家是不是强大，不是仅靠领土多大和外汇储备有多少去评价的。你争得了多少礼遇，逼出来多少绥靖，最终还是要"敢于"站在正义的一面。否则不会得到真正的尊重和信任。而中国现在正在一条"去正义化"的道路上洋洋自得。一个"强大的邪恶体"也值得骄傲和炫耀吗？看看外交部那几个发言人的无耻样子，我真是被恶心得从心理到生理都感到不适！

我的这个观点似乎再次碰触到了老C的某个"痛点"。

"国家与国家之间有正义吗？国际上的正义和我们生活中的正义一样吗？这我还真不知道！但是我无论如何不能同意你说的中国是邪恶的说法。你觉得别人恶心，别人也会觉得你恶心的！你记住，不管你走到哪里，不爱国是不行的！！！"

不知道什么是正义和干脆放弃正义，这是两个不同的概念。如果你认为国与国之间的交往没有正义可言，所以中国在世界上的任何行为和姿态都无需考虑正义与否，只要坚持"战狼姿态"即可。那你又凭什么说你就一定不是邪恶的呢？如果我们为了不感染病毒，不死在疫情之中，就可以不顾一切。我不知道这个"一切"里包不包括正义！所谓的始终把生命放在第一位，那正义又放在第几位？

什么是爱？什么叫国？我倒是真不知道……这好像比正义的标

准更充满歧义吧？如果对国家这个概念的理解，就是在江湖上罩着自己的一个"好大哥"的话，那我去了这么多国家，也没感觉到我们这个共同的"好大哥"怎么用心的罩着我啊！

如果我现在要是告诉你我"爱国爱党"，你就真信吗？？？？


## 阿 S 的迟疑

阿 S 是广东人，在南方某市经营着自己的户外旅行公司。几个 IT 大厂都是他的稳定客户。来博卡拉走 ABC 算是工作考察，没想到恰好被滞留了。每天早晨，阿 S 都会掐着中国时间，在费瓦湖边用电话主持公司的清晨例会。和阿 S 认识是在 4 月初，那时候我刚刚从山上搬到 Lakeside 的 Durbar Inn 住，在一个那时还尚在营业的中国餐厅吃饭的时候和阿 S 偶遇。阿 S 说他还认识几个滞留在博卡拉的姑娘，大家可以找时间约着一起去爬山。后来我确实通过阿 S 认识了，包括被誉为"博卡拉第一美女"的 Sophia，和去奇特旺支教后被滞留在博卡拉的 TT 在内的好几个姑娘。

阿 S 比我大两岁。成熟自信，一览众山的气度。加之举止得体，温和体贴的风格。很招女孩子喜欢。在滞留的那段日子里，阿 S 把他国内的工作安排好之后，不是带着女孩子去爬山，就是约着女孩子一起喝酒。我对阿 S 的关注不仅是因为他身边总围着女孩子，而是在他的身上似乎能看到，我曾经也有过与他身上相似的那份，对追逐事业以及人生成就的那份狂热和笃信。

当然很明显，阿 S 凭着努力"排除杂念"的坚守之力，已经终成正果。至少已是一个"常规意义上的成功者"！而我则是那个随着杂念而顺势放逐自己的出局者。不知道是不是由于这样的差异，阿 S 和我在关于疫情的很多问题上确实有着相反的认识和价值取向。但他却是我在博卡拉唯一一个暂且愿意与之争论的人。

阿 S 很不认同方方，虽然他没有直接说出"递刀子"这样的话。但是他认为方方刻意选择面向国际社会，对国内防疫局面大肆批评的这种做法是欠妥的。而在《方方日记》中提出的个别例据上也存在瑕疵。而这也使得其结论并不一定客观。实际上阿 S 始终是认同国内一直以来所采取的防疫措施和做法的。在他看来无论怎样，中国政府在如此短的时间里有效的控制住了国内的疫情，而对比当时媒体所报道的国际上其他国家的疫情泛滥状况而言。这完全可以肯定中国政府在防疫的措施和水平上，毫无疑问是世界第一的！而这同时也证明，与防疫相关的政策和做法的必要性和正确性也是毋庸置疑的。

虽然他也认为，中国政府在处理海外滞留人员的措施和行动上存在"有待改进的空间"。但这并不影响他对中国防疫大局的认同和正面肯定。尽管这段滞留的日子，影响了他的工作，也让他感到无奈和不爽。但他还是愿意采取理解配合的态度去面对。他的字里行间还是认为这一切，不仅是在疫情面前个体应该做出的牺牲和让渡，而且也是一个成熟的公民应有的觉悟和应尽的义务。

而我认为，中国公民无论在任何场合都应该具有批评自己的国家和政府的勇气和意识。民族主义和国家立场都不能够作为回避实事求是的理由。而我们更不能根据一个可能存在的"瑕疵"，而对批评者的主观目的和客观效果做出相反的评价和认定。而恰恰是政府，则必须包容在此时此刻像《方方日记》这样的批评中所可能含有的"瑕疵"。政治就算再肮脏，也不能肮脏到只由一个声音去制定它的规则。

对于国内的防疫做法，我提出了著名的"电车难题 Trolley problem"让阿 S 做选择。

【一个疯子把五个人绑在铁轨上，而此时一辆失控的列车正在向他们驶来。片刻就将要碾压过他们。你正好站在改变列车轨道的操纵杆旁。如果推动此杆，列车将被切换到另一条轨道上。这五个人将得救，但是另一条轨道上也有一个人被绑在那里，必然丧命。你只有两种选择：什么也不做，让列车按照正常路线轧死这五个人。或者推动

操纵杆，使列车改线后轧死另一条轨道上的一个人。】

阿 S 迟疑了！他一边迟疑着，一边反复的想从题设中钻空子。去躲避这个难题的核心点。可能他不知道这是一道有着一百多年历史的哲学辩题。怎么可能让他有空子可钻。在阿 S 迟疑的空档，我把这个"电车难题"讲给前来参加当晚酒局的 Sophia 和 TT，Sophia 没有给出答案，而 TT 则很快的做出会推那个操纵杆的选择，牺牲一个人总会好过牺牲五个人！

尽管阿 S 经过了很久的迟疑后做出了与 TT 相反的选择，我"不会"！！！

但是他难以辩驳的是，他所拥趸的国内的防疫政策，包括在武汉的封城，对流动人员行动的设限，对入境者的强制隔离……等等等等这一切，都是选择了"推动那个操纵杆"！都是强制剥夺了少数人的合法权益而去保护"当前多数"人的利益。而此时此刻，被滞留在博卡拉的我们，不就是被绑在另外一条铁轨上的，被强制要求做出牺牲和让渡的"少数人"吗？！

更重要的是，这种破坏公平和法制的做法其实并不能真正保护多数人，只是把"多数人"按照时间和空间不断的切换成无数个"少数人"，再去不受约束的剥夺和侵犯他们。这种防疫政策制定者的角色，已经不仅仅是那个手握操纵杆的人，同时也是那个疯子！他先把人分别绑在两条铁轨上，之后让其中那条人数较多铁轨上的人，表决同意他去推杆。去轧死另外一条人数较少铁轨上的人。而可悲的是，当前，被绑在人数更多的那条铁轨上的人，正在高呼着轧死他，轧死他……

一如当时在武汉之外的人，对被封在武汉市里人的呐喊一样！你又可曾听到同样残酷而凶悍的呐喊和叫嚣，此刻也正来自国内，喊向我们这些滞留在国外欲求回家的"少数人"……

TT 显然是年轻而率真的，她不在乎展现直观而粗旷的表层逻辑之下，自己的价值选择。但是阿 S 显然更加成熟。他显然意识到了一个"精英阶层的价值取向"与一个"从善如流的伦理人设"正在发生着底层的逻辑冲突！也许精英意识里的功力主义色彩是具有天然性的。挤进少数的受益者行列，而避免成为少数的被牺牲者，这本身就是"中国社会精英阶层"的奋斗路径。因此，我只相信阿 S 的迟疑，而很难相信他"所言的选择"。

我和阿 S 的争论被 TT 和 Sophia 打断了，他们催着阿 S 去炒菜。酒很快喝了起来。酒到深处意自浓！阿 S 不像老 J 那样喜欢平铺直叙，而是更喜欢由从中来。也许不需要那瓶杰克丹尼，阿 S 也愿意主动的卸下一些商业精英的矜持和职场达人的城府。无论是对人生和事业的研判，还是对感情生活的取舍，他都愿意展现出"举轻若重"的专注和走心。从酒前的自信阔论到酒后的欲语凝噎，阿 S 并没有刻意去掩饰那份成就与洒脱背面的伤感和失落。体面和优越里又藏着多少疲惫和难言。

我不能确定，在阿 S 的迟疑里是否同样意识到了，中国的精英主义者难以摆脱的路径依赖和内心深处的阶级自信，以及依此而建立起来的价值认知体系，对一个人的情感和精神世界的构建，可能存在着悖论式的破坏性。但如何可以在长期置身于既得利益的社会阶层，在拥有了光鲜体面的阶级优越感的同时，还可以保留一份更加深邃的，对自己以及他人在灵魂层面的感召与唤醒。可能是阿 S 迟疑的核心吧。

一个完全依赖政治手段和权力效应的防疫措施是不会取得根本性成功的。一旦背离了基本的自然科学逻辑，甚至连制造假象的机会都会失去。就如同一个完全以功利主义为内核的价值体系，必然也有其自身脆弱的一面。想保住既有的社会精英地位的成本将会越来越高。而我们接下来要面对的这个时代，很可能会让众多的中产阶级措手不及。

其实和阿 S 总共也没有喝过几次酒，但是阿 S 很快就对 TT "坠入情网"，而且貌似一如既往的"走心"。在回国的第一批包机确定后，阿 S 和 TT 都买到了机票。在离别的前一晚。阿 S 又召集了几乎所有他喜欢的，滞留在博卡拉的女孩子们一起吃"告别宴"。席间，阿 S 一度哽咽着唱了我"改编"的"博卡拉版"的《成都》。

让我掉下眼泪的，不止思乡的愁，

让我依依不舍的，不止你的温柔，

回家还要等多久，你默默摇着头，

让我感到欣慰的，是挣扎的自由

分别就在这个月 喝不完离别的酒

鱼尾峰映在我窗口 仿佛懂我的愁

在未来每一次回首时 我都会想起你

博卡拉 忘不了的 总有你

和我在费瓦湖边走一走 喔哦 喔哦

虽然所有的店都关着门也一直走

明天就要和你分手，可是我已习惯滞留

走过 juicery 的门口，坐在 Banyan tree 的阁楼

# 六、尼泊尔的中国江湖与庙堂

# 尼泊尔的中国江湖与庙堂

尼泊尔作为夹在中印两国之间的一个世界上最不发达的小国。在经济上，甚至在区域安全上对中印两国的依赖是不言而喻的。在电力，石油天然气和能源等方面完全依靠印度，而在一些基础设施建设，贸易投资和观光旅游方面，对中国的依赖性更强。尤其是疫情发生以后，在抗疫物资和医疗支援等环节，对来自中国的援助则更具迫切性。尼方甚至在如何制定本国防疫政策的问题上，确实采用了很多"抄中国作业"的方式。

除了要平衡好中印两国之间在尼泊尔的地缘利益之外，包括西藏问题，台湾问题，新疆问题等等，中国政府的"重大关切"，尼政府显然会普遍采取支持拥趸的立场。一个世界上最不发达国家的经济基础，必然远远撑不起一个文明社会所需的上层建筑。尼泊尔国内政治格局又正处在变革初期，复杂胶着的政经社情，显然也抵挡不了中国政府早已熟练掌控的"经济型"外交技法。因此，在与尼泊尔政府和人民利益毫无关系的，配合中国政府对在尼的中国国民的管理和控制的问题上，尼政府更几乎是言听计从，全力以赴。

博卡拉有一个"华人华侨协会"。协会的会员主要是由在当地经商的中国商人构成，例如中国客栈或者中餐厅的老板等等。据说按照尼泊尔政府对社团的管理规定，外国人在尼泊尔只能成立"商会"，不能成立"协会"。所以外国的协会必须先得到申请者所属国的使馆"前置批准"。之后才可以在尼泊尔运作。虽然这种说法没有得到权威性的证实，更不知道尼泊尔的这个关于社团管理的政策是仅仅针对中国人的，还是针对全部的外国人。但事实上，确实无论是从尼泊尔官方还是从中国官方的途径，都没有看到任何相关于协会的法律性质的成立文书，有普遍的说法是，协会是在中国驻尼泊尔大使馆，以及中央统战部系统的中华海外联谊会的体系之下都有"备案"的。

使馆与协会的这种政府与社团之间的互动模式，也形成了一种微妙的生态关系。协会是应使馆"邀请"的"协助领保工作的志愿单位"，在使馆的"指示"之下开展相关工作。协会的会长是接受过领事司的培训并获得"证书和聘书"的"领保联络员"。在中国公民面前，使馆对协会"权力赋能"；在尼泊尔政府面前，使馆给协会"角色背书"！很多使馆"不便出面的场合"，"不便采用的手段"，协会则可以恰到好处的挺身而上。这种极具"中国特色"的运作模式，在尼泊尔这种经济发展水平和社会文明程度都较低，法制又不健全的国家里，大多数时候确实会"很服水土"。

在平时，当中国公民在尼旅行和工作中遇到困难，例如发生了消费纠纷，触犯了尼方的法规，发生了治安事件等等的时候，协会会以"领保联络员"的身份代理使馆前去处理。这种聘请当地的华商或者中资机构的工作人员，作为"领保志愿者"的做法并不仅仅存在于尼泊尔，在中国驻外使领馆中是一种非常普遍的做法。从领保工作的客观需要出发，理论上可以促使使领馆在领区内没有设立办事机构的城市，快速高效的处理一些普通的突发领保事件。甚至尼泊尔政府部门也会把协会当成一个中国官方的影子，在中国公民出现问题的时候，尼方甚至会主动直接联络协会。

问题能够在民间协调处理，使馆更是乐此不疲。当事人也更会对协会在一般问题上的协助和解决感恩戴德。这不仅对旅行者如是，协会同时作为一个具有"华商联盟"属性的机构，在得到了使馆"加持"后的官方色彩，对在尼泊尔投资经商的生意人，所提供的政商关系的协调和疏通恐怕也是"不可小觑"的。


## 一言八鼎的"江湖侨领"

在中国社会体制的语境里，服务者和管理者的角色往往是重叠的，更可以随意转换的。每一个手握公权力的官员被叫做人民公仆，他们的工作都被定义为是在"为人民服务"！更多的时候，我们能偶尔看到的那些凤毛麟角的"服务"也是带着权力的色彩，而或不可选择。

在 5 月初买到了首批回国包机机票的人，又是"必须"享受由协会提供的，统一安排车辆从博卡拉前往加德满都的包车"服务"。协会里负责组织这次"服务"的小孩，更是以"管理者的姿态"，煞有介事的以避免聚集为由，不停"劝回"前去送行和话别的人；再用"管理者的语气"提醒着在户外送行的人戴上口罩。而其实，比起 4 月初装满了四辆大客车的欧洲撤离者，中国此次撤离的人数仅仅还装不满一辆中巴而已。相比于前者自然而有序的无组织场景，协会的服务里所不自觉流露出来的"权力仪式感"，至少让我感到无比的反感和抵触。而那甚至带着一副稚气未消的面庞，去炫耀权力的年轻人，更是让我对这个民族的未来感到担忧和无奈。

服务变成了耀武扬威的权力与能量的炫耀。尽管这一切都套着服务的外衣，但是显然是得到了更高权力的转授。因为你除了这辆中巴之外，没有其他的车辆可以选择。因为在 Lockdown 期间所有尼泊尔的城际车辆都需要警察局开通行证。而"唯独"只有中国人去警察局开通行证，必须有中国大使馆的"介绍信"。你拿不到大使馆的介绍信，就开不出尼泊尔警方的通行证。开不出警方的通行证，你除了这辆中巴之外，没有其他的车辆可以选择。因为只有协会可以拿到使馆的"介绍信"，或者协会在不需要使馆"介绍信"的情况下，也可以开出来尼泊尔警方的"通行证"！

在这份来自中国使馆委托当地社团组织提供的，你必须享受的"服务"里，带着一份"精心设计过的控制力"！尽管这些让你明显感受到不被尊重的"权力仪式感"背后，也许确实藏着对可能出现"过失和纰漏"的隐忧。但让人难以分清的是，究竟这些隐忧是来自于怕搞砸了服务，还是怕失去了权力。是来自于庙堂文化还是来自于江湖规矩。但可以清楚的认识到的是，而这一刻你所面对的局面，和让你感到不被尊重的根本原因，不是因为 Lockdown，而是因为你是一个中国人！

相当一部分中国人，尤其是在体制内或者体制周边的中国人。好像是由于长期受到权力的压迫，继而造成了对于权力的垂涎。一不小心就会流出哈喇子的条件反射。这在与权力有着交易的人群里尤为突出。他们时不时的就想摆出一副拥有权力的骄傲姿态。他们相信这会让很多人在不知不觉中对来自权力的压迫，形成了斯德哥尔摩症。反过来再去崇拜权力，追逐和攀附权力。

就好像后来有几位活跃的协会副会长和理事，都变成了很多滞留人员的"主心骨"甚至"当家人"！都觉得这些人可能手里握着谁可以回国谁不可以的生杀大权。至少协会的这个背景，以及这几位在协会里的这些头衔。再看看他们偶尔在自己的微信朋友圈或者微信群里，发一些和使馆甚至是前任的使馆官员的合照。都至少会让一些"病急乱投医"的滞留者相信，他们有"独特的本事"和途径去影响这个结果。他们也更愿意半推半就于这层被"强加的光环"。

在协会里挂职的"理事"大多是在博卡拉做生意的华商，在政治立场上与使馆保持一致，无疑是他们在尼泊尔顺利经营和获得额外资源的必要条件。而在以"协会骨干"为主体拉起来的微信群，则是众多滞留人员获得各种信息的主要途径。我曾经被拉进过这个群里一分钟，里面那些肤浅而民粹化的言论瞬间把我逼退了。

5月8日的"总统府请愿事件"之后，据说在这个群里发生了激烈的争吵。由于请愿的人与尼泊尔警方发生了冲突，造成了一部分请愿者受伤，其中也包括一些参与请愿活动的女性。部分视频发了群内。显然这些含有中国请愿者被打的视频在群内引发了部分人的愤怒。批评尼方有失准则的封锁政策给滞留人员造成了极大的不公平待遇。更是谴责尼泊尔警方这种对和平诉求行为所采取的暴力手段。继而对比其他国家撤离滞留在尼公民的效率，表达了对中国使馆不作为的不满和牢骚。

但是另外以协会骨干和部分在尼华商为代表的人则认为，这种请愿行为本就是违反尼泊尔法律的。不仅于事无补也不够冷静。更重要的是，与尼警方的冲突，会造成在尼华人华商的处境变得恶劣，在这里做生意的人很可能会受到来自尼泊尔官方的不友好甚至敌视的对待。双方各执己见，争执不下。各自都有极端和攻击性的言辞存在。而后据说又是协会的某位"声名显赫"的副会长公然声称，谁敢在"我的群里"再发"负能量"的东西，我就在尼泊尔弄死他！！！而更多的华商和协会骨干都表示，这是尼泊尔，不要以为是国内！没有什么人和什么法可以帮得了你！最好都老实点，好自为之，否则，想"弄"你们易如反掌！最后，以协会骨干为首的群管，踢出了所有"不服"的人，平息了这场"群架"！更有批评协会的人不仅被踢出，甚至连累拉他进群的人也被"连坐"踢出！据群内的一位理事事后声称，群内吵架的当晚，就有协会的骨干和华商在加德满都寻找在群内的发言者，想去"教育"他一下。

一时间，这一股带着庙堂风的江湖气，混杂着政治和民粹，凝结着人情和利益，渗透着立场和权势！泛滥着压迫和威胁！这种黑社会化的运作模式显然让人无解又无奈。可能这就是中国江湖！这些来自协会的骨干华商，似乎瞬间变成了脚踩黑白两道，挥手翻云覆雨的江湖大哥！但仔细再看，又好似只是一个站在庙堂门外一直觊觎着权势的衙役打手。他们心里很清楚，他们即使表现的再牛逼，也和九鼎差一鼎，而差的那一鼎里，藏着的是他们始终不愿也不能面对的自卑和低劣。

而所有的中国滞留人员都不得不在这样一个复杂而多维度的江湖气氛里等待着离开的机会。大家每天都看着这些丑陋的人性，迂腐的民粹，肮脏的政治，无耻的权利交易，构成了这样一副多维度的江湖格局。

## 人心再散，队伍也得带

西方人心里装着上帝，上帝教他行善。中国人心里装着江湖，江湖教他做人！相比于总觉得自己在尼泊尔是"手眼通天"的那几个副会长和理事而言，协会真正的"正牌会长"则显得成熟稳重，低调收敛。在他们协会的微信群里也是从不多言。66 年出生的"正牌会长"也是协会的创始人，在协会里自然可算是位高权重，不怒自威的定海神针。

虽然有江湖传言，会长年轻时也是一个脾气火爆，点火就着的人。但现在随着年纪的增大和身体的抱恙，脾气已经变得温顺和蔼，遇人总是笑脸相迎和气气，每次中国人发生了问题或者遇到了困难，他也都是乐此不疲的亲力亲为。在博卡拉人缘很好。

会长早年供职一家中资的基建央企，后来看准了机会，脱身留在了尼泊尔开餐厅。但是如他自己所言，由于自己爱赌，多年来也没积累下来多少家产。但是现在能混个温饱，安度晚年就知足了。

协会创立的 2015 年，尼泊尔还没有任何的华人社团和组织。会长联合了几家当地的华商，与使馆"沟通"了之后，协会就成立了。协会的初衷是为了帮助在尼泊尔旅游和经商的中国人提供必要的帮助和解决遇到的困难。当然这也是协会至今以来一直坚持的定位。必须承认，协会的存在对于游客和华商而言，也确实不乏有益的作用和功能。

立足于安身立命但又不忘济世之心，既怀揣异乡宏图又不弃家国情怀。但是毕竟人在江湖，身不由己啊！或许就是因为会长这份从善且单纯的"初心"，显然协会在创立之初并没有刻意去独立于政府或者政治的自觉意识。甚至会长坦言，如果完全摆脱了和使馆的这些关联，可能在实际的运作和工作中，也还是会"差一把火"！甚至据说，时至今日似乎协会也未在中尼任何一方的政府部门注册。而是仅仅在国内的一些大型社团和使馆进行了"报备"而已。

相比于协会的运作而言，协会的存在当然也有他独立的一面。老会长多年在中尼两国，政商两界所积累的人脉和口碑，也使他所一手创建的这个协会，可以顺利平滑运转的重要基础。在博卡拉乃至整个尼泊尔的华人圈里。会长也都是资历卓著，赫赫有名的侨领。就连尼泊尔使馆的馆舍，也是会长当年所供职的基建央企麾下的项目。所以至少在老会长的"江湖人设"里，并没有突出的表现出，让他需要去刻意维护和打理的，意识形态化的"政治羽毛"。

Lockdown 之后，博卡拉大部分的餐厅都关闭了，即使营业也没有生意。老会长的餐厅也一样不正式对外营业了。只有在有人提前预定的情况下，才会临时准备食材招待一次客人。而平时，就和其他几个当地的华商，以及协会的几个骨干理事，聚在自家的餐厅里打打牌。老会长的这个爱好还一直保留至今。

7 月 22 日晚间，尼泊尔华人关注量最大的一个微信公众号爆出一则消息。一位在博卡拉开了好几年中餐厅的女老板，感染新冠病毒后在加德满都经抢救无效死亡。尼泊尔卫生和人口部证实了这则消息。但是实际据知情人透露，此人一直就有心脏病史，在 12 号晚间突发心脏疼痛和呼吸困难，在数位当地华人的帮忙下送往博卡拉当地医院救治。15 号早晨被直升飞机转院至加德满都 Grande 医院，入院例行检查时 PCR 结果为阳性。之后立即转往特里布万大学教学医院。最终于 17 日夜间抢救无效死亡。这与公众号所报道的发病和死亡时间整整相差了 5 天。

实际上，在 22 号之前的一两天，博卡拉滞留的人群中就已经有零星的传闻出现。直到 22 号消息得到了证实。一时间，"尼泊尔有一个中国餐厅的女老板感染新冠肺炎死了！"的消息，夹带着恐慌的情绪，布满了博卡拉的大街小巷！甚至传到了其他国家的华商圈。连我在阿富汗旅行时结识的当地华商都特意向我来核实这个消息。

然而，更加引人关注的是，这位不幸离世的女老板生前恰好是老会长家牌局的常客。甚至据传，就在被众人送往博卡拉医院，求治心脏不适的前几个小时还在老会长家打牌。这无疑更加剧了所有滞留人员对病毒在博卡拉华人圈传播的担忧和猜疑。

就在这个时候，让人感到匪夷所思的是，在被众多滞留人员视为最"快速又权威"消息来源的"博卡拉华人协会的微信群"里，突然被邀请进来一个"辟谣"的新人，此人声称自己刚刚从加德满都的医院出来，这位女老板已经被抢救过来了！核酸检测阳性是误传，实际是阴性。其实只是心脏病发，在等待手术。之后就开始指责最先爆出此"谣言"的尼泊尔媒体里的记者是印度人，是基于故意诋毁中国人的目的。请大家不要再恐慌了！

一个人要到了多么愚蠢的程度，和多么慌不择路的情况之下，才会选择用编造一个人"是生是死"这种伎俩，去制造谣言来安抚恐慌？！尽管这种无耻又下作的伎俩，表现出了让人似曾相识的"中国特色"，但纸里总是包不住火的！这一通愚蠢的操作，不仅没有止住恐慌的情绪，反而增加了更多的怀疑。让大家更想要去求证这一"奇迹"背后的事实和究竟。以及去揣测这种无耻伎俩背后的根本目的和实际担忧！当然，最终又是群内的"大佬"以尊重死者为由，要求对此事禁声，踢出"意见分子"而压制了群内的讨论。但是，群外还有一个更大的江湖，那里的恐慌和猜忌又怎么可能压制的住？！

就连一直凡事"沉着冷静"的老会长，也第一次在我面前表现出了不安的情绪，极力的向我强调该人的死亡原因的的确确是心脏病！对外面的"传言"嗤之以鼻又万般无奈。据悉，一位自离世者发病后，一直陪护在其身边的朋友，也曾试图要求尼泊尔医院方面或者政府部门出具其死亡原因为心脏病的证明。但是即便如此，就算证明了死者的死因是心脏病，也很难否定死者生前被感染了新冠病毒，更不能排除死者的心脏病可能是新冠肺炎引发的并发症。而随后，所有与此人生前有过密接的 10 余人，被尼泊尔官方强制要求进行 PCR 测试。

但实际上在这个时候，已经没有多少人还在乎死者的真正死因。因为已经没有人愿意再相信这个"尼泊尔的中国江湖"了！这个江湖只能利用，而不能相信！无论这里的"江湖儿女"多么会"做人"！大家更是把注意力转移到这位女老板生前的诸位牌友。这些与死者有过密接的诸位牌友，同时也大多是协会的会员甚至理事。这些密接过的"核心层"是不是也被感染了？而与这些"核心层"有过接触的"外围层"又会有多大的感染危险？

他和"那个谁"关系很近总在一起，而"那个谁"听说也是会长家牌局的常客……这些细思极恐的连串问题，瞬间笼罩住了滞留在博卡拉的华人群体。外围的人恐惧而猜疑，不愿再与任何人接触。核心的人担心自己感染，也更担心自己被歧视和恶传！这让他们对此事躲闪且不愿多言。或想矢口否认自己有过打牌密接的历史，甚至参与过这个牌局的圈子！其中有人甚至干脆离开博卡拉去了加德满都。

无论是宾朋相聚还是怡情小赌，即便是在疫情肆虐的期间，也理应属于是个人的选择自由。本无任何机构和个人有权干涉和指责！被感染者不是过错者，感染病毒并不羞耻也无需惭愧。没有人必须要为其他人的免于感染而负起责任或牺牲自由。老会长家的牌局没有强迫任何人参与，本无任何理由被指责！

但是这在防疫政策高度"抄中国作业"的尼泊尔；庙堂里的意识形态和抗疫手段，不仅熏染出了扭曲的防疫认知和以自私为导向的"他律"意识。更影响着早已被"体制化"了的江湖规矩。这个在大使馆"指导"之下，承担着"服务与管控"滞留华人华商的"华人华侨协会"，平时颐指气使的"教"人如何防疫，"提醒"人家如何戴口罩的"侨领"们！此时却因为"非法聚集"而险些造成群体感染。无疑有更大的可能和足够的理由受到拷问和指责。这至少会让其中众多的"侨领"们难保颜面！甚至也会拆解了江湖首领与庙堂长老之间的默契和互信，不知道这是不是让老会长最感到忧心的重点！

好在后期所有牌局里的10余位密接者核酸检测结果都是阴性。但是如果万一，这个事件真的引发了连锁感染，甚至波及到了外围的滞留华人。这种埋怨和不满情绪恐怕很难控制。这个事实所引发的情绪语境，甚至或许可以让这个事件变成庙堂里的一个"渎职"丑闻！

疫情折射出人性中自私的逻辑和扭曲的认知，江湖常态里隐藏着权势与利益的深层互恰，这一切错综复杂的凝结在一起，逼出了"江湖儿女"们的丑陋吃相，让人一时间很难说清这到底是疫情的"功力"，还是江湖的"地气"？！

## 最讲政治的"领事服务"

在博卡拉滞留的游客里，有两个 2003 年出生的小男孩。2020 年他们还不到 18 岁。也就是说这是两个身边没有监护人的"未成年滞留人员"！据这两个"活宝"讲，他俩是同乡，也是在少林寺武校时的同学。离开了武校后，俩人约好了一起搭伴出来"闯世界"！他俩在疫情爆发之前的 2019 年底就到了尼泊尔，没想到被滞留到现在。虽然两个人的家境还没到让他们在滞留期间吃不上饭的程度，但是显然也已经不能支撑他们在这里长期逍遥下去了。稚嫩的年轻人终还是念家的。而更重要的问题是两个"活宝"连自己的护照都丢了。

想要回国首先要先去位于加德满都的中国大使馆补护照。但是在 Lockdown 期间，离开博卡拉必须要有警方开具的通行证。任何国家的滞留人员去博卡拉警察局，都可以瞬间开出来这个通过警方封锁的检查站时所需的通行证。而只有中国公民在去办理这个通行证的时候，需要提供中国大使馆开出的"介绍信"。当我在电话里质问博卡拉警察局的官员，这种区别对待的政策依据何在的时候，对方的回答是，这是中国大使馆的要求！我们只是配合。

一个永远也打不通的"对外公开电话"是中国政府部门的标准配置，这在中国驻尼泊尔大使馆更是体现的过犹不及。完全可以想象这两个孩子要付出多少时间和精力，才可以"终于"打通使馆的这个电话！"请求"使馆为他们开具这个"办理通行证的介绍信"。然而依然是那个 F 姓的领事，竟然在电话里，很不耐烦的重复了几遍"开不了"就挂断了。

大使馆说不能开这个证明，因为尼泊尔在封锁；尼泊尔警方说我们是在封锁，但是有大使馆的证明就可以走，大使馆说，不能开这个证明，因为尼泊尔在封锁；尼泊尔警方说我们虽然在封锁，但是有大使馆的证明就可以走……

我让他们打 12308 领保服务热线。这个"热线"倒是比使馆的电话稍微容易接通一点。但是这个隶属外交部领事司的"热线"就好似一个使馆的接线生，什么问题都解决不了，而只是记录之后转告使馆。更让人匪夷所思的是，这个热线的接线员在记录你的问题之前，索要你私人信息的态度，好似一个小摊贩卖你东西要收费一样，摆出一套"能多要一分是一分"的死缠烂打讨价还价的态度。而且还必须"钱货两清"，否则不"卖"！特别是对我这个帮助这两个未成年人解释情况的"路人甲"，更是非要记录我的全部私人信息！在我忍不住问候了她的家人之后，对方总算放弃了。

"我现在是向你这个人民公仆投诉另外一个人民公仆！你们对于海外滞留人员当中，没有监护人陪伴的未成年人应该有特别的处理方式。而你们使馆的工作人员对他们的实际困难拒不提供领事协助，甚至还人为的制造障碍。如果因为他们这种消极懈怠不作为的工作作风造成了严重问题，你们自己考虑你们应该承担什么责任！当事人的信息已经告诉你了。你没有资格要我的信息。你 tm 能办的了就办，办不了我们找其他途径解决！我可以找中关委，找全国妇联，找境内外媒体，现在先找你是对你们的信任。你们自己看着办！"

12308 虽然解决不了什么事情，但是这个向领事司投诉使馆的渠道，多少还是给了使馆一些压力。同样还是用几句"开不了"就挂断了电话的，位这在尼泊尔已经"臭名昭著"的 F 姓领事，在从 12308 得到"反馈"之后，终于态度大变！很快主动给小伙子回过来电话。表示尽快安排他们去加德满都。但是实际上，还是把问题推到了协会，让他们去找协会的老会长，并"责令"协会负责安慰和妥善稳控。在挂断和小伙子的电话之前，最后还不忘反复叮嘱，有什么困难随时找我或者找协会的会长，你们还年轻，不要轻信他人，被坏人利用了！！！

不管怎样，最终两个小伙子终于在"脚踩黑白两道，通吃中尼两国"，不需要使馆的介绍信也可以开出来通行证的，博卡拉华人华侨协会的安排之下，终于在6月19日到达加德满都。补上了护照之后，搭乘了7月31号的第二批包机返回了中国。

我不知道这段博卡拉的滞留岁月，会给这两个"零零后"带来什么样的感受。也不确定这段境外寻求"领事服务"的体验，会让他们怎样的去看待和去热爱这个国家。17岁太年轻了！但是也许中国未来可以期待的进步与转型，恰恰就寄于"零零后"这一代。


## 被阉割的"战狼"

尼泊尔政府从3月24日正式启动Lockdown，到9月1日宣布复航，期间至少延续了161天的边境封锁。实际上到9月12日加德满都才真正解除Lockdown，城际间的交通到9月17日才恢复运营。中国公民进入尼泊尔可以得到90天停留期的旅游性质的免费落地签，之后可以延期两次，每次30天。这意味着中国公民入境尼泊尔后的最长停留期是150天。换句话说，就是持"短期旅游签证"滞留在尼泊尔的中国公民，到9月1日的时候，签证的有效期是铁定超期了！

尼泊尔政府在断航之后一直声称，由于Lockdown的原因无法离境的滞留游客，尼泊尔移民局会把因Lockdown滞留的天数从签证停留期里自动扣除，使签证有效期自动后延。因此大家不用担心签证过期的问题。而在6月15号的时候，尼泊尔移民局又要求所有滞留人员中，签证超期的人要去移民局延期签证，统一延期到了7月15日。

然而到了 7 月 15 日，Lockdown 依然没有解除。直到 8 月 15 日，尼泊尔政府宣布，将于 9 月 1 日复航。所有签证过期的滞留人员必须在复航后的 15 日内，也就是 9 月 15 日之前离境。超过 9 月 15 日离境，每天按照 3 美金收取签证延期费。

这和之前承诺的于停留期中扣除 lockdown 天数的说法大相径庭。而更加让人感到匪夷所思的是，对于在 9 月 15 日之后离境的旅行者，每天收取 3 美金的"签证延期费"之规定，不是从 9 月 15 日开始计算延期天数，而是从 8 月 15 日开始计算！也就是说，如果你在 9 月 16 号离境，你需要缴纳的签证费的延期天数不是 1 天，而是 32 天！并且强调，所有的签证延期缴费必须在 9 月 27 日之前完成，超过这个日期没有办理签证延期和缴费的，将追加每天 5 美金的罚款，总计每天 8 美金。

这种粗暴无理的逻辑和做法显然让所有滞留的旅行者难以接受。9 月 1 日复航，设定 9 月 15 日为离境 Deadline。如果是从 9 月 15 日之后，每天收取 3 美金签证延期费，虽然食言了之前承诺的扣除 Lockdown 所占的签证停留期天数。但也会是无话可说的接受。但是这从 8 月 15 日到 9 月 15 日之间的一个月的签证延期费，收的实在没有道理。这其中的前半个月是你尼泊尔政府在封锁航线，不让人走！后半个月是你官宣复航的豁免期。航司也需要时间安排航班！

尼泊尔政府在处理由于自身的"不妥政策"所引发的关联问题时，尤其是在这些"不妥政策"已经给旅行者带来了不公平待遇的情况下，以这种毫无理据，近乎讹诈的计费方式作为要挟。让人一时分不清其中用意有多少是为粗暴驱离，又有多少是为趁火打劫。

商业航班不同于之前的包机，之前的包机"原则上"是只让持短期旅游签证滞留尼泊尔的游客乘坐，而复航之后的商业航班则是完全开放的。大量的中资机构以及在尼华商，使得 9 月 15 日之前的总共为数不多的几架中尼之间的航班，对比强劲的回国需求，依然显得紧张。

然而切实的背景是，此刻受到这个政策影响的，99%的滞留者都是中国人。这个政策只针对持旅游签证入境的游客，持商务签证在当地经商的华商不受影响。而在9月份还依然在尼泊尔滞留的"非中国籍"游客已经是凤毛麟角了！除了极个别本就不想走的，都早已经被自己国家的包机接走了。而在9月15日之前可供选择的几架中尼之间的商业航班，也在客观上分解了相当一部分滞留者，使其免受此政策牵连。再加上如我这样不想回国，在9月15日之前选择飞往第三国的人，也免于这个政策的牵连。因此真正因这个政策而蒙受损失的中国游客的数字，比起总体的滞留游客的总量确实可能已经不成比例了。

　　正因如此，这也造成了这些为数不算众多的受害者，向使馆和外交部请求协助维权的时候，完全不能引起中国政府的关注和重视。使馆更可以轻易的以"不可干涉他国内政"为由，轻松推脱。即便他们联名上书外交部，也于事无补。

　　一边是所在国蛮横无理的"强硬内政"，一边是本国战狼的"袖手旁观"。等了近半年，却只看到那些被称为"视人民为草芥"的资本主义国家的航班，不断的把他们的国民悉数接走。而始终被称为"祖国心中永远的牵挂"的中国海外滞留人员，拿着"神圣"的中国护照，苦等了160余天之后，等来的不是"战狼"的坦克和接他们回国的飞机。却等来了无言以对的委屈和悲愤交加的失望！然而此刻，外交战狼们惯用的那些，什么坚决反对，什么强烈谴责，什么深表关切，什么严正交涉……一概没有"出笼"。可能中国公民的这几百美金，完全构不成中国政府的"重大关切"，更不是这个国家的"核心利益"。无论是在国际关系中的重大利益交换里，还是在使馆工作人员"日理万机"的繁忙工作中，中国公民的实际权益都根本不值一提！

　　强大的祖国，一时间已经强大到了可以让尼泊尔政府部门应中国大使馆的要求，在执行一个普遍性的国内政策时，附加一个有别于其他任何国家公民，仅针对遏制中国公民自由行动的条款。但另一时间又虚弱到，面对一个伤害了本国公民权益的，明显有失公允的政策保持着绝对沉默！而恪守不干预他国内政的"原则"。如果不是事关"政治影响"和"战狼食盆"的安稳，来自中国战狼的"领保服务"，从来都好像是一个被阉割了的太监，却不停的讲述着自己的"男妓梦"。一切只能全凭"口活儿"！而且对此道犹如上瘾一般的乐此不疲，不管对方已经多么反感难受,他却始终不停的施展着他颇具仪式感的"舌功"！

## "怀孕"的滞留者

尼泊尔的 Lockdown 从 3 月 24 号正式启动，一直持续到 9 月 1 号正式复航。绝大部分滞留在尼泊尔的外国游客，早在 4 月初就已经撤离完毕！而中国的第一批撤离包机直到 Lockdown 启动了一个半月之后的 5 月 7 日才姗姗来迟。根据尼泊尔移民总局的数据显示。截止到 5 月 10 日，有 60 个国家政府参与，组织安排了一共 51 架次的撤离包机飞进尼泊尔。一共接走了 4874 名滞留的外国游客。其中排名前三位的是英国 666 人，德国 656 人，美国 535 人。当然这 51 架次中也包括中国的两架次，共接走了 346 人。然而久盼不至的第二批中国包机到达的日期，已经是尼泊尔的 Lockdown 持续了整整四个月之后的 7 月 24 日。

在中间这漫长的数个月的等待时间里，中国滞留者依旧会看到不断的有来自其他各个国家的包机，接走零星的本国滞留者。一个同时持有澳大利亚护照的台湾姑娘就是在 6 月初，经过台湾政府的安排，搭乘日本的包机经转东京和首尔后回到了台湾。小姑娘在离开博卡拉之前对我说，在她这次滞留期间，台湾和澳大利亚政府都在积极的为他的撤离提供帮助。尽管台湾政府在尼泊尔没有办事机构，但是在印度的办公室始终在通过各种途径为她安排返回台湾的行程。与此同时，她也得到了澳大利亚政府的通知，她同样可以选择乘坐一天后的澳大利亚包机飞回悉尼。但是最终她还是选择飞回她台湾的家。

另外一个在 Lockdown 初期多次拒绝了搭乘本国包机回国的日本旅行者，也选择和台湾姑娘搭乘同一个航班返回日本。在离别时，日本小伙子告诉我，其实直到现在他也不太想走，感觉还没玩够。日本大使馆也表示，无论他什么时候想走，随时告诉使馆。使馆都会随时为他安排回去日本的方法。但是考虑到家人的期盼，他还是决定搭乘这个航班回去了。

当数以千计滞留在尼泊尔的中国人，看着其他国家的政府为了接一两个自己的滞留国民回国，而务实高效，不惜付出的努力时，中国人的撤离过程，好想一个讽刺剧一样在尼泊尔上演着。而媒体上"外交战狼"们的各种言之凿凿的伪善言辞，更是让滞留者感到深深的耻辱和恶心。

当然在这期间，我也接到了来自使馆的一个例行程序的电话。问我身体怎么样？有什么具体困难？我自然是没好气的回应她，困难就是没钱了，你们使馆管吗？在国内就有了上顿没下顿，攒了点钱出来本想"讲好中国故事"的。结果落得如此境况。本来全部家当就够在这待两个星期，现在这一无限期滞留当然是没钱了！正啃树皮呢。

对方显然听出来我带着情绪的戏谑。立刻满口委屈的向我强调，他们是"全球第一个"安排了回国包机的领馆。我告诉她我是一个环球旅行者，对在其他国家滞留人员的情况也有不同的信息来源渠道。所以不要在我面前信口开河！我本人虽然暂时没有迫切回国的需求，但是希望他们切实尽到领保责任，尽快安排包机把有切实困难的国人接回国。她听后又很快改口说，后续航班正在安排之中，早已报送国务院联防联控办公室，但是审批不在使馆，他们能做的只有等待有关部门的批准。希望我们也继续等待。

7 月 3 日中国驻尼泊尔大使馆在其官方公众号上发布通知，要求"临时来尼被滞留，确有特殊困难的中国公民务必在 7 月 6 日之前完成向使馆报备"。并提交"特殊困难"的证明材料。7月7日使馆官宣确认了久盼而至的第二批包机安排。分别是7月24日和8月7日由国航执飞从加德满都到成都，7月31日和8月14号由南方航空执飞从加德满都到广州。票价八千多人民币。使馆根据购票申请者提交的回国迫切性因素的证明材料，安排购票资格的优先级。

据传，在使馆方面收到的，滞留者提交的所谓"特殊困难"的证明材料中，有超过100多份尼泊尔的各种医院开具的《妊娠证明》！！！然而，这竟然真的让滞留在尼的那些真的摔伤的，烫伤的，年长的，和急于回国手术的，包括未满18岁的，都未能登上第二批的这前两架包机。他们都因为没有《妊娠证明》而排序延后。

有一个腿部骨折打着穿钉，急于回国手术的小伙子给使馆打电话质问，你们真的认为在这段滞留的时间里，我们这些滞留者中会有100多位女人怀孕吗？使馆的回答是，"使馆不是医院，使馆的工作人员也不是医生，没有能力也没有责任对"证明材料"的真伪做出鉴定，我们只认证明，不看别的！妊娠者应该得到优先安排。"

其实，至于怎么会有这么多人同时在两个月里"突然怀孕"这并不奇怪。在尼泊尔这样的国家里，得到一份"证明"比在中国还要更容易。但奇怪的是，这些"孕妇"们怎么这么了解使馆对"迫切性因素"的排序标准？？？

我怂恿这个已经被气的不行，又无计可施的小伙子再给使馆打电话。

你就问他，明天我给你一份"证明"，证明我怀孕了，你让不让我走？！！！

你既然连调查一份证明资料真伪的能力都没有，你也不是医生，你怎么就能认定我一个男人就肯定不能怀孕？按照你的逻辑，你必须让我走！

你们没有能力鉴定证明资料的真伪，你们有没有能力和责任向当事人电调进行资料复核啊？有没有责任对资料提交人作出法律责任的告诫啊？？？

小伙子不敢去硬刚，说使馆肯定会说他是强词夺理。只好忍气吞声了。

"你 tm 看看你这点出息！你就去这么告诉他，他要是敢说你无理取闹，你就爆粗口问候她们全家亲戚！然后你就打 12308 找领事司折腾。你问问领事司，现在至少已经有一百多人都知道了使馆对"回国迫切性因素"的优先级排序了，但是还没有人知道"能力有限的使馆"怎么界定无理取闹和客观事实的界限。"

虽然这个小伙子并没有真的去和使馆争执，但是可能江湖上没有不透风的墙吧，在第二架包机到来之前，使馆在他们的公众号上发布了关于提交证明资料的法律责任告诫。如果伪造或者提交虚假证明资料将有可能被追究法律责任。

# 七、讲不出再见

## 谢谢你，博卡拉

2020 年 7 月 7 日中国驻尼泊尔大使馆在他们的微信公众号上，官宣确认了"传言已久"的第二批包机安排后。7 月 15 日售票工作随即启动。虽然我意外的接到了第四架航班的购票邀请，但我还是拒绝了。始终关注着国内各种状况的我，已经做出了暂不回国的决定。尽管根据当时全球的开放情况，展望后面的旅行计划，依然是充满着无尽的困难和不确定性。但是无论怎样，我还是决定要继续我的旅程。

7 月 20 日，尼泊尔政府做出最终决定，于 7 月 22 日 0 点正式解除持续了整整 120 天的 Lockdown。并在当天宣布，于 8 月 17 日恢复国内交通和国际商业航班。从 7 月 22 日解封到 8 月 17 日复航，这样的安排显然是意图控制各项社会功能恢复的节奏。而恰巧的是，中国第二批包机安排的时间，从 7 月 24 日至 8 月 14 日，正好被这个解封的缓冲跨度所 Cover。这使得从 7 月中旬开始，博卡拉的空气里就弥漫起了离别的气息。我选择在 8 月 4 号，这个我 2015 年初次启程环球旅行的日子离开博卡拉。前往加德满都保持机动。

我告诉 Dalma，我要在离开之前和博卡拉说"谢谢"。我决定要做一块尽可能巨大的幕布挂在 Banyan Tree 的阁楼上，要让所有从街边路过的人都看到这块垂下来的幕布。我用红色的油漆在上面刷上了中英文的，"谢谢你，博卡拉"。并且在上面留言：感谢一切的安排，向生命中那些虚度的时光致敬！

# 讲不出再见

尼泊尔这个国家贫穷而落后，社会文明程度低下，种姓制度依然未绝。当前的国民性里还缺少必要的上进心和勤奋力。政府腐败懒政且不以为耻。政客庸常才疏且贪权乱政，致使包括很多年轻人在内的国民甚至更怀念老国王时代的君主制。

但是上帝关上了这扇门，一定会打开另一扇窗。世界上14座8000米以上的山峰中，在尼泊尔不到15万平方公里的国土中狂揽8座。其中独占3座！尼泊尔在世界上被誉为"徒步者的天堂"的美称无可取代。从北部极带气候的高原雪山到南部热带地区的茂密林地，世界罕见的相对高差造成了多样化的地貌和气候。让这片土地上的气场里，娇柔托举着刚毅，刚毅又护佑着娇柔。尼泊尔同时又是佛教世尊释迦摩尼的诞生地，菩提荫蔽之下的人们卸下了激进和偏狂，更愿意容让与释善。

博卡拉河谷宽阔平坦，小城四面环山，安纳普尔那及鱼尾峰环伺拱卫，皇家行宫所在的费瓦湖犹如玉石一样滋育着周边的廓尔喀后裔。在这里的135个日日夜夜，无论在未来的任何时候，都会像幻灯片一样在我眼前永恒运转。

自7月22日解封之后到8月初的这段时间，尼泊尔的病例数字出现强烈反弹。加德满都的开放状况显然比博卡拉要有限。泰米尔依然人影绰绰。我决定住到帕坦，这个比较安静，传说较少病例的区域。在最后一架中国包机于8月14日离开之后，尼泊尔政府宣布了博卡拉和加德满都将在8月17日和8月18日相继再次"封锁"的决定。并将复航的日期从原定的8月17日再次推迟到了9月1日。但是从各方的实际情况和判断而看，开放已经是大势所趋了。

其实在滞留的期间，我很大一部分的时间里，还是一直在思索如何设计尼泊尔解封之后的行程。在那时之前，我的环球旅行所到达的联合国会员国的数量好像是96个。所有的大洲都有了我的足迹。因此，如果想尽可能不重复进入我已经去过的国家，而在我所没有去过的国家之中，设计一条成本最低，航线最顺畅的行程本就已经很不容易。更何况是在全球航线因疫情大规模缩减，众多国家关闭边境的情况之下。这就更成为了一件非常费神又心累的事情。

在那段全球疫情最高峰的阶段，世界上跨洲际的航线，基本上只有三个航司在支撑。他们是土耳其航空，阿联酋航空和卡塔尔航空。欧洲和美国也都是租用这三个航司的班机去撤离滞留在全球的本国公民，而自己国家航司的航班几乎很少飞出本国所在的大洲。当时在我脑子里想要去的国家所在的板块，基本上是：南亚～中东～西非～拉美～北美。因此制定的原则是，以尽快离开尼泊尔为先决条件，尽量进入一个选择比较多的区域。然后再根据到时候的实际情况设计后面的行程。最终把美国作为一个阶段性的调整和休息的国家。当时可以确定的是，南亚的不丹和孟加拉还处在封闭状态不可能进入。所以我把离开尼泊尔的方向锁定为中东。然而就在我到达加德满都的当天，黎巴嫩首都贝鲁特发生震惊世界的恶性爆炸事故。造成黎巴嫩政府临时决定关闭了贝鲁特机场。这让黎巴嫩这个我中东行程计划中的一个重要目标国的可能性变得扑朔迷离。

在环球旅行者给世界细分的板块结构里，印度洋板块还是我的一个空白。而这个板块中最著名的国家应该算是马尔代夫了。虽然尼泊尔到马尔代夫本没有常规的直航航线。但是幸运的是，当时正好有一架喜马拉雅航空飞去马尔代夫首都马累的商务包机。这对我而言是一个难得的机会。因为不仅当时的马尔代夫已经有限度的开放了入境，更重要的是马尔代夫有直飞迪拜的航线。于是，我最终选择以此作为跳板进入中东！我最终以700美金的价格，通过当地一个"小有背景"的尼泊尔旅行社老板订到了这张飞往马累的包机机票。

2020年9月2日早晨，当尼泊尔移民局的官员在我的护照上盖上离境章的一瞬间。我的心情竟突然之间变得难以名状。经过安检，走进空空荡荡的候机大厅。我想我需要安静下来想一想，该发一条什么样的朋友圈和尼泊尔的这 183 个日夜告别。可能是尼泊尔政府在前一天才开放机场。很多端着"长枪短炮"的媒体记着守候在候机厅瞄着各色离境的旅客。我忍着莫名的反感，很不耐烦的向他们摆手，示意他们躲开此刻的我。

最终在登机的前一刻，我终于怀着始终难以平复的心情发出了朋友圈。虽然想了很久，但还是只留下了一句话，

"此刻，尼泊尔，讲不出再见。"

尼泊尔时间 2020 年 9 月 2 日早晨 8 点 03 分，喜马拉雅航空 H96871 航班，终于在加德满都特里布万国际机场的跑道上腾空而起……

## 尼泊尔 183 天全复盘

303，落地特里布万 签证 303 ～ 531

306，加德满都～ Lukla YT141（开始 EBC）

318，Lukla ～加德满都 YT112（EBC 完成）

322，加德满都～博卡拉

324，Lockdown 启动，官宣 324 至 331

329，官宣 Lockdown 延长至 407

402，欧洲滞留者全部撤离；美国东部时间下午 4 点，全球报告病例突破 100 万，死亡突破 5 万

406，官宣 Lockdown 延长至 415，复航延至 430

408，让 Sophia 骗阿 S 给我们做饭

409，和老 V 去 H 客栈包饺子

411，全球累计死亡突破 10 万人

413，尼泊尔 2077 新年

414，官宣 Lockdown 延长至 427

416，与老 J 去环湖徒步

419，阿 S 偶遇 TT

423，与阿 S&TT 喝酒

424，阿 S 再次与 TT 喝酒，Sophia 贵妃醉酒

425，官宣复航延至 515

426，官宣 Lockdown 延长至 507

428，和阿 S 去 happy Village 划回 pvc 艇；美国确诊病例破 100 万

430，和老 V 再次去英雄吃饭

501，阿 S 带 TT 去划船；印度累计病例接近 38000 人

504，老 V 从博卡拉出发去闯吉隆关；阿 S&TT 惜别晚宴

506，老 V 一行闯关失败被送回加德满都；送行阿 S&TT

507，第一批两架包机 CA042 加德满都飞成都，CZ3002 加德满

都飞广州；阿 S&TT 回国

507，尼泊尔病例破 100

508，官宣不解封，但复工，复航延至 531；入住 KUTI

508，加德满都华人总统府请愿，47 人被逮捕后 43 人被释放，4
人被羁押

509，老 J 湖心岛裸照，橘猫禁放区放飞无人机，双双入狱

510，官宣 Lockdown 延长至 518

510，60 个国家政府组织了 51 架次包机，接走了 4874 滞留公民，
其中中国两架次接走 346 人

511，单日新增 24 例，破单日纪录；老黎在 H 客栈为出狱的老 J
举行"压惊"晚宴

512，尼泊尔病例破 200

514，尼泊尔报告第一例死亡病例

516，官宣 Lockdown 延长至 602；搬去 Purna Yoga；自 324Lock-
down 以来，尼泊尔共 875 人自杀

519，徒步 Sarangkot，搬回 KUTI

520，官宣复航延至 614；Durbar Inn 聚餐庆祝 520；4 名请愿被
羁押者获释

527，美国报告死亡破 10 万

530，官宣 Lockdown 延长至 614；复航延至 630

531，印度报告病例突破 19 万

606，小涵惜别午宴

607，送行小涵，老黎骑行离开博卡拉

611，尼泊尔病例破 5000

614，官宣复航延至 706

615，开放签证续签，601 ～ 715

616，Banyan Tree BBQ

619，小朱，小义搭车前往加德满都，与老 J 后山徒步

623，尼泊尔病例破万，死亡 24 人

624，骑摩托去 Begnas Lake

625，Lina 带我去老会长餐厅喝酒

701，印度总病例突破 60 万

703，去小 G 家吃饭；使馆要求滞留者在 706 之前完成报备，提交困难证明。

707，使馆官宣第二批包机安排

710，去 Lina 家吃饭

715，第二批包机开始售票

716，城际公交恢复，官宣 817 复航，Onki 抓住老 J 请客

717，夜间"等风来"老板抢救无效死亡，老 J& 橘猫出发去 Bandipur

722，零点解除 Lockdown

724，CA042 加德满都飞成都

725，比尔根杰 Birgunj 再次封锁

726，杰拉比杰 Rajibiraj 再次封锁

727，比拉德纳格尔再次封锁

730，Thank You 博卡拉

731，CZ3002 加德满都飞广州

801，印度病例突破 170 万

804，博卡拉～加德满都（包车）

807，CA042 加德满都飞成都；入住 Indus；印度报告病例超过 200 万

808，美国确诊超过 500 万

810，签证暂停，官宣复航延至 901

814，CZ3002 加德满都飞广州　Onki，Lina，雪豆，老 V 回国

817，博卡拉再封锁

818，加德满都再封锁

821，官宣 901 复航

823，印度报告病例超过 300 万

831，PCR Test

902，7 点 11 分特里布万登机

是酒肉穿肠过，还是彻底改佛法

# 一、从中东跳转

# 印度洋给的安慰

马尔代夫是我的"印度洋板块"中的第一个国家。它由 26 个环礁，1192 个珊瑚礁岛组成。其中有近 200 个岛上有人居住。其领土的最南端距离被誉为"最难到达"的英属印度洋领地的迭戈加西亚岛只有 900 公里。

我一直觉得一个男人的一生应该有两次环球旅行。

第一次，在一生中成本最低的时候。不要带女人，你会在路上遇到她。能走多远就走多远，花光你所有的钱，因为你还会挣来更多。

第二次，也许是在财富自由的时候，如果有个女人能陪你到那时，就带上他。能走多久就走多久，花光你全部的钱。因为你以后可能不再需要了。

马尔代夫无疑应该是属于放在人生"第二次"环球旅行计划里的国家。但是我想我今生的环球旅行恐怕只能有这一次了。反正无论如何，现在我已经来到了这个以浪漫奢华著称的全球度假胜地。马尔代夫是在全球疫情经历了峰值之后，首先 Reopen 的少数几个国家之一。当然这与马尔代夫这个国家的经济对旅游产业的依赖密不可分。

去马尔代夫旅游最重要的一件事就是"选岛"。选岛就是选酒店。因为马尔代夫大部分已开发的"度假岛"都是"一岛一酒店"。也就是一个岛就只由一个酒店开发商独家经营。这样的岛称为"酒店岛"，目前大约有 90 个左右。而马尔代夫的当地人则住在"居民岛"上。在 2020 年 9 月份的时候，马尔代夫只对游客开放了酒店岛。居民岛上面有病例，所以当时不允许游客登上居民岛。居民岛的码头上有警察看守，不许游客的船只抵近。

岛和岛之间的交通要靠水上飞机和船只，不仅不是很方便，且价格不菲。所以根据你所选的岛，基本就固定了你这次旅程中其他选择的局限性。我选了一家老牌的"酒店岛"，我在 WhatsApp 上和这个酒店砍了三天价，最后按照 3 天 550 美金的价格成交了。据说这个价格还不到这家酒店在疫情之前价格的一半。

马尔代夫可以肯定两点，第一是，这里的实际景色与你在网上看到的照片基本上是吻合的。的确是不同凡响！酒店的整体质量还算不错，基本上没有让我失望。第二是，马尔代夫虽然也适合我这种一个人上来发呆的。但必须承认，还是更适合情侣。我只有一个人，所以没有安排任何的水上活动项目，而事实上，在 Reopen 的初期，大部分的水上项目也都没有开放。我所在的这个岛是接近 300 游客的接待饱和量。但是我在的时候只有不到 40 人。

马尔代夫是一个纯粹且彻头彻尾的度假天堂。"躺在"浩渺而静谧的印度洋上！极目所致，海天无涯，皆如仙境一般。这感觉似乎正是此刻的我想要的。疫情也许确实改变了这个人类世界，但它却似乎并没有改变大自然。而此时此刻，大自然反而以一种最质朴且最坚毅的姿态，张开双臂无声的安慰着此时备受惊扰的人类。

尽管我还不能让自己的情绪，完全从离开尼泊尔的恍惚中抽离，但是此刻我必须让自己安静下来想一想后面的路线，甚至想一想如何安排自己的"后疫情时代"。

## 索然无味的阿联酋

在岛上的三天慵懒日子一晃就过去了，当然是意犹未尽！但马尔代夫毕竟只是一个跳板，我按照计划在三天后搭乘早班飞机飞去迪拜。调整之后进入贝鲁特！天还没大亮，送我去"机场岛"的船，和拿着我的"核酸报告和早餐"的酒店服务生已经在码头等我了。

早我几天之前入境迪拜的人给我的消息是，入境后需要一次落地PCR。费用由迪拜政府承担。检测结果会在 24 小时内发短信给我，原则上在收到短信之前，不能离开在迪拜所住的酒店。但是实际上在入境的时候，并没有人拦截我，要给我做这个"落地 PCR"。

但是阿联酋的计划依然不顺利。我想我可能和阿布扎比犯冲。2016 年从设拉子飞安曼，我特意选择了一个在阿布扎比转机停留 19 个小时的航班。计划好了用这 19 个小时，夜游阿布扎比。但是谁知道那时候入境阿联酋需要的落地签，只限于迪拜的机场才能获得。没办法，我只好在不能喝酒的阿布扎比机场坐了 19 个小时。

这一次，我打算借着在马尔代夫做的核酸还在 72 小时之内，杀进阿布扎比。但是到了迪拜和阿布扎比的交界检查站才知道，进入阿布扎比需要 14 天隔离。我当然不会接受！一直信誓旦旦的告诉我不需要隔离的，拉我过去的黑车司机，此时虽然不好意思再要我付给他车费，但是也不愿意再送我回迪拜。而是把我扔在检查站，去到处寻找想要进入阿布扎比的其他客人。正好一个从阿布扎比出来，要去沙迦的巴基斯坦人出现在我面前。

他：我要去沙迦，我可以把你放在迪拜的某个地方。

我：哦，那太好了。你可以把我直接带去沙迦。如果沙迦不需要隔离的话。

他：不需要！放心没问题。

我：好的！多少钱？

他：我顺路，不要钱！中国，巴基斯坦好朋友！

我：啊，那太谢谢你了。如果沙迦进不去也不要紧，你随便放下我去办你的事就好。

他：不会的！沙迦没问题，我送你去沙迦大学，之后我去办事，你自己玩。然后你再想办法自己回迪拜。

我：遇到你实在是太幸运了，非常非常谢谢。

虽然在每一次长线旅行的计划路线里都躲不开迪拜。但是我对阿联酋的印象却并没有特别好。在我看来它是一个"不开放，但却世俗化的穆斯林国家"。它酷热的天气和并不开放的社会气氛让我感到反感，而它的世俗化又让我找不到足够的吸引力。例如这个沙迦，虽然是阿联酋 7 个联合酋长国之一。但是内容实在是乏善可陈。即使是在迪拜的高级购物中心，也依然让我觉得趣味有限。虽然高级但不先进，即便奢华但不时尚。可能没有自由的奢华终是卖不出高价的吧。

在尼泊尔的半年基本上用光了我所有的生活消耗品。浴液，洗发水，洗面奶，香水，隐形眼镜，护理液，内衣裤，拖鞋，短裤，T 恤衫，胸包，哈利法塔下一晚的消费，好像比我在博卡拉一个月的消费还要多。

## 中东小巴黎

从迪拜飞进黎巴嫩倒是确实在贝鲁特机场做了免费的"入境 PCR"。为了减少"麻烦"，我并没有在机场签署的文件上，留下我确定要入住的那家酒店的地址。

一个月前的"贝鲁特大爆炸"，对疫情之后已经陷入危机的黎巴嫩经济的打击犹如雪上加霜。黎镑贬值的程度令人咋舌。官方汇率和黑市汇率相差有五倍之多！所以我在 Booking 上订的酒店锁定了用本币支付。而酒店的前台竟然主动告诉我，不要刷卡，去 Hamra 的黑市上去换黎镑，比官方的价格相差很多。甚至告诉我，如果现在没有足够的黎镑现金，可以明天换了再支付给他。瞬间，黎巴嫩人的形象在我心里骤然提升！

是的，黎巴嫩本来是一个消费并不便宜的国家，但是现在，一杯星巴克的美式，我用从黑市换的黎镑现金支付，合人民币就不到 9 块钱，但是如果我刷卡，按照官方汇率结算要 40 多块钱人民币。虽然这场相当于 3.3 级地震的大爆炸已经过去了一个月，但是整个贝鲁特港依旧处于瘫痪。周围几公里内的建筑物和民房一片狼藉。据说有 30 万人的家被炸毁。几乎所有的，包括博物馆在内的公共场所依旧处于关闭状态。当地人都说，我到黎巴嫩的这一刻，正是在黎巴嫩的至暗时刻！

在博卡拉的时候认识一个黎巴嫩女孩。年轻而富有活力的 Pamela。Pamela 不相信有关新冠肺炎的一切官方宣传。虽然她始终没有系统的表达过她的道理，但是她一直在反复的告诉我，相信我！这个世界本就没有病毒，这一切都是政治和商业的阴谋。同样，当 Pamela 知道了我要去黎巴嫩之后，也是一直劝我要慎重。因为黎巴嫩的社会安全局面很不稳定。特别是当贝鲁特发生了大爆炸之后，她特地在 WhatsApp 上联系我，劝我千万不要在这个时候去黎巴嫩！而当我把贝鲁特的"鸽子岩"的照片发给她的时候，人还在奇特旺的她，给我留言的语音里仿佛带有一丝哽咽："哦，上帝啊，你真的去了。我知道昨天贝鲁特又爆炸了，情况怎样？你还好吗？我一直都在关注着黎巴嫩，我想念我的家乡和亲人，但是我现在不想回去⋯⋯"

虽然黎巴嫩在世界上并没有多么声名显赫的地位。而且好像一直都没有从政治波澜和民族争端里彻底摆脱出来。甚至连完全独立的时间也不是很长。但是这个位于中东地区北缘，人口中以穆斯林占优的阿拉伯国家，却被称为"东方小巴黎"。喻示着其在地缘环境中独特的西化与开放。在中东地区的每一寸土地上，都不会缺少历史留下的痕迹。位于贝鲁特以北 30 公里的 Byblos 被认为是人类居住历史最长的城市之一，但这座海港小镇却丝毫不乏悠闲浪漫的欧洲气息。我想我如果再去一次黎巴嫩，一定会把更多的时间留给这个动静皆宜的小镇。它对我的吸引力仿佛超过了贝鲁特。

## 从中东跳转

　　整个中东板块存在着比较严重的签证互斥问题。由于我在 2016 年先去了伊朗，这次出来之前又办好了沙特的电子签。这使得我在短期之内，大概率是难以进入以色列这个国家了。而以色列签证也几乎不太可能在第三国申请到。所以我就没有再设计过用当前这本护照进入包括以色列在内的行程计划。而黎巴嫩正是进入所有与以色列签证互斥的，中东地区阿拉伯国家的入口。理想的路线是从黎巴嫩的首都贝鲁特陆路进入叙利亚的大马士革，之后飞进伊拉克的首都巴格达，最后进入沙特。这样一路下来不仅基本完成了中东绝大部分的重要国家，也尽可能充分的完成了我手上这本护照的使命。

　　但是，彼时在黎巴嫩的我却面临着异常焦灼的局面。2020 年 9 月份的时候，当时伊拉克还没有对中国护照放开"无邀请函落地签"。常规签证的价格还在 500 美金以上。而我的沙特电子签在疫情之初就被沙特政府置于冻结状态，无法入境。叙利亚的情况则是更加诡异。疫情发生之后，叙利亚出签和入境情况本身就处于不稳定状态。之前的几个一直靠办理叙利亚签证挣钱的中国人，不是暂停接单，就是价格翻倍。加之疫情之前中国人在叙利亚和伊拉克接连出现被"误抓事故"。中国政府也控制了一些中国公民进入叙利亚的"环节"。有个一直加了微信，但是始终没有见过面的，在贝鲁特从事旅行生意的华商。转发了一条我夸赞了黎巴嫩的朋友圈后，被她在黎巴嫩大使馆的朋友看到了。非要让她找我索取我的个人详细信息。在被我拒绝了之后，使馆请她转告我，在黎巴嫩注意安全，此时就不要考虑进入叙利亚的问题了。

　　另外一个在这个圈子里异常活跃的。专门办理叙利亚签证的回族小伙子。号称是国内很多办叙利亚签证的"上家"！在问了我计划要去的叙利亚的具体地方之后，说我要去的地方都太危险，都是属于"战区"。因此，此时进入叙利亚除了要花比平时更贵的签证费之外，还必须租他的车，购买他的"安保服务"。否则不"敢"给我办。因为如果我出了问题，使馆会找他麻烦，他负不起这个责任。

后来我委托当地的一个华商朋友找了他之后，报出来的签证价格竟然只是他直接给我报价的一半。但是当他知道了要办签证的人是我以后，还是态度非常强硬的拒绝了。信誓旦旦的举了前两年在伊拉克和叙利亚被"误抓"的两个旅行的小伙子的切实情况。总之他最后的态度让我觉得，我即使这辈子都不去叙利亚，也没必要这么惯着他。

叙利亚这么困难，伊拉克的价格这么不靠谱，沙特又确定进不去。我最后挣扎了很久，还是不得不决定放弃了进入中东腹地的计划。而从这里跳转巴尔干。我把这次的巴尔干地区行程计划的第一个国家锁定为阿尔巴尼亚。

## 一场虚惊

由于入境阿尔巴尼亚需要 PCR 阴性报告。所以在我订好了飞地拉那的机票后，去了在 Hamra 的一家实验室做 PCR。而当我按时去取检测报告的时候。接待我的人在看了我的单子之后请我等候一下，然后拿起电话，我只听到她在电话里只说了一句，XXX（我的名字）来了！这样的操作让我瞬间警惕了起来。马上从大厅后面的办公室里走出来了一个人。

他：你好，请跟我来吧，我们需要再次给你采样。

我：为什么？你需要给我一个解释。

他：没什么，只是需要为你复检。

我：为什么？为什么复检？是你们把我的样本丢了？

他：哦，没有没有，上一次的检测有点问题，我们需要再做一次检测。

我：有什么问题？你得说清楚，我急于要报告登机。你们这是什么意思？

他：哦，请放心。我们会为你特殊处理，最晚下午四点之前就可以来拿报告。而且，这次是免费的。

我靠！这支支吾吾的表达确实让我感到匪夷所思。

在博卡拉滞留期间，在各种传闻和推荐之下，我也买了一盒羟氯喹一直带在身上。虽然很多人都已经配着阿奇霉素吃了，也没什么不良反应。但是我始终不喜欢吃药，就一直没吃。从实验室出来，我去药房买一盒阿奇霉素。回到酒店等待下午的报告……

在等待报告的这五个小时好漫长。我脑子里一直在不停的翻滚着几个问题

他们到底是弄丢了我的样本？还是初检结果是阳性？

如果复检还是阳性他们会怎么处理？

我会不会被限制自由？

我是不是要换一家实验室再试试？还是去找人 PS 一张报告？

他们会不会"跨国流调"？

如果确诊了怎么办？要不要告诉谁？

这"羟氯喹 + 阿奇霉素"真的管用吗？

没事没事，以我现在的状态和感觉，即使确诊了也还有时间处理其他的事。现在一定要保持手机的网络流量充足！

下午四点，我终于准时拿到了我的 PCR 阴性报告。

# 二、意犹未尽巴尔干

## 初见阿尔巴尼亚

虽然巴尔干半岛上的国家基本上都是可以持美签和申根签证免签进入的，但是我 2016 年第一次进入巴尔干地区的时候，由于时间的原因没有去阿尔巴尼亚和北马其顿，以及未被联合国承认的科索沃。所以这一次我计划从阿尔巴尼亚尝试陆路进入科索沃，之后从北马其顿出来。

地拉那的入境还算顺利，虽然在 IATA 数据库里要求提供 PCR，但实际上入境的时候并没有人查。只是入境官的英文实在是"无与伦比"……

入境官：when are you leaving

我：maybe 20th

入境官：twenty what？

我：i think i will leave in september 20th。

入境官：i know twenty！ but twenty what？ twenty one？ twenty two？

我：no! not twenty one nor twenty two！ is twentieth！

我拿出手机把阿拉伯数字给她看，"21"this is "twenty one"，"22"this is "twenty two"！ but， "20"this is "twenty"！ i will leave in twentieth！

入境官：（摇着头……）oh my god！ oh china……

被称为"山鹰之国"的阿尔巴尼亚，在上个世纪 90 年代之前，曾经是一个非常著名的社会主义国家。带有"马列原教旨主义"色彩的阿尔巴尼亚早期领导人霍查，是当时社会主义国家阵营里异常活跃的一个政治人物。即使是在当今的阿尔巴尼亚社会里，对霍查的评价也依然存在着颇多争议。但有一点是必须正视的，那就是当前的阿尔巴尼亚是整个欧洲最不发达和收入最低的国家之一。

走在地拉那的斯坎德培广场上，确实还能感受到早期社会主义国家的气氛。宽敞的广场，巨大的雕塑。围绕在广场周围的前苏联风格的建筑物与新建的现代餐饮娱乐设施无缝的融合着。历史上与俄罗斯的百转千回，地理上与意大利的一衣带水。使你在这个"俄风欧尚"的城市里，就连从阿尔巴尼亚女人身上所散发出来的气息里，也能感受到古典社会主义的蓬勃意气交织着现代资本主义的奔放情怀。我记得有一次媒体报道贝卢斯科尼和普京聊天，贝说，意大利的女人是世界上最漂亮的女人，只有俄罗斯的女人可以与之媲美。普说，我还是认为俄罗斯的女人最漂亮，不过意大利的女人当然也很漂亮，有些方面她们似乎很像。我怀疑，他们俩人对女人的描述，也许更适合阿尔巴尼亚的女人吧……

# 第一次与新冠康复者面对面

　　我的阿尔巴尼亚计划是先租车自驾去南部转一圈。(Tirana ～ Durres ～ Vlora ～ Sarande ～ Gjirokaster ～ Berate ～ Tirana )回到地拉那还车之后，再坐大巴去北部。(Tirana ～ Shkoder ～ Theth ～ Morine ) 然后从北部的 Kalimi Kufitar Morine 口岸陆路进入科索沃。

　　准备出发的前一天，我在斯坎德培广场旁边的一个中餐馆吃饭。老板告诉我昨天也有一个中国人来他餐厅吃饭，也是来旅游的。这让我很诧异。这个时候竟然还会有和我一样出来旅游的中国人！？在老板的介绍下，我加上了 Chris 的微信。Chris 是我的老乡，也是北京人。但此时的 Chris 已经是一个地地道道的德州女婿，而且更重要的是，Chris 是我认识的第一个"新冠肺炎的康复者"！Chris 听完我的行程计划之后，希望和他的美国老婆嘉妮一起搭我的车去 Sarande。

　　沿着亚得里亚海到爱奥尼亚海的沿线，从地拉那到 Sarande 只有一天的行程。一路上我们交流了很多。这对"中美夫妻"之前是在国内靠留学中介和语言培训实现的财务自由。现在他们结束了他们的生意。开始了他们的"环球旅居"生涯。嘉妮是一个土生土长的德州姑娘，性格开朗，聪明率直。中文好到当年在与 Chirs 的几句交流后，就体察到 Chris 已经跃跃欲试要向她求爱了。

　　他们更有兴趣的话题是我环球旅行的体验和故事。我更关心的是他们感染新冠后的症状和感受。以及马上的美国大选。一天的时间显然很短暂，但是我们一路上还是交流了很多。我们共同了解到，对于一个环球旅行者而言，即便也会有个别国家对美国护照有所限制和歧视，但是美国护照在全球的通行自由度，毫无疑问比中国护照要好用很多很多。

　　也许是因为他俩都中招感染了新冠，他们对特朗普竞选连任都不是很认同。尤其认为他在应对疫情的过程里，缺少必要的作为。但是作为一个共和党掌控的德州居民，显然对拜登也没有表现出什么好感。

当他们得知了我在巴尔干旅程结束之后要去美国，都劝我过了大选之后再去。因为大选期间的治安等情况都会比较乱。但是 Chris 之后还是补充道，我说的"比较乱"是相对于美国社会而言的，而不是相对于中国。

他们是第一个与我面对面的"新冠肺炎的感染者"。发烧，肌肉酸痛，味觉全无的症状持续了三五天。大概两周后转阴。我虽然不能判断这种状况在多大程度上具有普遍性，但是从他们康复的状态和描述来看，确实从那时起，让我对这个病毒以及感染的担忧开始愈加逐渐减小。

Sarande 的风景和气氛，已经非常希腊化了！这里距离阿尔巴尼亚和希腊边境只有不到 40 公里。早晨我爬上 Lekures Castle 远眺希腊的科孚岛。通透诱人，如画静谧！有时候我们也要承认，这个疫情让这个世界变得浮躁，但却让这个星球变得无比清新。也许这就是他们本来的样子。

Chris 和嘉妮决定要在 Sarande 休整几天。我则独自驱车出发。经过了 syri i kalter 的蓝眼睛后，当天住到了著名的 Gjirokaster。这座被称为"石头城"的南部小镇就是阿尔巴尼亚的"社会主义领路人"霍查的故乡。并被联合国评定为世界文化遗产。这里是我最喜欢的阿尔巴尼亚小城。

小城依山而建，地势起伏。站在最高处的吉诺卡斯特古堡上，不仅可以俯瞰小城全貌，亦可饱览阿尔巴尼亚南部山区的巍峨景色。古堡里的炮台和钟楼仿佛喻示着吉诺卡斯特人捍卫生活的那份单纯而笃定的情感从未改变。夜幕降临，在小城中心找一个餐吧，要几个肉饭团子和一盘沙拉，喝到这座小城从喧嚣进入沉寂。凡是能让一个旅人静下心来畅饮的地方，都一定不会太差。

可能是我太喜欢吉诺卡斯特这座小镇了，以至于第二天到了被称为"千窗之城"的 Berate 竟也让我感觉一般。

# 我有一张"神奇"的信用卡

　　我的中国信用卡是一张 Unionpay 和 Visa "双通道"的信用卡，这样即使在一些不接受 Unionpay 的国外商家也可以自动转换成 Visa 支付。这种卡的好处是双卡合一携带方便，弊端是这种卡上面只有磁条没有芯片。由于从技术角度出发，芯片卡确实比磁条卡更安全，在市场上也日趋普及。确有取代单一磁条卡的趋势。这仿佛让很多商家的店员已经对磁条卡完全陌生了。甚至好像根本没见过磁条卡一样，只要看见是卡，拿起来就往芯片卡槽里插！

　　然而磁条卡上的磁条其实相对比较脆弱，如果莽撞的插进刷卡机的芯片卡槽是很有可能损坏磁条让卡报废的。如果我在国内，损坏了我去银行换一张卡也就算了。但是在国外，换卡的困难和麻烦程度是可想而知的。然而却总有很多的店员接过我的卡，看也不看的就往芯片槽里插，插进去识别不出来，再反复拔插！每当这时我总会按耐不住的发火。"你没见过这种卡吗？你能看见这张卡片上没有芯片吗？你知道这卡上的这个磁条是干什么用的吗？"

　　而更加"难为"这些不专业店员的是。这张被发卡行强制设置了消费密码的"双通道的磁条"卡，可能因为颇具"中国特色"，而使得在很多的时候总会刷卡失败。可能相当一部分的刷卡机上的 POS 系统，在去识别这张"神奇的信用卡"的时候，需要调试刷卡机的系统设置。否则不是不能准确匹配"结算通道"，而显示无法识别。就是因为未能弹出输入密码的菜单，而显示支付被银行拒绝。甚至还有极端的情况，不排除有的老旧的刷卡机可能确实根本就无法识别磁条卡。

　　我不能确定这张"神奇的信用卡"所经历的这些失败案例的背后，存在着什么样的客观技术原因。有多少是源自于硬件设备的更新，或是有多少源自于软件系统的应用和操作。但是有一个事实，就是这张卡所经历的所有这些失败的案例，几乎从来没有发生在美加，欧洲，日韩，澳新这些 OECD 国家。当然我不并否认我的这张"神奇的信用卡"可能确实具有一点技术上的"特殊性"。或者是"中国特色"吧。因为同是在这些发生了刷卡失败案例的非 OECD 国家里，我的美国银行（BOA）的信用卡却从来未发生过类似的失败情形。

因此，虽然这张"神奇的信用卡"确实在客观上测试着一个国家的金融支付体系的成熟以及先进程度，而全世界各不相同的刷卡系统和刷卡机也在测试着每一张卡片的适应性和成熟度。但是最终的事实却证明，这张卡本身是没有问题的！而且机器本身也未必具有不可克服的问题。真正的问题实际上是在人的身上。

一个连卡上有没有芯片都不会用心去看的人，基本都是既不懂得如何调试刷卡机的系统设置，也不懂得如何选择可以识别磁条卡的刷卡机。而是会在刷卡失败的这个时候，"胸有成竹 + 不耐烦"的向我表达"你这张卡有问题"！请你联系你的银行。而被我再次骂了之后，他们当中 95% 以上的人，都是会在他们的另外一个"高级店员"的协助下处理成功。然而更加耐人寻味的是，在所有出现过这样状况的商家，下次我再次去他家消费结账时，大概率还是会遇到相同的麻烦！不是又忘记了看卡上有没有芯片，就是忘记了需要换哪一个机器刷这样的卡。或者是急忙去找上次处理的那个"高级店员"来帮忙。

我这张"神奇"的信用卡遇到过四种人。

第一种，顺利的完成了刷卡。

第二种，不看卡上有没有芯片就插进芯片卡槽，被骂之后及时滑入磁条卡槽刷卡成功。

第三种，插进芯片卡槽被骂之后，滑入磁条卡槽依然不能成功识别。然后道歉，表示这是他们的问题，请原谅，是否可以支付现金或者换一张其他卡片。

第四种，插进芯片卡槽被骂之后，滑入磁条卡槽依然不能成功识别。表示是这张卡有问题。他和他的刷卡器操作过成千上万张卡都顺利刷通，而唯独这一张刷不过去，所以那一定是卡的问题！

而不幸的是，在我租车的地拉那的 Avis，我遇到就是这第四种人。不知道怎么刷这张信用卡的店员，所表现出来的傲慢又无知的态度，一如他们听不懂英语的入境官一模一样。而且他们处理租车押金的方式更加"奇特"。在我取车的时候，他们从我信用卡里获得押金的方式不是冻结而是划转。我提出异议之后，他们承认了这是他们的失误，但是不知道怎么改正！只能等我还车的时候让他们的"高级经理"来为我处理。可是在我还车的时候他们的"高级经理"却放假了！几个低能的店员折腾了半天，依然没有成功退还这笔款项，而是转成了冻结。致使我的卡额度里的 500 欧元从我还车之日开始计算，被冻结了一个月。这样的事情在欧美国家的车行，是我从来没有遇到过的！

在我早前大部分的环球旅程中，我都只有这一张可以接受 VISA 通道的信用卡。在很多时候，因为它的"失败"所给我造成的连锁麻烦，让我这种火爆脾气的人，简直是无语又无奈。有时候我们不得不承认，人是环境的产物。地区与地区，国家与国家之间的差距，所造成的人与人之间的差距呈现出惊人的倍增。环境造成了人毫不进取的自卑自弃，但是却表现出了欲盖弥彰的傲慢无知。

久而久之，每当我在非发达国家使用这张卡时，所感到的那份无奈的疲惫，也不知道该算在这张信用卡身上，还是该算在这张卡的刷卡者身上。但确实让我已经懒得再去骂那些怠惰低能不专业，无知自弃不进取的店员了。我倒是希望下次回国后，去银行申请拆分成两张芯片卡算了。但是这张"神奇"的信用卡却能测试出很多无需争辩的事实。好似它不仅可以检验出一个国家商业系统的先进程度，还能检验出这个国家的国民性里有多少进取性和服务意识。


## 初进科索沃失败

回到地拉那还车之后，我开始向阿尔巴尼亚的北部移动。站在

Shkoder 湖边的 Rozafa 城堡上，可以清楚的看到 15 公里以外的黑山领土。四年前从瑞士出发的巴尔干之旅，就是在到了黑山的时候做出的决定，放弃阿尔巴尼亚转向波黑。而这一次寄希望可以把上一次没有到达的巴尔干国家都能补上。在湖边的餐厅吃一条湖鱼，喝一瓶黑山的啤酒。静下来想想这些年的旅程，似乎也能卸下一些疲惫。在 Theth 山里的一天徒步，不仅可以充分的领略阿尔巴尼亚山谷里的清新空气。北部的"蓝眼睛"（Blue Eyes）也如愿的看到了。

但是在阿尔巴尼亚北部的行程计划里，最重要，且没有把握的一个环节就是从 Kalimi Kufitar Morine 口岸检查站切进科索沃。然而不幸的是，这个最重要的环节失败了。阿尔巴尼亚这边出境就不放行！只认申根，不认美签！根本到不了科索沃那边！之前有人说持美签入境成功的，我猜应该是从塞尔维亚方向进去的。塞尔维亚不承认科索沃主权，因此不太可能在与科索沃的"分界线"上设立出境的 passport control，否则等于变相承认科索沃的领土了！所以如果从塞尔维亚进入科索沃，在塞方的逻辑里你并没有出境！还是依旧在塞尔维亚的领土上！

在科索沃一方当然会正常的为你盖"入境章"。如果你依然从科索沃返回塞尔维亚，据说当你从塞尔维亚离境的时候，塞方会在科索沃的出入境章上画上叉子！以示伸张主权！如果从科索沃直接去了第三国，一来是护照上没有塞尔维亚的出境章，二来是带着这枚科索沃入境章的护照，再次入境塞尔维亚的时候可能会有麻烦！

而实际情况是，很多人是从塞尔维亚自驾进入科索沃，则必须回去塞尔维亚还车。因此从塞尔维亚进入科索沃，没有塞尔维亚出境环节，只有科索沃入境一关！而科索沃方面在这一环节上，很可能具有一定的随意性！不会在美签还是申根的问题上太过较真儿……

但是从阿尔巴尼亚或者马其顿方面进入科索沃，没有申根签证的情况下，恐怕就很难被所在国家的出境处放行。所有这些细节上的不确定性，实在是难以把控和评估。阿尔巴尼亚方面出境处的警察很和气，但也很坚定。

"对不起，我不能让你过去。因为你不可能在没有欧洲签证的情况下进去科索沃的。如果我这里让你走了，你会更麻烦的！请相信我。"

之后，警方给我出具一份程序性的"拒绝离境说明函"。

其实这个结果对于我而言，也不是完全没有预料。常年的跨国旅行使我具有了把所有不确定性中，可能的损失降到最低的意识和准备。例如现在这种陆路入境失败的损失毕竟可控，但是如果我是买了一张从地拉那飞普里什蒂纳的机票，那损失可能就不止如此了！

## 巴尔干的耶路撒冷

我只好返回地拉那后，转向 Lake Ohrid 进入北马其顿。早晨从地拉那出发，当天过境后，下午就可以到达湖东侧的北马其顿同名小城Ohrid。据传有三百年的历史的 Lake Ohrid，是欧洲最古老的淡水湖之一。建于中世纪的 Ohrid 古城倾卧湖侧。这座被称为"巴尔干的耶路撒冷"的小城拥有 365 座教堂，是联合国认定的世界文化遗产。环伺于清澈湖水四周的群山并没有阻挡住来自巴尔干半岛的风。秋风疾行，暑气全消。

山巅静坐赏古城湖色。水边临风看浪翻涌落。Ohrid 无疑是巴尔干的一颗明珠。甚至他带给我的感觉在整个巴尔干都是无可匹敌的！现在回过头来看，当时全部巴尔干行程计划里最大的失误，不是关于未能进入科索沃的遗憾，而是我当时在这个古色古香又不失奔放的小城停留的时间太短了。直到今天，每次回想都会意犹未尽。

2020 年的中秋节正好是 10 月 1 日。不知道"外交战狼"们又是如何的操作，让斯科普里的马其顿广场的大屏幕上打出了"庆祝中华人民共和国成立 71 周年"的字样。背景里只有"庄重"的天安门城楼，而没有一个人影。但是马其顿广场上一群西装革履佩戴着口罩的中国人，却在屏幕前反复"变换组合"的合影留念。这政治意涵浓厚的一幕在广场上休闲自如的人群中异常扎眼。却没有让我感到一丝的自豪和感动。如果此时此刻，这块屏幕上写的是"举头望明月，低头思故乡"；写的是"月满中秋时，亲人可安好"。我也许会感到有一丝归属和那份真正纯粹的民族情怀吧。

## 再失北塞浦路斯

不知道是这份"佳节中的乡情"还是"疫情之下的惆怅",让我在斯科普里做出的后续行程计划并不科学。可能是由于波黑和塞尔维亚我在 2016 年都已经去过了。而当时又有信息指塞尔维亚入境"可能"需要 PCR。所以当时在我脑子里并没有再过多的考虑从斯科普里去往库马诺沃,继而进入塞尔维亚去再次尝试闯科索沃。这可能是我不得不承认的一个在当时的明显失误!

开始考虑和调查飞去美国的航班。但是当时看起来从巴尔干飞美国的航班没有能绕开欧洲和伊斯坦布尔转机的。而更重要的是,另外一个没有被联合国承认的国家北塞浦路斯是只能从土耳其进去的。因此我决定先回去土耳其。因为包括土东土西的土耳其大部分地区我之前都已经去过了,所以我直接把从土耳其飞去美国之前的旅行目的地,直接锁定在了北塞浦路斯!

然而,当时北塞的入境信息是非常难以查到的。于是我决定先从伊斯坦布尔飞到费特希耶,然后沿着美丽的海岸线移动到 Tasucu 去坐船,从那里登上北塞的 Kyrenya。直到我到了土耳其的 Alanya 的时候才得到了确定的信息。疫情期间从 Tasucu 到 Kyrenya 的船只有耗时 8 个小时的大船,更快更舒服一些的小船都停运了。当地的所有人都劝我改坐飞机,因为这 8 个小时的大船非常非常不舒服。性价比与飞机根本没有可比性。而更加糟糕的消息是北塞需要隔离!然而在那个时候我并不知道,北塞的隔离是政府出钱住在星级酒店。因此,我当时还是义无反顾的决定放弃北塞的计划。无论在任何国家,隔离都是我不能接受的!

科索沃和北塞计划的连续失败仿佛让我感到有些无所适从。我需要静一静让自己调整一下。我在这个土耳其南部的海滨城市 Alanya 找了一个 3 星级的海景酒店。房间面海,包早晚餐,一天大概 180 块人民币。我直接定了 5 天。

虽然在我心里不是很在乎 Chris 和嘉妮给我的，关于不要在总统大选期间去美国的劝告。但是当前直接进去美国确实有点太早。因为我的美国计划是在美国多休息一下，甚至度过春节之后再安排后面的行程。因此，在地中海沿岸的沙滩上躺了三天的我，最终做出了返回巴尔干的决定。把 2016 年走马观花去过的波黑和塞尔维亚再深入走一下，然后从塞尔维亚一侧再"撞"一次科索沃！

等于是费钱耗时的从巴尔干飞来土耳其，只是在 Alanya 躺了一周后，又无功而返的飞回了巴尔干。好吧！一切都是最好的安排。

## 复杂的南斯拉夫

一个国家可能存在着很多个民族，一个民族的人民也可能生活在不同的国家。所以人对国家的认同究竟在多大程度上是基于对民族的认同为基础。政治因素在这里面起到的作用确实产生了很大的变量。这始终是任何一个政客都绕不开的课题。至少在人类历史上，"国家"这个政治形态还没有稳定下来的时候，人类根据生活的区域以及生活的方式和偏好所形成的情感和文化，并依此建立的"族群"形态可能就已经出现了。所以从历史和地理的角度出发，就暂且先粗旷的认为，也无疑应该认为民族是先于国家的。

这个世界上有一个民族叫"斯拉夫"。这个叫法可能也不是很准确，"斯拉夫"可能更像是一个"族群"，而不像是"民族"。其中又分为东斯拉夫，西斯拉夫和南斯拉夫。这可能是根据斯拉夫人居住的区域来划分的。因为北边是北冰洋了，没有人居住，所以没有北斯拉夫。而其中的南斯拉夫人，就生活在这个巴尔干半岛上。南斯拉夫人里又包括塞尔维亚人、保加利亚人、波斯尼亚人、克罗地亚人、斯洛文尼亚人、黑山人、马其顿人。至于以上这些"人"之前的单词，究竟是代表国家还是民族我没有仔细研究过。但是"南斯拉夫"这个词确实不仅代表一个族群，它还曾经是一个国家的名字。社会主义国家阵营里的政治巨匠铁托，生前所执掌的"南斯拉夫社会主义联邦共和国"在他死后，又分裂成了克罗地亚、斯洛文尼亚、波斯尼亚和黑塞哥维那、北马其顿、黑山、塞尔维亚和科索沃，一共七个国家。巴尔干半岛上的这种民族到国家，国家到民族的演变和发展中的缠斗与厮杀，对于一个普通的旅行者而言，是很难说清楚到底算不算"同根生"，又该不该"急相煎"的。

如果把巴尔干称为"欧洲的火药桶"，那么这个火药桶发展到近现代，火药桶上的导火线很可能就在波黑和塞尔维亚。从前南斯拉夫分离出来的波斯尼亚和黑塞哥维那，根据为停战所达成的《岱顿协议》，在行政上分为三个政治实体。首都位于巴尼亚卢卡（Banja Luka）的塞族共和国（Republic of Srpska）；首都位于萨拉热窝（Sarajevo）的穆克联邦（Federation of Bosnia and Herzegovina）；和国际监护下的布尔奇科特区（Brcko District）。他们各自拥有自己的国旗，国徽，议会，政府，首脑。但是在军事和外交上，都并入以萨拉热窝为首都的波斯尼亚和黑塞哥维那这个被国际社会所承认的主权国家。

从地理概念上，"波斯尼亚"和"黑塞哥维那"这两个地区，又分别被萨拉热窝和莫斯塔尔这两个城市所代表。在环球旅行者目的地的 list 里，把这个国家的一些飞地和历史上形成的，事实上独立自治的民族城市也分别单列。加起来竟有六个之多，无比复杂。

即便如此，以上所说的在行政和地理上的复杂总还是可以厘清。但是涉及到国家和民族的历史衍化就没有那么简单了。塞族共和国顾名思义就是以"信奉东正教的塞尔维亚人"为主的生活区域，而穆克联邦是以"信奉伊斯兰教的波士尼亚克人"（历史上受到奥斯曼土耳其影响信奉了伊斯兰教的塞尔维亚人和克罗地亚人的后代）和"信奉天主教的克罗地亚人"为主的生活区域。这样的解释其实还是很粗旷的，但是对于一个来自域外的旅行者，我也只好先按照这个结构去感受。

## 从萨拉热窝出发

时隔四年，又见萨拉热窝。仿佛没有什么变化，只是疫情之下，无论是 Bascarsija 老城里，还是城外的拉丁桥周围都明显人流稀疏。让我记忆犹新的牛排馆也不见了。旧地重游固然很多感慨。但是我这次的计划是从南部的慕斯塔尔开始的。慕斯塔尔的老城比萨拉热窝的 Bascarsija 似乎要小，但是确实更有感觉。疫情之下几乎没什么人，但更显安静平和。跳桥的小伙子也不再追求更多收入，似乎没人给钱也会按耐不住的跳下去。

在这里睡了两天之后，我决定从这里出发，租车走一圈：Mostar ~ Kravica Waterfall ~ Pocitelj ~ Jaice ~ Banja Luka ~ Travnik ~ Mostar

波斯尼亚地区和黑塞哥维那地区的地理划分是一回事，塞族共和国和穆克联邦各自"领土"的地理划分是另外一回事。这在地图上完全是两个概念！无论是波斯尼亚地区还是黑塞哥维那地区，塞族共和国和穆克联邦都分别拥有着属于自己的辖区，界限分明。而我所在的慕斯塔尔处于黑塞哥维那地区中，穆克联邦所拥有的区域！当我把我计划中的路线告诉了租车公司的老板之后，他指着我行程中的巴尼亚卢卡（Banja Luka）严肃的告诉我不能去！因为这个地方属于塞族共和国。他的车牌是穆克联邦的，开这辆车去塞族共和国是"非常危险"的。虽然理论上他们现在是一个国家，但实际上各种来自民间和半官方的冲突就没断过！

我只好满口答应，"放心放心，不去不去。我到了亚伊采就往回走。"我相信他所说的"危险"在一定程度上可能是存在的，但是这危险仅仅是因为我开着一辆穆克联邦的车去了塞族共和国。但是以我的判断，我这个外国人本人还应该是安全的。而且如果我不是"太不在意"这辆车，应该还是可以避免麻烦的吧。后来的事实证明我的判断是没错的。

这一路走下来，被称为"波黑的尼亚加拉"的克拉维察瀑布，隐藏在内雷特瓦河谷里的波西特尔捷小镇，塞族共和国的首都巴尼亚卢卡，奥斯曼时期的波斯尼亚重镇特拉夫尼克……所经之处，无不体现着这片土地上厚重的历史沉积和生生不息的生活传承。但是让我最感留恋和惊艳的还是遗世独立的亚伊采。亚伊采不仅是中世纪的波斯尼亚王国的首都，历史上著名的"南斯拉夫社会主义联邦共和国"的创建就是在二战后期的亚伊采的重要会议上确定的。

## 意外的违章成就了对无赖的还击

回来慕斯塔尔还车后才发现，这个租车行的老板其实是一个很不规矩的克罗地亚人。他虽然打着 Budget 的牌子，但实际上和我签的合同是用的另外一个当地的小公司的名义。操作和操守上完全不具有 Budget 这种跨国公司的规范和诚信。但是在疫情之下，租车很不容易。我也就没有和他计较。但是还车的时候，他查车发现我跑丢了一个"轮胎龙骨壳"。我确实可以回忆起来是我跑丢的，因为我从反光镜里看见了。但是在山路上，我又车速很快。即使我停车去捡也未必能找到。所以我答应赔偿。这样一个塑料的壳子其实也就是几十块人民币而已。但是他却因此摆出一副无赖的样子向我要 40 欧元。因为他获得了我的信用卡授权，可以强行划款。我虽然拒绝了在回单上签字，却也懒得为这点钱再往国内银行打电话跟他较劲了。

但是他也别想在我这舒服了！等他刷完了 40 欧元，解除了授权之后。我要求他给我发票。他开始拒绝，说因为我的价格里不含发票。我说好，你看看你如果不给，你会有什么麻烦。他大概是也看出来了我不是那种吃了亏，随便就会罢休的人，为了不惹太大的麻烦，他还是很不情愿的给我开出了发票。

而就在第二天早晨我准备离开慕斯塔尔回萨拉热窝的时候，他打来电话告诉我，他收到了我在巴尼亚卢卡闯红灯的罚单。要我必须前去他公司处理，否则他一定会找我的麻烦！哈哈哈哈哈哈，这个红灯我也确实记得我是闯了，但是我不是故意的。因为当时是晚上，我路线不熟，一心急着找酒店，发现是红灯的时候已经过线了，就干脆闯过去了。当时我确实觉得很不好意思。但是此刻我突然有一种很欣慰的感觉。实在是上帝的安排不可违背啊！我立刻告诉他，请尽快找我麻烦，如果晚了，我就去塞尔维亚了！去帮他"处理"这张罚单是不可能了。但是如果做点什么可以让他损失更多一点，我倒是很愿意努力一下！

此时他摆出一副和我摊牌的态度。一边解释他知道中国生产的这种"轮胎龙骨壳"是很便宜，但是大众原厂的就是很贵，就是要40欧元等等。一边又开始说我没有信用，说好了不去塞族共和国那边的。他不该这么相信我。最后又开始抱怨波黑这个国家的局面太糟糕！塞族共和国方面这么晚才把罚单给他发来，如果他早一点得到，一定不会放过我！

我说你如果老老实实的用Budget的系统就不会有这个问题，即使过了一个月，这张罚单也会记在我头上。但是Budget也不会让你有机会"挣到"那40欧元。我告诉他，我并没有在信用卡的回单上签字，我如果愿意多花一点时间和国际长途电话费，可以让他把这40欧元也给我吐回来！他则得意的说，他在我刷卡的时候偷偷拍照了，如果我拒支，他就提交给银行当作证据。


## 深入塞尔维亚

如果这个"欧洲的火药桶"上的导火线里，其中的一根是波黑，那其中的另外一根无疑就是塞尔维亚了。除了南部的科索沃这个争议地区之外，其实北部的伏伊伏丁那也曾经有过要求独立的呼声。实际上这个地区在历史上很长时间确实都是不属于塞尔维亚的。因此国际社会对这个呼声的支持程度，据说并不亚于对科索沃独立的认同。当前采取的"自治省"模式给这个地区的稳定提供了必要的条件，相信这和塞尔维亚政府在这个问题上所做出的妥协至关重要。

而这个伏伊伏丁那的首府诺维萨德毫无疑问是一个绝不简单的欧洲重镇。这个被多瑙河穿过的"欧洲文化之都"是LP所推荐的最佳旅游城市。大街小巷都充满了文艺和休闲气息。包容了二十余个民族的诺维萨德拥有着异彩纷呈的文化和历史，无疑比贝尔格莱德更加欧洲。艺术家的浪漫情调和思想家的严谨情怀揉合在一起，让这个城市休闲但不浮躁，文艺又不虚妄。更为这个小镇的名声在外而锦上添花的是，爱因斯坦和他的第一任妻子就曾经居住在这里。

城外的 Sremski Karlovci 小镇更是惊艳到让人无话可说。静谧清晰的小镇完全看不出疫情的痕迹。每个人都平和的做着各自的事情，面对着自己一如往常的生活。爬上小镇制高点的观景台可见多瑙河水在这片土地上的蜿蜒之态。Karlovci 地区是著名的葡萄酒产区。在小镇里走一圈，热情的商家不断欢迎着游客免费品尝。虽然整体口味偏甜，但是一圈下来，我还是差点没喝醉！这里的位置处于诺维萨德和贝尔格莱德之间，我没有从诺维萨德搬来这里住上两天是一个明显的错误。我想一定是一个环球旅行者的好大喜功的毛病在作怪。当时的脑子里全都是怎么进入科索沃。

南部的行程自然是完全围绕着"撞"进科索沃而制定的。所以只是计划了去木头城，也就没有租车。木头城客栈的女老板会英语，人也漂亮又热情。但是这木头城的内容似乎实在是乏善可陈。从木头城晃了一圈出来后，去 Karljevo 的 Bus 已经没了。但我还是决定到路边碰碰运气。我给自己定的是，如果过去了 30 辆小车，依然没有人停车搭我，就回去女老板的客栈住一晚！

大爷的车好像是第 28 辆！一辆红色的老拉达！这车看上去和听声音，岁数似乎不比大爷小！大爷家在 Pozega，到不了 Karljevo。大爷是一个英文单词都不会啊！连比划带模仿声音的让我明白了，让我从 Pozega 坐火车去 Karljevo。

到了 Pozega 的火车站天已经黑了。大爷执意要停好车，带着我走进车站买好了票。之后和我握手告别。我和他实在没法用语言交流，在握手的时候，我把他的胳膊拉过来和他拥抱。他也会意的用力的拍了拍我的后背。每当沉浸在一个"英语沙漠"的焦灼里的时候，一旦找到一个会英语的人，会让人徒然感到一种如释重负的融入感。而此刻，从这个完全不会英语的大爷身上，让我依然感到了和木头城女老板带给我的同样的温暖和释然。

Pozega 是一个很小的站，如果没有大爷带着我，要搞懂经停的列车时刻会很不容易！火车站的候车厅破旧也脏乱。除了我和另外一个等车的人之外，就是两条狗在到处是垃圾的候车厅乱转。好像在我所有的火车体验里，除了台湾和日本的火车站之外，其他的都不怎么令人满意。所以我始终不太喜欢火车这个交通工具。如果不是这个大爷这么主动的带领，我想我很可能会在 Pozega 住一晚，明天再搭车去 Karljevo。

火车的车厢里面比火车站可是干净也明亮多了。但是我坐的这列火车还是出现了"故事"。"猪撞树上"我确实没见过，但是今天我真遇上牛撞火车上了。听到司机的鸣笛声我就知道不对了，之后就是车底的破碎声，车厢开始晃动，车停稳的时候，我脚已经紧紧蹬住前面的座椅了。车里的乘客都在胸前划十字，司机急忙打电话给控制中心让其他列车改线，以避免次生事故。大家总体都很冷静。开始我以为脱轨了，后来知道是牛卡住轨道了。处理牛尸体，检查列车受损情况，再等待控制中心指令。

10 月底，塞尔维亚山谷里的夜晚已经很冷了。有人快冻死了，而我快饿死了，幸亏有个好心的小伙子给了我一个牛角包！行吧，反正算闯过一劫……

# 再进科索沃失败

在 jarinje 的科索沃口岸小吵一顿！还是没进去……入境官：你必须有申根签证，或者科索沃签证，美国签证不可以！

我：可事实上，有很多人持美签进入了科索沃。难道是你对我有意见吗？我只是一个旅行者而已。

入境官：不可以，你放心吧，我在这里工作就谁都不可以！

我：你的意思是，其他的口岸没有你，就可以了吗？你下班了就可以了吗？科索沃是这样管理口岸的吗？

入境官：（挥动了一下手里的我的护照复印件）现在可以告诉你，任何人能进你也不能！无论我在不在，任何口岸都不会让你进！我会立刻把你的护照文件发给每一个口岸！立刻！

我：哦！你生气了！你看你，生这么大气干嘛！？我只是希望就实际情况和你讨论而已！OK，OK，你随便做你该做的吧！你牛逼！OK？

其实我心里知道这种争吵没有意义，也没有充足的道理。可能是这一段巴尔干行程里反复的波折与失败的经历，让此刻的我感到懊恼甚至是无理取闹吧。官方的文件很清楚，执行上似乎也没有什么问题。有时候，事情就是这样，让你赶上了，就一点办法都没有。我完全相信一定有人从这里拿着美签进去过科索沃。但是现在是你，进不去就是进不去！没办法！但是也没关系。我早已经想好了如果进不去怎么办。

去 Studenica Monastery，然后再去找那个"山水八卦图"，然后回去贝尔格莱德喝酒，睡觉，然后飞美国！


## 意犹未尽巴尔干

离开科索沃的口岸只好在路边搭车！这次等了可不止 30 辆，总算有个小伙子停车了！一辆油气混动的三菱旅行车。小伙子见了我就表现的异常亢奋。我问他会不会说英语，一般人都是回答"啊，a little"，小伙子的回答是"哈，Mix"！好吧，我准备好了……

小伙子回家的方向的确与我要去的 Studenica Monastery 方向相同，但是并不经过修道院。我让小伙子把我放在离那里最近的路边，我再想办法搭别的车就好。但是小伙子执意要离开回家的路，开 11 公里的盘山路，先把我送到，再折回头去回家！理由是，今天挣了"很多钱"，必须要请我喝啤酒！我问他是不是现在已经喝了？他伸出了两个手指，然后说一会儿再和我……又伸出了两个手指……我说你慢点开好不好，他说好，但是这 11 公里的山路基本上是他的车技表演！重要的是，一边在山路上表演飞快驾驶，一边拿出手机和我自拍合影，然后发给他老婆！反正这段路让我觉得我是捡了条命！等到了修道院之后，小伙子的状态就如同过年的孩子终于等到了零点放鞭炮时刻的亢奋状态一样！斜挎着装满钱的背包，跳下车去找啤酒！

我说我想去你家看看你漂亮的老婆。你都把我的照片发给她了，可是我还没看到她。你在这慢慢喝，我进去修道院转一圈，出来后我开车，咱俩回你家怎么样？我也是忘了小伙子这"mix"的英语肯定是听不懂了！我攥着他的胳膊，搂着他脖子，不让他走！我只要一搂他脖子，他的反应就是拿出手机和我自拍。最终小伙子还是明白了我的意思，笑着强调他没问题！必须赶紧回家找老婆，一边说一边拍拍他装满钱的背包……

离开修道院只能搭车了！一对情侣开着一辆斯柯达！问我去哪，我说我想去 cacak，但是你们可以把我放在去 cacak 的路上的任何地方！男的说我们去 Karljevo，把你放在那里怎么样？我说太好了……

这两口子英语不错，交流无碍。女孩有个闺蜜在深圳工作。她也去过深圳找她闺蜜玩。所以一路上好多话题！从新冠疫情到深圳的收入水平和租房价格。明显她是想去中国工作！她要加我微信，说我是她微信上的第二个人，另一个就是她的闺蜜。我刚要问，话说了一半，又突然明白了。这是自讨没趣，但是，停住也来不及了……她笑了，我也笑了！ no Facebook，no Google，so，only WeChat……

女孩说，她男朋友家在 Kraljevo，她家在 cacak，如果我想今天去 cacak，她今天不去男朋友家了，可以和我坐大巴去 cacak！反正明天也要回 cacak。他男朋友听了主动说，直接把我俩送去 cacak！我赶紧说我改变主意了，我想今天住 Karljevo 多一晚。明天从 Karljevo 直接去找山水八卦图……

我按照路上遇到的驴友推荐的位置和路线，住进了一个无论是位置还是风格都非常独特的山林小屋。重要的是，这里就是去拍"山水八卦图"的山脚。第二天一早老板帮我找了一个熟悉道路的司机，把我带到了拍这个塞尔维亚著名的"山水八卦图"的最佳地点。

　　这次我可真的要和这个让我意犹未尽的巴尔干地区说再见了……

# 三、是酒肉穿肠过，还是彻底改佛法

# 初入德州

2020 年 11 月 1 日，我从贝尔格莱德经转伊斯坦布尔飞往休斯敦。这一天美国报告感染新冠病毒的数字超过 900 万人。单日新增感染者超过 10 万人。

德州是我的一个美国空白州。所以这次选择休斯顿入境美国是一个恰好的方案。休斯顿被称为美国三大华人聚集区之一。休斯顿的唐人街已经不是一条街的概念，而是在这一片整个的华人区域里都已经很少能再看见美国人了。在休斯敦的华人区遍布着各种口味的中餐厅，即使是在疫情期间，也没有任何影响。而且，很多中国人已经开始大肆在休斯敦周围的新建社区买房。Katy, Sugar Land 等等，华人在德州，尤其是在休斯顿的数量在逐年上升。

在美国人口大州的排名里，德州仅次于排名第一的加州。而且与加州不同的是，德州是稳定的共和党的红州。经济体量和政治影响力，都在与日俱增。休斯顿西部的奥斯汀被誉为是美国最有潜力的城市。被称为"硅丘"的奥斯汀吸引了包括苹果，微软，戴尔等众多的科技产业巨头都已经陆续迁入。特斯拉的埃隆马斯克更是把家搬去了奥斯汀。近些年来，德州的人口净流入持续上升，甚至很多加州人也把家搬来了德州。

然而休斯敦本身似乎并没有什么太多的旅游价值，除了 NASA 在这里有一个航天中心可以去看一看之外，几乎是乏善可陈。

LL 是我们环球旅行圈里的"土豪网红"。已经完成了 130 余个国家和地区的旅行，如果不是为了和漂亮的女旅友凑热闹，从来不住青旅，都是 4 星级以上的酒店。我和 LL 在路上结识，而之前所有的三次见面也都是在路上，第一次在达哈卜，第二次在开罗，第三次在洛杉矶。这次终于在 LL 的"美国老巢"休斯敦遇到他了。LL 喜欢经营，挖空心思的挣钱。在休斯顿的唐人街闪转腾挪的开了好几个餐厅。

在给我接风的晚上，LL 说，我这可是偷着来和你喝酒的啊！让我老婆知道了肯定跟我急。虽然我们都打完了新冠疫苗了，但是她还是不让我接触任何生人。要是知道我和你这种，在这时候还全世界到处跑的人来吃了饭，肯定不敢让我再进家了。

LL 说，前几天总统大选的时候有游行，好几个 CVS 都被砸了。你看现在好几个店铺都还在关闭状态。有些店铺用木板把店面外部封起来以防被砸。那时候我们华人区也组织了持枪的"联防队"，不让那些游行的人越过隔离线进入我们的私人区域。

LL 说，你这脾气在德州可要收敛点，开车出去不要与人别车。这里不是国内，也不是加州。德州人的脾气和作风是全美国最火爆的。被你别了之后会向你开枪，也不打你，就打你的轮胎。

LL 说，既然都来了休斯敦，先往东去一趟新奥尔良吧。然后再回来往西走，去奥斯汀和圣安东尼奥，德州也就没有什么其他的旅游目的地了。


# Big Easy

11 月 4 日，美国单日新增感染人数超过 12 万人，我从休斯敦驱车前往新奥尔良。

从休斯敦一路开过来的这 600 多公里比我想象的要远。但是无论如何，新奥尔良是美国必须要来的一个城市。几乎美国任何一个社群和地区的文化特性，都可以在美国之外的地方找到源头。这不仅印证着美国这个国家的移民属性，同时也印证着美国对文化和族裔的包容与改造，并使之彼此融合共处的巨大能量。新奥尔良曾经的法国殖民地和黑奴贸易中心的历史背景，使得法国与非洲元素结合在一起，共同溢满在今天这样的一个城市。从独立战争之前，到废奴运动之后，从非裔民权抗争，到对南方文化的归属与坚守，新奥尔良似乎无处不充满着强烈的历史记忆和文化缩影。

地处被称为美国的"国家之体"和"父亲河"的密西西比河的河口位置。历史上，新奥尔良在经历欧洲列强争夺之前的很长一段时间里，这块土地的"主权"一直都属于大量的鳄鱼和毒蛇。然而今天，密西西比河的河滩沼泽地里，那些凶残的鳄鱼已经被搬上了食客的餐桌，与生蚝共同成为了新奥尔良的美食名片。吃一顿标志性的新奥尔良美餐，去法国街上找一个 Topless 酒吧喝上一杯。在爵士乐的发源地彻底的放松一晚。这好像是每一个新奥尔良游客的标准动作。这个被称为 Big Easy 的新奥尔良，不论是其悠长的历史，还是独特的文化内核都仿佛一张永不过时的唱片，在美国历史的长河中不倦的播放着。新奥尔良的城市风格深深的融浸，又不断的缔造着多元又复杂的美国南方文化。

曾经是奴隶贸易中心的新奥尔良，现在的非裔黑人比例呈现压倒性优势。而被称为克里奥人的早年法国殖民者的后代，似乎已经在这座城市里不是很显眼。这的确是造成新奥尔良当前糟糕的社会治安局面的重要因素。走在 Frenchmen Street 和 Bourbon Street 上，黑人们成群的站立聚集在街边的景象，是世界上任何一个国家里的黑人区的象征。街上表演打击乐的黑人小孩，骑着自行车追着照相的人要钱。这让初来此地"外乡人"难免会考量其中的安全隐患。

新奥尔良一直被称为美国的"谋杀之都"。但同时非裔文化也是构成新奥尔良当地文化的一个主要部分。从蓝调到爵士无不是出自这个群族。在密西西比河下游的乡村田野里，黑人农奴把非洲音乐里的奔放与狂欢，融进他们终日劳作的呐喊与发泄。使"黑人音乐"一路演化发展，自成一体。性，酒精和大麻不仅舒缓并麻醉着人们的躯体，同时也放大了人们的情感和思绪。此时只有音乐，吟唱着苦难和乡情，也吟唱着自由和坚毅，更吟唱着 Big Easy！

## 蓝营的总统支持者在红州里狂欢胜利

11月7日，当我在休斯敦的 Rice 大学安静的校区里闲晃着的时候，美国民主党总统候选人拜登确认赢得了宾夕法尼亚州和内华达州，突破了 270 张选举人票的门槛。Twitter 更改了拜登的身份认证为"第46任美国总统"，Fox 也宣布拜登胜选。第二天，我到达了被誉为"德州的精华"的圣安东尼奥，庆祝拜登胜选的游行队伍已然游走在闹市街区。在这个共和党支持者占有绝对优势的红州，民主党的胜利号声依旧响彻大街小巷。

根据美国 CDC 的报告，美国 2020 年死于新冠的人数超过了 34万人。在我到达美国之时。死亡报告人数已经超过 20 万人。虽然我不知道 20 万人的数量是一个什么概念，但是我一直在嘀咕，一个国家在不到一年的时间里死了 20 万人，这个国家将会是什么状况。美国此时会不会哀嚎一片，加之大选在即，两党之间的激烈较量更激化了美国社会的各种不满情绪，美国此时会不会溢满了悲伤夹杂着愤怒的气息？混乱的治安和萧条的街景使美国好似陷入动乱一般？

虽然到现在我也不能找出任何有力的数据和证据支撑我对美国疫情死亡数据的怀疑。但是我必须确定的是，美国的社会气氛里并没有比之前出现太多的哀伤和混乱。此刻圣安东尼奥的 river walk 人满为患，网上推荐的网红餐厅甚至需要等位。戴口罩和不戴口罩的人和平共处，互不干扰。


## 青春不由人，明天不可期

2016 年我初次到加州的时候，C 姐还是一个刚刚在美国大学毕业不久的中国留学生。那时候的 C 姐仿佛正沉浸在离开学校，初进美国社会后的没落和消沉之中。在一家中国公司做的极不开心，但是又面对着并不多的选择。我只记得我问那时候的 C 姐接下来打算怎么办。C 姐回答的态度却一反消沉和抑郁："我无所谓，我才不像其他人那么拼命想留在美国呢。能留就留，不能留就回国。美国这破地方也没什么不得了的，我回国也未必就过的不如这里好。我妈什么都给我准备好了。要工作有工作，要男朋友有男朋友。"

　　时光一晃四年，我又回到了南加州的圣地亚哥。历经四年波折的 C 姐，最终还是选择在美国留了下来。如今和一个越南裔的美国人合作，在当地的 farmers market 经营摊位。卖包子蒸饺等中国传统面食。而且已经有了非常乐观及稳定的收入。除了还没有拿到美国绿卡之外，无论是生活还是她的状态都已经是今非昔比。不言而喻的是，美国没有辜负最终选择了"拿着青春赌明天"的 C 姐。此时的 C 姐已经与这片南加州热土的地气水乳交融，甚至难舍难分。C 姐的心情和状态也使她偶尔愿意向我讲述一些这些年来自己的美国历程。

　　C 姐当前的情况和在美国的许多中国人一样，一旦离开美国就很难再回来。所以 C 姐这些年以来对家乡和亲人的思念始终没有得到成全。直到今天的 C 姐，至少依然表现的还像四年前一样的坦然和平和。她知道自己现在想获得美国绿卡最靠谱的途径，基本上就是找个当地人结婚。但是即便如此，这并没有改变 C 姐对属于自己婚姻生活的渴望，更胜于对绿卡的渴望。甚至 C 姐依旧不能排除在未来一天，回到家乡去养老的可能："我们丹东的海鲜是最好吃的海鲜，我们丹东的生活是最安逸的生活。"


## Utah 环线

　　在我前两次来美国的时候，基本上把美国东西海岸的部分大城市都去过了。而且我一直对繁华都市的热情非常有限。所以对我这样的游客而言，美国西部最有吸引力的其实并不是洛杉矶，旧金山这样的

"世界名城"。而是著名的"Grand Circle"。

这也本就在我这次的美西计划里。只不过我这次的"Grand Circle"行程更准确的说应该算是"Utah Circle"。因为我第一次来美国的时候，自驾横穿了 66 号公路。当时去过了 Grand Canyon。所以这次基本上就没有计划往亚利桑那走。

（San Diego ～ Hurricane ～ Zion NP ～ Bryce Canyon NP ～ Capitol Reef NP ～ Arches NP ～ Canyonland NP ～ Lake Power ～ Horseshoe Bend ～ Wahweap ～ San Diego）

原本设计这个路线的主要目标是 Arches NP，但是走下来发现，这个被誉为"Grand Circle"的美西大环线，真是处处都是景致。全线的每一个国家公园都不鸡肋，Utah 州的 24 号公路更是叹为观止！即使在羚羊谷封闭未能如愿的情况下，这一趟也依然是不虚此行。

从 Utah 回来后，又沉浸在和 C 姐一众人吃吃喝喝的加州日子里。显然是和德州有区别的。包括星巴克在内的几乎所有的咖啡厅和餐厅都禁止堂食，只能 Take Away。各种酒吧也是全部关闭。C 姐怕前几次来加州，早已把 San Digeo 玩遍了的我无聊，安排她手下的两个台湾小姑娘带我去 San Digeo 著名的 La Jolla，以及旁边的一个神秘海滩（裸体海滩）转悠转悠。

这两个小姑娘在 San Digeo 上学，没课的时候帮助 C 姐出摊儿卖包子。目前已经完成了她们的课程，正在准备返回台湾的家中。毕竟已经是深冬了，即便是一年四季都有和煦阳光的南加州，也抵挡不住大西洋的海风。"裸体海滩"上除了一个肥硕的裸体老头之外，没有一个不穿衣服的人。但这并没有影响豪宅聚集的 La Jolla 海岸线，依然还是名不虚传的展现着她的惊艳之色。

Gina：啊，就要离开 San Digeo 了，突然很不舍！

我：还回来不回来了？

Gina：会啊，我想我一定会的。回去再看看怎么申请新的机会再回来。啊，La Jolla 太美了！真的不想离开这里。

我：你也想长期留在美国生活吗？

Gina：是啊，如果可以，我当然想。

我：台湾不好吗？

Gina：嗯，也还好吧。

我：我去过台湾，觉得台湾的社会文明水平可算是蛮令人称道的。难道和美国还差很多吗？尤其台湾的文化似乎又更加贴近华人。不会比在美国生活更方便和惬意吗？

Gina：是啊，台湾也还好，但我还是更喜欢美国，这里更自由更开放吧。

我：那你说说，台湾哪里不如美国自由和开放？

Gina：嗯……可能主要是一种生活的感受吧。比如我这个年龄还没有结婚，在台湾就会成为一个我与人交往时候被普遍关注的话题。但是在美国就没有人那么关心一个人的私人问题。再比如我的肤色比较暗，以台湾人对女性的审美就比较排斥。但是在美国人的文化里这并不是问题。等等吧，反正我就会更喜欢美国这样的生活气氛。

相比于欧洲人，因为对民族历史和文化依托的情感归属而产生的自傲感而言，美国人的傲慢更多来自于对现代世界的掌控能力和优越的国家地位。而那些更趋于统一的价值取向和情感依托，在美国则更容易被这个国家的移民属性所稀释和分解。因此美国人的国民性里确实没有太多来自于宗族文化的包袱和情感价值的窠臼。而正是这样的国民性不仅造就了让"Gina们"所承蒙的社会生活的气氛，可能也让美国社会里的民粹没有对这个国家的政治文明形成不可阻挡的摧毁性。

# 是酒肉穿肠过，还是彻底改佛法

无论是在如何不同的国家和民族里，政治的本质都基本相同，政客本身的德行也差别不大。因此那个差别巨大的政治制度，归根结底还是来自于国民的选择。无论一个政治市场里是否存在竞争，政客出于稳定和获得政权的目的，很难避免去迎合民粹。例如"口罩令"在我看来，即便在很多民主体制的国家里也是一个政治与民粹之间，深层的妥协与勾结之下的产物。

在人类至今的发展历程里，一再的写满了人类的那些愚昧无知和夜郎自大。而人类的文明进程正是伴随着无数次的，对我们赖以生存的这个星球和宇宙的认知翻盘和理解进化。我们必须承认人类这个物种，无论是在过去现在还是将来，都是无法从根本上避免犯错的。人类能做到的不是杜绝错误，而是尽可能的去降低错误的成本。而保障每一个个体的自由选择和独立责权，才是让可能的错误成本最小化的方案。

面对这场突如其来的疫情，以一个普通人的医学知识储备，实事求是的说，直到今天也很难有一个客观而准确的认识。即便是专业人士对此的认知也是有限并存争议的。当病毒的传播特性指向，"他人的防护行为会降低自己被感染的可能"。并且根据"科学家"的意见和"数据分析"使这个认知趋于成为"普遍认知"。我们是否"应该"或者"有权力"，基于一部分人或者是大部分人的认知，去"强制"他人做一件事情。即使这个事情"有可能"对包括"被强制者"本人在内的所有人的健康和安全都有好处。还是我们应该致死坚守人权至上的理念和宪政民主的精神。

人性当中的私欲是会始终存在于人性之中的。人一生的修为就是去克制和抵抗这份私欲。但在生命和健康受到威胁的时候，难以克服的恐慌就更容易击垮人对私欲的抵抗和防线。人的一生当中不仅难免作恶。甚至有时也难免"知恶而为"。尤其是在受到重大的威胁和压力之下。人们转向以私欲去驱动价值权衡。对自己的约束同时也成为了对他人的要求。而那些一直以来宣称的信仰，以及那些要去坚守和信奉的理念和精神，都因为可能在疫情之下存在的风险，而被重新解释，继而甘拜下风。而很少有人注意到，此时的"求生"已然在不知不觉中完全放弃了与"贪生"之间的界限。

事实上在疫情泛滥之下，包括很多欧美民主政体下的法制国家也都颁布了不同力度的"口罩令"甚至"禁足令"。而其中大部分民众也在可以承受的范围之内做出了个体权利的让渡。但是不同的国家和社会里，还是呈现出不同的形态，对人权的尊重意识和对法治的敬畏程度，由于存在和包容了不同声音，而没有被彻底消灭。这尤其体现在"口罩令"的执行过程中，却存在着巨大的差距。有的国家会把这个法令当作"发酵民粹"的背书和依据。甚至是实施规训民众的一种手段。但是在绝大多数的国家里，会把这个"政令"当作是一个对科学宣导的强化，会知道矫枉过正的底线，而不是放弃对基本法治和伦理的坚守。丢一次让酒肉穿肠过的脸，好过犯一次彻底改佛法的罪！

在对待"口罩令"的态度上可能大致有三种人。第一种人，支持"口罩令"。他们认为"每个人都必须"戴上口罩，在人类到了生命攸关的时刻，在对病毒也已经具备了"普遍认知"的情况下，这个时候也就达到了要求个体必须为集体让渡私权的条件。以往的一些理念之类的东西已经不能再算数了！

第二种人，无所谓态度。他们认为"口罩令"给自己带来的影响不大，戴口罩这个动作的成本较低，自己的实际权益并没有被侵害。在没有"口罩令"的情况下，自己也可能会戴上口罩。但是如果有人因为各种原因而选择不戴口罩，自己也不会去与对方纠缠。毕竟以强制的方式要求一个人做某事或者为某个群体承担责任，在法律和伦理上还是很值得商榷的。

第三种人，反对"口罩令"。他们或许基于不同的认知，或者基于不同的价值排序，认为即使有可能被感染，也不愿意戴上影响自己生活便利性和舒适性的口罩。而自己的权利应该得到绝对的保障。没有人有义务为任何他人和任何群体负起安全和健康的责任。而这个"口罩令"是对宪政民主的背离和扼杀，是对人权和自由的伤害与剥夺。

"支持口罩令的人"和"认为无所谓的人"，也就是第一种人和第二种人的总量占比无疑是成压倒性优势。正因如此，"口罩令"才会得以实施。尽管这占绝大多数的两种人都不反对"口罩令"，但是他们之间还是有着明显的区别。这个区别就是，你会不会去强迫他人戴上口罩。或者说是，你对坚持不戴口罩的人是什么态度。

在我这一次所游历的所有三十余个国家和地区里，除了"伟光正的中国"和能做出把全国"封锁120天"之举的尼泊尔之外，没有在任何一个国家的任何户外场所被要求戴上口罩，即便是在人流密集的户外区域，也同样会看到很多戴口罩和不戴口罩的人。

在加州这样以民主党支持者为众的蓝州，更容易通过各种严格的防疫限制措施。并以此去迎合此时民众对共和党的特朗普政府防疫作为的不满情绪。在包括餐厅的堂食都被取消，诸多社会活动都被封停，明显相比德州更严格的防疫措施之下。但我还是看到，在 Target 和 Costco 这样的地方，店方更多时候也是采取让店员穿上诙谐可爱的玩偶，站在门口举着"呼吁戴口罩"的牌子，而旁边的桌子上放着免费自取的口罩。而到了后期，玩偶店员也取消了，只剩下免费自取的口罩。在卖场里，也会有个别人不戴口罩，或者漏出口鼻。但是并没有人去冒犯的指责对方。最多只可能会躲避和远离。可见，在一个文明和健康的社会里，即使一个有缺陷的政令或法条对人们的可能伤害也并不是无解的。即使是在视法治为信仰的环境里，"即在的恶法"也未必能摧毁真正的文明和良知。

让这个"有缺陷的政令"对于疫情的防控的积极作用呈现出来的同时，又可以最大程度的避免了去激发他对于人权自由和法治精神的杀伤力。虽然这在我看来并不是一个可以让人接受或者满意的过程和结果，但是必须承认的是，在这一次人类或者说是人性在接受疫情的大考之时，这也许是得分最高的一张答卷。至少这张答卷做出了一个证明，保障美国人民享有民主自由和人权至上的，不仅有美国政治制度里的平权和制约，宪政精神里的法条政令，而是更在于这个社会的文化和公民的意识里，对个体权利和不同价值选择的尊重和包容。这才是美国所具有的强大吸引力之源。

从德州到加州，对疫情的防控措施差别明显。表面上看是两个州一直以来的文化和价值选择上的区别，也是红蓝两个政党在地域范围里的政治主张和立场的差别。这在一定的程度上更是在人性中存在的两种价值理念较量的结果。但是值得肯定的是，无论是这两种力量当中的那一种取得了优势，都没有让人的修为越过文明的基本界限。

# 改道拉美

从 Utah 回来之后，更感觉到加州相比于犹他，德州和路易斯安娜这样的红州确实气氛是不一样的。而距离跨年和春节还有一段时间。我计划暂时先搁置黄石的计划，向上去走一走俄勒冈和华盛顿这两个和加州一样的"蓝州"。之后借道温哥华横插进阿拉斯加。

我在 2020 年美国感恩节的前一天飞到了西雅图。阴雨绵绵的市中心空空荡荡。美国最古老的 Farmers Market，派克市场大门紧锁。市场外，包括世界上第一家星巴克在内的，超过 80% 的店铺都关闭着。只有众多的 homeless 借酒撒疯，横躺在马路上，用打砸汽车和骚扰行人的方式排解着这份节日里的重磅寂寞……

感恩节的第二天是美国传统的"黑色星期五"。我驱车来到了俄勒冈的波特兰。与西雅图几乎一样的萧瑟。几乎所有的餐厅都不接受堂食。酒吧咖啡厅更是全部关闭。清冷的街上人流稀疏，就连 NIKE 工厂店里也是冷冷清清。完全没有"黑五"应有的那份疯狂和喧嚣。

疫情之下的城市完全是了无生趣的。而我一心执念，要去看俄勒冈的海。美国 101 公路的俄勒冈段的景色甚至被人认为是完胜"加州一号"。从波特兰穿过俄勒冈州的 26 号公路，从著名的 Cannon Beach 再沿着 101 号公路向南。俄勒冈的这段海岸线有接近 600 公里，即便我只是选择了从 Cannon Beach 到 Newport 的一段，但是想"见景停车"也依旧是不现实的。有很多人问过我，有没有哪些地方去过了还想再去。这段海景公路无疑必在其中。甚至我也认为，他确实比"加州一号"更显的雄浑和震撼。

初冬的 Cannon Beach，海风把海滩上的雾气用力的吹到海天衔接之处。海中巨大的岩石倒映在海水退去后的浅滩上。清澈亮丽的海滩上，老人牵着狗，孩子骑着自行车，情侣们忘情的吻着此刻自己臂弯里的爱人。海边的小镇上"重演"着无处停车的拥挤和喧嚣。此刻依然是在"蓝州"，但是几天来从西雅图到波特兰的阴霾压顶般的阴郁和压抑一扫而光。人们抗击疫情的根本目的和成功的标志，恰恰是守住他们所爱的生活！

　　俄勒冈的海岸线让此时的我不想离开，因为我知道，回到西雅图则必须面对加拿大入境受限，而直飞阿拉斯加，没有美国保险的我需要花 120 美金去做 PCR。

　　回到西雅图后，我把车开上高处的 Kerry Park，俯瞰着此刻美丽而安静的西雅图市景。我最终做出了"改道拉美"的决定。折返南飞，进入墨西哥。Seattle ～ Portland ～ Newport ～ Mt Hood ～ Seattle ～ - Mexico City

# 四、拉美补遗

# 魅力墨西哥

Mexico City ～ Queretaro ～ San Miguel de Allende ～ Guanajua-
to ～ Guadalajara ～ Puerto Vallarta ～ Sayulita ～ Guadalajara ～ Patzcua-
ro ～ Morelia ～ Oaxaca ～ Tapachula ～ Panajachel ～ Antigua ～ Guatemala
City ～ San Salvador

在这个疫情泛滥最严重的 2020 年，我所走过的国家里，对入境和国内防疫管控最为宽松和开明的有三个国家，分别是北马其顿，土耳其和墨西哥。尤其是在入境环节，他们基本上没有因疫情而做出任何额外的限制。而我对墨西哥的喜爱确实是无需赘述的。在墨西哥并算不上极大的国土面积上，几乎每一寸土地都有值得停留的理由。这是我第三次进入墨西哥。前两次更多的把注意力放在墨城周边和尤卡坦半岛上。而更大范围里的墨西哥还一直没有去过。但是即便如此，墨城以及周边的美食，尤卡坦半岛上的玛雅小镇和加勒比风情，已经足以让我认为，墨西哥到古巴的这一片区域似乎是去多少次也玩不够的一个地方。

一天似乎就能走完，但是一个月也逛不完的 Queretaro，似乎每一个街角都藏着独有的魅力，每一栋老屋里都沉淀着不为人知的故事。被称为"墨西哥心脏"的 San Miguel de Allende。生活气息与艺术调性更相集中叠加。轻奢酒店，小资餐吧，艺术工作室，主题精品店……即隐秘又分散的遍布在这座依山而立的艺术小镇。调色板一样令人惊艳的瓜纳华托，即便是疫情之下，依旧不失络绎不绝和熙熙攘攘。墨西哥是让我最"感觉不到疫情"的国家！

# 防疫之下的中文交流

对我而言在拉丁美洲旅行的最大问题貌似就是语言问题。我的西班牙语水平就只局限在，你好，谢谢，我爱你……而此刻找到一个会英语的人，比找到一个不戴口罩的人还要难！然而事实上，可能比语言问题更大的问题，其实是我的脾气！刚开始环球旅行的时候，我曾经多次因为找不到地方，而和我的 Airbnb 房东在电话里大吵。其实讲道理的想想，人家没有理由必须会英语的。何况我的英语也没好到哪里去！有些时候可能还是因为我的听力问题。后来我在给我的每一个 Airbnb 房东发圣诞节问候信的时候都提到过，谢谢他们收留了一个英语很差，而脾气更差的中国人！

但是即便如此，直到现在，每次遇到连一个基本英语单词都听不懂的人的时候，我还是会莫名的发火！如果一个不会西班牙语的中国人，遇到一个不会英语的西班牙人会着急冒火。那么当两个中国人遇到一起的时候，我则不再是发火了，而是莫名的厌恶了。

我：请问你知道这附近哪里有卖啤酒的便利店吗？

他：啤酒？是喝的那个啤酒是吧？酒吧里都有卖的啊！

我：现在疫情期间我不想去酒吧，人太多。我想买回酒店去喝。

他：哦，这样啊，那你……你……呃，唉……

我：？？？？？

他：你去小卖店就可以的，oxxo 就有。

我：嗯，我就是想问，附近的 oxxo 在哪里？

他：你就从这里一直上去，有个小广场，然后你往这边走，不要往那边走啊！之后你再一直下去，然后路对面就有一家。

我：上去？下去？你是说这条路一直向前。尽头的那个小广场是吗？

他：对的，就上去的那个就是啦！

我：然后往哪边拐？左边还是右边？

他：就这边，别往那边啊！

我：这边是哪边？左还是右？

他：哎呀，就是这边啦！（他扭动着身体，划拉着左臂）

我：哥们儿，你哪里人？

他：我啊？我是……我广东的

我：你来墨西哥多久了？

他：我呀，我……三年多了

我：来墨西哥之前分得清左右吗？知道左右手各是哪只吗？

他：啊？啊！反正就这边拐就是啦……

　　这已经不是我第一次在国外遇到这种情况。与中国人说中国话比和外国人说英语交流还困难。在境外遇到的相当一部分中国华侨，总是表现出神情萎靡和情绪消沉。尤其是在欠发达的非英语国家更为突出。一方面是可能确实是语言本身的问题，有些华人本身的国语普通话就说不好，自身的文化素质也客观上限制了语言表达能力。尤其是在一个非中文环境里的时间长了。普通话就会更为生疏了。遇到这种情况难免让人着急上火哭笑不得。而很多时候，以上这种情况的同时还叠加了另外一层因素，就是国人之间所独有的防意和戒备心理。让交流中凭空多了"必要"的迟疑和深虑。境外的华人世界里的尔虞我诈，恃强凌弱，到近些年甚至已经发展到利用境外电信诈骗以及诱赌绑架来谋财害命了。

　　在我所去过的 120 余个国家和地区里，完全找不到中国人的地方几乎没有。即使是在个别没有与中国建交的国家。也依然还是有持其他国家护照的华人存在。当然不能一概而论，但是我必须承认的是，在境外与华人的交往中所获得的温暖和愉快，并不多于冷漠和不悦。对 Airbnb 上中国房东的房子的体验，总体上没有让我满意过。中餐厅的菜即便做的无比难吃，却也总比当地餐贵很多。追出门找我要小费的无疑都是中国餐厅的伙计。为旅游者提供签证和用车等服务的华人旅行社，普遍会报出比当地商家更高的价格……

所以我确实在除了偶尔的时候想去满足一下自己的中国胃，或是确需换钱之外，我尽量不和中国人打交道。行者即过客，相逢一笑，买卖循规蹈矩。但后会无期。不涉人情往来。只是有时深想起来，还是不免觉得此中意味深长。

# 解忧的 Tequila

如果说起墨西哥的美食当然非 TACO 莫属了，而美酒无疑是 Tequila！当然是 Tequila！必须是 Tequila！在墨城的餐吧里，旁边桌上热情的墨西哥人会给独自一人的我倒满一杯又一杯，在 Merida 的酒吧里，是一瓶 Tequila 陪我从午后到深夜，为我卸下从中业到东非再穿过南美那一路"作死未死"的疲惫。在 Isla Mujeres 海边的礁石上，又是 Tequila 伴着波涛撞击岩石的巨大声响，陪我一醉到天明。

然而据称，最正宗的 Tequila 必须是用是产于 Jalisco 州的"蓝色龙舌兰草"酿造的。而位于 Jalisco 州的 Tequila 小镇则是该酒的主要的产地。从 Jalisco 的州府瓜达拉哈拉到 Tequila 小镇距离不算很远。这也是在瓜城的一个别具意义的观光项目。虽然显而易见这其中的商业化内涵，但是对于我而言，我还是愿意去纪念一下 Tequila 给我留下的那么多的美好记忆。

我这代人从小就被教育和灌输"集体主义精神"。然而现在的我却对"集体"这个东西，实在是越发感到反感和抵触！我觉得我是一个只要一进入"集体"就一定会打架的人。我认为凡是当"众多的人在同一时间，同一地点，干同一件事。"那件事的有趣性一定荡然无存。并且会给事件发生的环境和周围的人带来影响和破坏。而"旅行团"这个物种，基本上就是这样一个东西。并且是一个依靠剥夺参团者的"知情同意和自由选择"来降低成本，达到赚钱目的的商业模式！从业态到生态，都必须依赖于商人的奸诈和无赖所支撑。而人性中自私和犬儒的作风在群体里形成的趋众效果，不仅放大了对群体之外的负面影响，也侵犯着群体内的个体权益。

类似于在出入境的时候行贿的行为，就是被"中国旅行团"带起来的。在国外的奥特莱斯"插队"，"代排队"的劣行已经成为了"中国旅行团"的卑劣符号。在公共场合随意聚众挡路，甚至不分场合的喧哗呼喊，等等……而且这些"中国旅行团"的集体行为特征，至今都还是随处可见，欲罢不能。

好像如同当年在马拉喀什进撒哈拉沙漠一样，从瓜城去 Tequila 小镇，如果不自驾，也只有参加当地的 Tour 这一种途径比较靠谱！Agency 跟我说好的是 4-6 人，9 坐的 minivan 小团。我想这就类似是几个人 share 包一辆车而已。可是等到了现场，却变成了接近 40 人的，完全没有 Social Distance 的大巴！我问他为什么会这样？还有没有诚信？我付的可是 minvan 的钱，凭什么现在变成大巴？对方表示他们什么都不知道，他们和收我钱的 Agency 不是一回事。这幅无耻的样子，我在中国也是司空见惯。原来全世界的"旅行团组织者"的无耻伎俩都差不多。最后她表示如果我要求 Social Distance，可以换到后面的座位，那里比较空。我告诉她现在的问题不是我要求什么，是我花了什么钱，你应该给我什么东西的问题。她表示无能无力。好吧！既然你这么牛逼，那就来吧……

而让我感到无比讨厌的，不仅是为了赚钱而特意与我"强行互动"的任何傻逼表演，还有那些笑点和行为低幼又不知克制的"团友"。我不仅当众拒绝配合他的所有"互动节目"，当他把所有人拉到距离 Tequila 镇中心很远的一个自助餐厅吃饭的时候，我刻意把全车三个会讲英文的人拉去旁边的 Taco shop！让他们至少损失了 1000 比索！当最后一站结束后，他舔着脸"要小费"的时候，我自然不给！他说这是他们的规矩，我说你觉得你有给我立规矩的本事吗？你要不试试打我一顿，也许我就听你的规矩了！

坐在靠窗座位的我，左手边的座位上是一个美国人，而我身后的两个人是一个法国人和一个西班牙人。我们是车上仅有的四个外国人。就在我当着全车的人和这个导游提出质疑的时候，围坐在我身边这三个人以哄笑的方式对我提出的 Social Distance 表达着不以为然。我回头刻意的环视了一下他们而没有说话。到酒庄参观完之后，再次上车去吃午饭的地方。

美国人：你很在意 Social Distance 吗？因为病毒吗？

我：是的！但不仅仅是因为病毒，在没有病毒的时候我也同样很在意！

美国人：你是旅行者吗？

我：是的

美国人：现在到处都是病毒，你这么怕病毒还敢旅行？哈哈哈（在我身后的法国人和西班牙人也和他一起笑着）

我：你是说旅行比待在家里更容易感染病毒是吗？其实吃饭比什么都不干也更容易感染病毒啊。你会不吃饭吗？还是为了吃饭就不讲卫生了？

美国人：你是从中国来的墨西哥吗？

我：不是，从美国。

美国人：现在的中国怎么样？是已经没有病毒了吗？

我：我不知道，我已经离开中国 9 个月了。

美国人：你住在美国吗？一直都在美国吗？

我：我住在路上，一直都在路上。

美国人：哈哈哈，那你这九个月都去了哪里？

我：南亚到中东，巴尔干到美国，现在墨西哥

美国人：你，你这是环球旅行？

我：嗯

美国人：哈哈哈，那你到现在去了多少国家？

我：不到 110 个吧

美国人：你没开玩笑吗？

我：你看我像喜欢跟你开玩笑的人吗？

这时身后的法国人突然插嘴

法国人：天啊，你真的去了这么多地方，你去过印度吗？

我：当然！

这时候车开到了一个距离 Tequila 小镇很远的地方。这里有一个墨西哥自助餐厅，是导游安排的午饭场所。这里非常荒凉，除了这个

餐厅之外几乎没有其他的餐厅。虽餐费自理，但是用餐自愿。这种安排的意思基本上就是"不吃就饿着"的意思。但是在车开进大院之前，我看见了不远处有一个 Taco shop。

走啊，去吃饭吧。美国人招呼着我在内的我们四个外国人。

我不吃骗子安排的饭，我看见门外有个 Taco shop，要不要一起去看看？我回头冲着法国人甩了一下头。

好啊，好啊，也许不错呢。美国人抢先回答着。

我下了车头也不回的往大院外走，美国人和法国人跟在我后面，西班牙人跟在他俩后面，导游若有所思的站在西班牙人后面，眼睁睁的看着走远的我们四个人……

法国人和西班牙人会西班牙语，我和美国人不会，他俩帮我俩要了 Taco，味道还不错，我们又各自加了两次。

法国人：我听说现在好像中国已经没有病毒了。好像病毒都跑来美国和欧洲了。

我：现在中国有没有病毒，我真的不知道。我早已不相信中国政府了。但是中国有病毒的时候好像也没有现在的美国和欧洲严重吧。只是中国的防控病毒的做法很严重。我非常不喜欢中国的防疫那做法。所以我不想回去。

这时候又是一阵他们三人不约而同的哄笑。但是这次的哄笑与在车上的那次不同。他们三个人，分别来自法国，美国和西班牙的三个人，几乎同时笑着告诉我，"me too"！对各自国家的防控疫情的做法都不能接受。但是又没有办法，所以就出来旅游了。墨西哥确实自由太多了！

法国人：墨西哥让我觉得比法国好多了。又便宜又自由。比如这个 Tour 的价格，如果在法国，可能也就是十分之一。墨西哥就是这么便宜的。所以他们不可能有欧洲那么好的服务的。

很少说话的西班牙人突然插嘴，其实欧洲的服务也很差的。哈哈哈我：如果他告诉我没有 9 坐的 minivan，只有这样的大巴，我可能也会来的。但是他这种欺骗的方式太恶心了。这也不全是钱多少的问题。

美国人：我明白你的意思了。唉！墨西哥人就是这么差的！你知道在美国有很多墨西哥人。南加，德州，很多很多。非常垃圾……

法国人更急切的想从我这里了解印度，尼泊尔和西藏的更多资讯。印度好玩吗？那是我最想去的国家！我一直想去印度和尼泊尔。我有什么办法可以去西藏吗？是不是法国人不可以去？我从尼泊尔或者印度有办法进去西藏吗？现在中国和印度在打仗吧？现在是印度更安全还是西藏更安全？

我：西藏对你很重要吗？这世界这么大，何必非要去西藏。如果你真的非要去，你只好让你们法国的政府更乖一点，更听中国政府的话一点。好像除此之外没有别的办法。印度很安全，中国也很安全，但是你如果试图从印度和中国的边境线穿进西藏，那将是非常非常非常危险的。

美国人也在向我追问着有关印度的见闻。印度哪里最好玩？我一直都想去印度。你都去了印度哪些地方。

我：我是从南印的金奈入境的，之后孟买，拉贾斯坦邦，泰姬陵，瓦拉纳希，新德里，达兰萨拉，克什米尔。有些小的地方我都忘了。很好玩啊，就是卫生条件差一点，你去了要有心理准备。印度人吃饭都是用手直接抓的，不用刀叉。

美国人：啊，这个我知道。是的是的。很有趣！美国人和西班牙人不约而同的应和着。

我：重要的是，印度人也不喜欢别人在他们面前用刀叉吃饭。大部分餐厅不提供刀叉。你自带刀叉也不许在餐厅内使用。虽然个别的餐厅不管，但是如果你使用，旁边用餐的客人会提醒你用手抓，或者嘲笑你用刀叉的样子。严重的还可能会揍你。

美国人：啊？这样吗？这我可没听说。

我：是的，在孟买，新德里这种大城市里的高档餐厅不会。但是一般的餐厅都会是这样的。

法国人：哦，这……这也太不可思议了。实在是难以置信。为什么？如果我使用刀叉会影响他们吗？他们为什么不喜欢别人使用刀叉。印度人是穆斯林吗？他们有这样的风俗吗？法国人急切的追问着。

我：不清楚，他们可能觉得这样对他们不礼貌吧。印度人不全是穆斯林。穆斯林没有这个规矩。他们也许觉得你用刀叉和他们一起吃饭，对他们不安全吧？人家空着手，你拿着铁做的刀叉。完全用手就可以做到的事情，为什么非要多一个工具呢。可能人家不理解你们这么多事的行为吧！

美国人：那你当时也用手抓了吗？感觉有什么不同吗？不会吃完就病了吧？哈哈哈。美国人也急切的追问着……

我：我没有用手，我始终都用了刀叉。

美国人：啊？哪后来怎样？

我：没怎样，他们没有嘲笑我，也没揍我。哈哈哈

美国人：哦，那还好。看样子没有那么严重。我想我也接受不了用手抓。这太……

我：哦，我可不能确定你如果在印度要是用刀叉吃饭会怎样啊！我可以，那是因为我既不嘲笑用手抓着吃饭的人，也不嘲笑用刀叉的人。就好像我既不嘲笑戴口罩的人，也不嘲笑不戴口罩的人！哈哈哈哈哈哈哈。

这次只有我笑的大声了一点，美国人和法国人都只是尴尬而会心的恍然一笑而已。我一边大笑着拍了一下尴尬的美国人的肩膀，走吧，车要开了。

午饭之后，车终于开到了久负盛名的 Tequila 小镇。小镇的中心很小，似乎小到十分钟就转完了，但是人流熙熙攘攘。法国人说他知道一家 Tequila 酒吧，召集我们一起去喝一杯。这个酒吧不大，但是开放式临街的店面，不仅可以一边感受着浓烈的 Tequila，一边感受

着五彩斑斓的墨西哥街道带给我们的那份轻松的拉丁风情。

美国人收敛了在车上与我对话时的那份轻佻和浮躁，但是开始和我大骂美国的疫情防控措施。他认为"口罩令"就是一群被吓破胆的蠢货制定出来的这样一个"愚蠢的产物"。不仅让每一个人的样子变得可笑和滑稽。这种"口罩令"明显是在侵犯人权，违反宪法。更对防治病毒没有任何用。例如他就随时会把口罩拉到口鼻之下，因为带着太难受。很多时候会让他感到呼吸不畅。而实际上也根本没有人有能力时刻监控每一个人戴好口罩。病毒会一样的传播。

我告诉他我也反对"口罩令"，这在我看来也确实是对人权的冒犯。但是这不影响我也愿意在必要的环境里戴上口罩。戴或者不戴口罩都应该由自己选择。我不讨厌口罩，我讨厌的是让我戴口罩的人！印度人和尼泊尔人在吃饭的时候，喜欢用手把米饭和菜甚至酱汤搅和在一起，然后抓着吃。如果你觉得这不卫生不文明，甚至和他们在一起的时候你的免疫力处于劣势，更可能被感染上疾病等等。你可以选择不和他们一起吃饭，远离他们。你也可以把你认为更加卫生和文明的用餐方式不断的示范给他们。但是你没有权力强迫印度人把这个习惯改过来。同样印度人也没有理由强迫你必须像他们一样吃饭。即使是在印度。即便是你拿着刀叉的样子在印度人看来也是一样的愚蠢可笑。

午后的时光过的很快。不知道是因为 Tequila 或是什么，美国人没有了蔑视群雄的英姿，法国人也没有了孤独高手的神情，而西班牙人还是一如既往的默默听着我们的交流，只在偶尔插话。而我依旧有一搭没一搭的回答着他们对于我所去过的那些国家的好奇。墨西哥小镇上充满慵懒与闲暇的拉丁风情仿佛化解着人们对疫情的惊恐和关切，一如柠檬化解着 Tequila 的浓烈……

# 中国菜里的"匠心和良心"

好像有一种说法是，中餐，中医，移民中介是中国人海外谋生的三大法宝。我不知道这种说法是不是准确，但是中餐基本上是在有中国人的地方就一定会有，而现在甚至可以说，在没有中国人的地方也会有。因为很多国外的中餐厅并不是中国人开的。

在我看来，在国外的中餐厅分为"服务中国人的"和"专门服务外国人的"两种。以中国人光顾的比较多的，一般情况下是中国人开的。价格比较高。在非发达国家里的这类餐厅，当地人一般吃不起。例如在尼泊尔和非洲等一些落后国家比较普遍。顾客一般以当地的华商和中国游客为主。另外一种则是主要服务于外国人的中餐厅。菜品在我看来基本上算是对中餐的亵渎。如果你非说那是因地制宜的"改良中餐"，我也没办法。毕竟外国人比较容易接受。口味偏甜，或者说是故意偏甜。这种餐厅有些并不是中国人开的，至少厨师大多不是中国人。但如果老板是中国人，就有可能会提醒你，他这里的菜味道主要是老外比较喜欢，你不一定吃得惯。墨西哥基本就是这一类。当然在美加和欧洲，这两种性质的中餐厅都有。前者的口味和菜品会比后者好一些。毕竟中国人没有外国人那么好糊弄。但是无论是上面提到的"服务于中国人的"还是"专门服务于外国人的"中餐厅。若论起"匠心"来说，无疑是几乎不存在的，如果能有个"良心"就不错了。

瓜达拉哈拉市中心的"中国自助餐"着实把我吓了一跳。密度远超麦当劳。我若说是隔个三五家就有一家，可能也真不算太夸张。而且无论是店面还是菜品都几乎一样。我高度怀疑是有人统一配送的。味道对我而言基本上属于是无法下口的那种。即便是有些中国人开的可以单点菜的中餐厅，麻婆豆腐的味道竟然甜到让我觉得可以改名叫"拔丝豆腐"更合适。

麻婆豆腐怎么可以是甜的？老板娘振振有词，因为这里是墨西哥。我基本上对吃是没有什么太多要求的，一个人独行在路上，我进了中餐厅也基本上就是只点个蛋炒饭的时候为多。很少"冒险"点什么"高难度"的中国菜。如果这都能做到让我觉得无法下口的程度，就大概率是良心问题了。市场是由供需关系建立起来的，中餐在国外的趋势就是，是个会做饭的中国人，凑合凑合就可以干，是个想学的外国人，学两下子就也能干。当然也有的时候老板态度还算好，攀谈几句之后也能看出来，人家也没有"刻意"对食客昧良心。但是，毕竟开餐厅是为了讨生活，而不是为了名副其实于"中国菜"的文化传承啊。谁都不容易，要什么自行车啊……

至少瓜城的中国菜是没法吃的。我宁可选择肯德基和星巴克。

大西洋一侧的墨西哥显然没有加勒比一侧的墨西哥更高端大气，但是确实更实惠靠谱。至少在吃上，比在瓜城要更深得我意。Puerto Vallarta 的一天，早晨起来捧着一杯星巴克坐在海滩上发呆，中午的时候去海滩的另一端等着出海回来的渔船，刚刚打捞上来的生蚝被卖蚝的姑娘在海滩上为你现场撬开，一打鲜美肥大的生蚝刺身是最好的午餐。晚上要两个 TACO，再抱着一瓶科罗纳回到海滩上继续发呆。就这样在这个墨西哥西部的度假城市混上几天也让我觉得很舒服。比此时已经完全进入了圣诞季而价格虚高的 Sayulita 要惬意很多。

## 圣诞夜的 Patzcuaro 和跨年夜的 Oaxaca

Patzcuaro 是米却肯州的一个印第安风情的小镇。本来这里只是去 Morelia 过圣诞而途径的一个小镇，但是却鬼使神差的让我决定在这里留下来，感受一下印第安风情里的圣诞节气氛。我不能判断这个略显破旧的小城究竟还暗含着多少的印第安风情，但是这里无疑比 Morelia 更显得古朴和隔绝。墨西哥的小镇无论有什么不同的历史和特点，但是都会让你感受到他深厚而稳固的地气。但是这并没有影响小镇的喧嚣和热闹，尤其是在圣诞节里。圣诞节的早晨我爬上 Estribo

Grande 的观景台，俯瞰雾气缭绕的山谷和古朴的 Patzcuaro 小镇。无论人置身何处，正经历着什么，但总要有勇气望向远方。

而 Patzcuaro 最让我难忘和感到惊奇的是每到夜幕降临才被允许出摊的一个 Taco 车，墨西哥的 Taco 就是一定要吃路边摊，餐厅里面的 Taco 不仅价格高，而且味道就是比不了路边的。但是这个天黑以后才让在广场出摊的临时 Taco 车也实在是太火了。火到要排队拿号。即使是在圣诞夜，他也依然火爆如故！而我也一样，2020 年的圣诞节是在 Patzcuaro 吃着 Taco 度过的……

Oaxaca 相比于 Patzcuaro 固然显得大气很多。毕竟是州府所在的城市。我需要在这里办理进入危地马拉的签证。也需要在这里向 2020 年告别！ Oaxaca 的历史街区被评为世界文化遗产。这里融合着西班牙和印第安还有墨西哥土著的遗风。但是古城里却是一个英语的沙漠，找一个洗衣店用了三个小时。每天的 9 点以后不许销售含酒精饮品。因此跨年夜的酒也必须要在之前囤好。夜色里，宏大的圣多明各修道院外灯火长明，周围的商家和摊贩一如既往的或忙碌或休闲着。即使当零点的钟声敲响的时候，当倒数和欢呼过后，人们依然

会瞬间就回到继续的忙碌或休闲着的生活里，好似时光没有流转一样。

# 跨境危地马拉

Tapachula 是从墨西哥过去危地马拉的一个边境城市。如果从这里正常过境到危地马拉，必须提供 PCR 检测报告。而这个 PCR 在当地可能需要花费 200 美金。这简直是一个带有敲诈意味的价格，我这一路上做过的最贵的 PCR 也不过 100 美金。但是如果选择"偷渡"，当然不需要任何的检测报告。其实所谓的"偷渡"一般还是从这个官方的口岸走，只是这个口岸没有人在跨境的时候查验出入境手续。因此你完全可以不必去出入境办公室盖章，直接进出，没人管。但是你必须保证在你的墨西哥合法停留期之内原路返回墨西哥。因为你的护照上没有墨西哥和危地马拉的出入境章。自然无法从危地马拉正常离境。

由于墨西哥和危地马拉两国公民彼此之间不需要签证，而大部分从这里过境的人也不需要从对方的国家去第三国。因此这种"偷渡"的方式已成为了两国公民惯用的"简易"过境方式。即没有人查，也就没有人愿意浪费时间进去办公室盖上那个他们并不需要的出入境章。这在这个口岸是一个近乎"公开的漏洞"。尤其是在当前这个疫情的期间。

但我无疑是要正常过境的，因为在我的这段行程里不会再回墨西哥了，而是需要从危地马拉进入萨尔瓦多。我必须要这个正规的出入境章啊！况且我已经在 Oaxaca 办好了危地马拉的签证。难道为了省去这 200 美金，让我拿着危地马拉的签证"偷渡"去危地马拉吗？这也太滑稽了。

做一个 PCR 有的说 4000 比索，有的说 3500 比索，还有的说 2600 比索，反正最便宜的也要 130 美金！而这个叫 Antigen 的只要 346 比索，也是鼻腔采样，15 分钟出报告。有人说危地马拉官方必须要 PCR，有人说这个 Antigen 也可以，只要是鼻腔采样就都可以。反正不管了，先搞了他，再去边境打架吧……

总共就 5，6 个人等待测试，但是我却足足等了三个半小时。我也不知道他们在忙什么！做测试的医生是一个大胸妹，是我住的酒店前台的大胸妹的朋友。酒店大胸妹给医生大胸妹打了电话，特意推荐我去找她，可依然让我等的火冒三丈！等候的小屋里最多挤了 6 个人，而且各个让我觉得都好像有症状。所以我宁愿在屋外的太阳地里晒着，也不愿意在屋里挤着等，这会更让我冒火……

终于轮到我了。大胸妹从开始给我登记到做完测试，嘴里就一直哼着歌！我也不知道她怎么就这么快乐！唯一让我安慰的是她会英语。她一边哼着歌一边穿防护服的样子简直像个"女二流子"。

"过来呀，坐床上"！这等候的小屋和里面做测试的小屋都密不透风，连个窗户都没有。我无奈的摘下口罩。她迅速的把长长的棉签往我鼻子里杵，比我做过的所有测试都用力和快速，我不由得往后仰头，我只听着她依旧不停的哼着歌，但没有想到的是，她左手突然猛的一推我后脑勺，噗……

我的呻吟声伴着她爽朗的笑声，我擦着眼泪，看着她继续一边哼着歌一边脱掉防护服……

我：你告诉我你有什么事这么高兴？怎么就这么开心呢？

她：哈哈哈哈哈哈哈哈，没什么呀，哈哈哈哈哈哈……

十几分钟后结果出来了！

大胸妹：恭喜你，是阴性。你真棒，在你之前的两个人都是阳性！！！

我：什么？？？就刚才屋里那俩女的？

大胸妹：对！所以让你久等了。我们发现了"阳性"以后要进行一次"简单"的消毒。并且我也要穿上防护服了！

我：简单的消毒？也就是说你之前都不穿防护服的是吧……要不是现在的世界是这样，我真想吻你一下……

大胸妹：哈哈哈哈哈哈哈哈哈

从墨西哥这边的 Talisman 小镇过境到危地马拉的 El Carmen。这里确实是一个"无人看管"的口岸。与很多的陆路口岸一样，行人和车辆的出入境混合在一起。无论是墨西哥这边的出境还是危地马拉那边的入境。除了换钱的贩子和拉活儿的出租车司机之外，在户外的边境线上几乎看不到一个双方的出入境的官员。

墨西哥这边出境还好，只是态度一如既往的有点懒散。但是危地马拉那边的入境官好像完全是被我"惊"到了。危地马拉的入境处没有大厅，办公室朝外的露天窗口被一种无比厚重的塑料布遮挡起来，我必须撩开这层半透明又厚又沉的塑料布，才能把我的护照递进去。整个入境窗口就只有我一个人。

里面的女入境官透过这个无比小的窗口，瞪着大眼睛看我的眼神里叠加着无比复杂的内容。略有不耐烦的神情里又带着一丝惊奇。好像在问，你是干什么的？你直接过去不就完了吗！非要这个时候过来故意添乱吗？在她接过我的护照之后，似乎态度和神情有了一些好转。看了我的签证，又要走了 Antigen。无奈的态度里夹杂着不知所措的动作，还不得不带有一丝窘迫的歉意。但是明显的表现出不熟悉或者是忘记了该怎么给我办理这个入境手续。好像我的这个过境行为确实搞得她有点措手不及。我猜也许真的就是因为我这是一本中国护照，如果我是一个墨西哥人或者危地马拉人，她真的可能会把我骂一顿！

敲击电脑和找入境印鉴，再在入境章上面填写备注。在她难以掩饰生疏甚至是慌乱的给我办完这些手续，把护照递还给我的时候，竟然挤出了一个意味深长的微笑。这微笑里带着理解，带着歉意，也带着如释重负。这个口岸无论是出境还是入境都没有人向我索贿。这和之前我的调查有所不同。可能是疫情之下，不同立场的人之间也有一种特殊的默契吧，就好像入境官的那个微笑里藏着我们彼此都无以言状的内容一样……

从 El Carmen 过境后搭车到 Malacatan，再倒车到 San Marcos，最后再倒车到达 Atitlan 湖边的小城 Panajachel 的时候天已经完全黑了。但总算是在一天里从墨西哥的 Tapachula 赶到了危地马拉的 Lake Atitlan。

　　Lake Atitlan 是中美洲最深的湖。湖边的 Panajachel 明显是一个游客聚集的小镇，但还是能感受到其中的玛雅民风。我住的酒店是一个直接到湖的庭院式度假酒店。虽然距离码头有点距离，但是更显安静和独立。早晨沿着庭院的小径走到湖边的露台，仿佛置身到一片幽蓝的空灵之中。不惧湖水的微凉也不惧走光的少女们在晨曦中嬉闹着跃入湖水之中。并怂恿着我也跳下去。动静之间，仿佛每一个刹那都可以被凝结成永恒。

# 拉美补遗

可能每一个做过长线旅行功课的环球旅行者心里都有很多条"梦想的路线"。甚至有些路线的"原型"被认为具有着某种"特殊的灵性"。

比如无论是"垮掉派"的代表人物杰克凯鲁亚克，还是"理想主义者"化身的约翰列侬，甚至包括让无数青年才俊顶礼膜拜的"创新教父"乔布斯，都曾经不约而同的选择过那条写满了故事的"嬉皮士之路"。从美国本土跨过浩瀚的大西洋到达西欧，之后从伦敦或者阿姆斯特丹启程，穿越整个欧洲大陆到达伊斯坦布尔。穿过中东之后最终到达南亚的印度和尼泊尔。在那里发现自我，捕捉心灵的声音。

旅程结束后的杰克凯鲁亚克写出了那本名满全球的《在路上》，约翰列侬则不仅在印度戒掉了毒瘾，更让自己才思泉涌。而再回到美国以后的乔布斯则用他在灵修中获得的启发开辟了如今的苹果帝国。

再比如唤醒了 23 岁的格瓦拉心中的自我革命意识的"格瓦拉之路"。又激励着无数的青年人计划着像当年的"切"一样，骑着摩托甚至单车去环绕南美大陆。从布宜诺斯艾利斯到巴塔哥尼亚，横折到智利后，再沿着安第斯山脉一直到马丘比丘。再经过秘鲁境内的亚马逊流域的圣巴勃罗，最后到达委内瑞拉的加拉加斯。也许他们在同样路线的壮游之后，也会变得如格瓦拉一样懂得，生活即要忠于理想又要面对现实。

然而几十年后的今天，更多的环球旅行者心中的路线和计划并不比先行者们当年的选择平庸。行而之上，他们也希望透过挑战自己去成全那份来自内心的自我认同。行而之下，他们始终踌躇着甚至更加冒险和宏大的计划之旅。其中从阿拉斯加到乌斯怀亚纵贯美洲大陆则是一个被津津乐道的路线。

而这条路线对于一本，即使是已经贴上了美加签证的中国护照而言，至少在 2018 年之前还依然是充满着很多的困难和不确定性。其中比较突出的就是中美洲部分。一个重要的问题是，中美洲的 7 个国家里，在 2018 年之前至少有 4 个并没有与中国建立外交关系，他们都是台湾的邦交国。而危地马拉即是其中之一。并且危地马拉是其中唯一一个并没有"无条件接受"持有美国签证免签入境的中美洲国家。而是只接受在危方所列出的国家名单之内的国家公民可以持美签免签入境。而未与危地马拉建交的中国显然不在所列的名单之内，因此中国护照持有者必须单独申请危地马拉签证。

此前中美洲有一个 CA-4 签证，就是一个签证可以直接进入危地马拉，洪都拉斯，萨尔瓦多和尼加拉瓜 4 个国家。而现在实际上 CA-4 国家之间已经"签证互认"。持有这四个国家的任何一个国家的普通签证，就可以随意进入其他的三个国家。因此现在这个 CA-4 的价值已经不大了，而且事实上也已经几乎不再发放。

而中国护照在危地马拉南部的其他国家申请危地马拉签证或是 CA-4 签证，难度都比较大或者耗时比较长。普遍申请成功的多在北部的伯利兹和墨西哥。而另外一个在 2018 年之前没有与中国建立外交关系的国家，尼加拉瓜则对持有中国护照的旅行者保有一定的入境限制。此前基本没有中国人成功从尼加拉瓜的北部国家入境的。很多试图从洪都拉斯入境尼加拉瓜的持有美签或者 CA-4 的中国游客都被遣返或者退关。其中的原因很难说清楚。这可能与洪都拉斯本身就与当时的尼加拉瓜一样，都没有与中国建交有关，但是也可能是因为中美国家对中国护照的入境政策和执行情况本身就很不稳定。而我当年从南部的哥斯达黎加入境尼加拉瓜的时候，尽管我持有有效的美签，但还是被要求花 50 美金在口岸办理了"边境签证"才得以放行。

因此，这条从阿拉斯加到乌斯怀亚，或者从乌斯怀亚到阿拉斯加的路线，对于一个中国护照的持有者而言都是充满了不确定性。

由于危地马拉是台湾邦交国的原因，中危之间到现在还一直没有外交关系。虽然危城的华人餐厅的老板称双方已经建交了，但是实际上最多也就还是处在互投"橄榄枝"的暧昧期。并没有真正建交。在国内的一些旅行网站上也依旧搜不到任何有关危地马拉的旅游信息。即便如此，不知道是危方的胸襟，还是出于对双方"暧昧期"的珍惜与维护，反正我在墨西哥瓦哈卡的危地马拉领馆申请签证的时候，危方的领事还是对我表现出了"严谨的"友好和热情。

　　中美洲的这 7 个国家，我之前去过了其中 5 个，只剩下危地马拉和萨尔瓦多还没有去过。这次的计划就是要填补这两个空缺。之后从萨尔瓦多返回美国。安提瓜是危地马拉的老首都。事实上也是旅行者的首选地。新首都危地马拉城的治安情况非常不好。而且也没有什么旅游资源。所以绝大部分的游客都会选择从危地马拉机场落地后直接赶到安提瓜。这段路程的用时只有不到一个小时。安提瓜四周被火山围绕，老城里面古色斑驳。地震遗留的废墟和遗迹与保存完好的教堂和各种小店面交相散布在古城里。喧嚣和静谧之间的切换仿佛只在几步之间。不知道是什么原因，我在的这几天安提瓜的天气似乎总是阴阴沉沉。但是无论是沿着老城的石阶路漫无目的的闲逛，还是攀上北面的十字架山去俯瞰古城和远眺阿瓜火山，安提瓜的休闲气氛让人变得懒散和安逸，即使是在这个疫情肆虐的时刻。

　　从危地马拉进入萨尔瓦多，需要在危地马拉城做一次 PCR。在入境萨尔瓦多的口岸，入境官登上我坐的大巴，告诉我，我的危地马拉签证的剩余停留期即转为我在萨尔瓦多的停留期，而丝毫没有提我的美签的问题。这对我而言已是足够了，因为我只计划在首都停留两三天，之后飞回休斯顿。

# 五、圆梦黄石

从拉美回来美国之后，和 C 姐一伙人过完了中国春节。阿拉斯加作为美国的飞地，和本土有着不一样的防疫措施。即使是从美国本土进入阿拉斯加，也依然需要 PCR 阴性报告。据说夏威夷也是这样要求。而在加州的圣地亚哥做一个 pcr，如果没有美国保险，在 CVS 等都需要 130 美金。这和后来到了纽约之后，街头的无条件免费检测实在是反差巨大。

阿拉斯加的计划折戟，黄石公园则变成了我力争必须实现的目标，尽管在冬天的黄石公园只开放北门一个门，但我还是决定要冒着大雪纷飞前往。

San Diego ∼ Sequoia NP ∼ Bass Lake ∼ Salt Lake City ∼ Spria Jetty ∼ Idaho Fall ∼ Grand Teton NP ∼ Livingston ∼ Yellowstone NP ∼ Fort Collins ∼ Denver ∼ Great Sand Dunes NP ∼ White Sands NP ∼ Sedona ∼ Monument Valley ∼ Flagstaff ∼ Yosemite NP

# Rudolf 和黄石公园

2016 年 7 月，我的初次欧洲之行走到了瑞士的时候，我从米兰进入了瑞士的卢加诺后，在从卢加诺去伯尔尼的火车上遇到了一个北京姑娘 Amy。Amy 已经在瑞士待了有几个月了，当她得知了我要去的伯尔尼的具体位置之后，她告诉我今晚赶到那里恐怕不现实了。但是她可以"收留"我一晚。虽然由于 Amy 和我都是北京人的缘故，使我们的交流很顺畅，但是这样萍水相逢之下的邀请，我还是有些犹豫。但是当火车停在距离伯尔尼市中心很远的车站的时候，天色确实已经非常晚了。无论如何我已经不可能在当晚赶到我朋友在伯尔尼的住处了。于是我只好接受了 Amy 的邀请，去她的住处留宿一晚，而 Amy 收留我的这个留宿之处就是 Rudolf 的家。Amy 其实也是属于"借住"在这里。

虽然在火车上 Amy 给我讲了她和 Rudolf 相识到相知的故事。但是我现在早已不记得细节了。我只记得 Amy 告诉我，她和 Rudolf 是在中国认识的，而具体是怎么认识的，以及 Rudolf 与中国到底有什么渊源我实在是已经记不清了。当时已近花甲之年的 Rudolf 曾经向比他小近 20 岁的 Amy 求过婚，但是出于对年龄的顾虑，Amy 并没有接受，但两人还是维持着朋友的关系。并且 Amy 每次来瑞士都会住在 Rudolf 的家里。总之 Amy 只是告诉我，Rudolf 是一个性格非常古怪的单身瑞士老头。

毫无疑问，当晚的 Rudolf 对于我这个突然而至的"不速之客"显然具有着相当的抵触情绪。一个自己还没有追到的女孩，竟突然带着一个陌生男人回到了自己的家里来留宿。这故事也太狗血了！尽管如此，Rudolf 虽然表现的冷淡，但还是大度的接受了。Amy 说她住的那间房，她是有付过钱给 Rudolf 的，只是没有算的那么清楚。而我住的那间显然是没有付过钱的，我问要不要我付钱给 Rudolf。Amy 说她问过了 Rudolf，Rudolf 说仅仅一晚，不需要！我猜 Rudolf 坚持拒绝收我钱的原因，不仅是"因为"仅仅一晚，也是"希望"仅仅一晚吧……

10 个小时后的第二天早晨，我向 Rudolf 致谢并告别。Amy 说的没错，Rudolf 确实表现的性格有些古怪。他询问了我要去的地方之后，表示一定要驱车把我送过去。因为他说从他这里到我要去的地方没有出租车，BUS 也要换好几次。而他开车送我过去只要 20 分钟而已。Rudolf 昨晚冷淡态度的明显转变我想一定是发现我不会长期"借住"在他家里有关。这肯定也同时打消了很多让他心里不爽的可能因素。在送我的路上，Rudolf 给我讲了很多瑞士值得去的地方，并且希望我随时再回来。

在我和 Rudolf 分开之后，我特意写了邮件给 Rudolf，向他再次表示感谢，并希望有机会在北京请他吃饭。而 Rudolf 则回了一封很长的信给我。我记得 Amy 好像对我提到过，Rudolf 曾经为瑞士还是那个国家的军方工作过。不知道是不是由于这个原因，使他对美国非常敌视。他在给我的回信里也表达了对美国的指责和批评。他指责美国在过去的 20 年里变成了一个邪恶的国家。战争贩子渗透进了美国的政府。不断的通过战争的手段去达到他们征服这个星球的野心。他甚至在当时的 2016 年就预见到了今天的俄乌战争。

虽然他所提到的这些都只是让我一阅而过。但是他对黄石公园耸人听闻的描述倒是让我一直记在心里。他提到黄石公园正好处在一个巨大的火山口上。而这座火山已经有 70 万年没有喷发了。一旦喷发，整个美国都将被火山灰淹没。所以劝我千万不要靠近黄石公园。

自那天离开 Rudolf 的家之后，我就再也没有见过 Amy 和 Rudolf。我会定期清除我的一切网络痕迹和工具。包括邮箱，微信，WhatsApp 以及各种社交网络的 ID。每一次的"彻底清除"，也就伴随着和很多人的"彻底失联"。这其中就包括 Amy 和 Rudolf。

虽然不是由于 Rudolf 的信里的内容所致，但是确实每次想起黄石公园的时候我就会想起 Rudolf，而我和黄石公园的相遇竟然真的阴差阳错的一直拖到了此时。


## 圆梦黄石

我必须承认，我对美国北部的冬天确实还是估计不足。离开了 San Diego 之后，从加州到犹他，从犹他到爱达荷，又从爱达荷到怀俄明，再从怀俄明到蒙大拿。什么山路雪地，什么雨雪夜路，什么积雪泥沼……我都奉陪了！美国人民一定会记得！那个开着一辆两驱凯美瑞，在风吹雪雾，伸手不见五指的山岭上，在及膝的积雪路里，率先垂范，以身试险，向山下倒车！以给卡死了整个山路的大型除雪车让路的那个中国司机，就是这样言传身教的劝服他们一起为之的……

经过了无数次的封路和绕路之后，基本上还是沿着既定的路线，经过了加州的 Sequoia NP 和 Bass Lake，犹他的盐湖城，怀俄明的 Grand Teton NP 之后，最终终于到达了蒙大拿，黄石公园在冬天唯一开放的北门。虽然公园内的少部分路段以及我一直心心念念的"熊牙公路"都毫无悬念的封闭了。但是冬日里的黄石公园依旧是风情独特，不虚此行。尤其冬日的景色对我更是别具吸引力。过去几天一路上的焦虑，疲惫，烦躁等等，在这一刻都散了！

从黄石出来，从蒙大拿向科罗拉多，再向下进入新墨西哥，最后再绕回到亚利桑那。这一整个 Circle 比传统的 Grand Circle 无疑更大。从 Sedona 出来后，绕开了已经去过的 Grand Canyon 直向犹他方向。由于疫情的原因，纪念碑谷景区封闭。但实际上，这一片真正的精华是在 163 号公路的亚利桑那到犹他的这一段。置身其中宛如幡然入画，赏心悦目非同凡响。很多去过的这种地方，都会让我感觉骑行比自驾更合适。

已是满面胡须的阿甘就是跑到这里的时候突然说：i m pretty tired，think i will go home now. 在纪念碑谷的这一天恰好是我开始这次旅程整整一年。人在旅途其实来不及多想，但是每当安静下来的时候，我也和阿甘一样，疲惫也会卷上心头。但是很可惜，我却不能像电影中的阿甘那样随时可以转身踏上回家的路。因为中国的边境依然封闭，挂羊头卖狗肉的入境隔离措施依旧利剑高悬。我还是愿意选择忘记疲惫，留在路上。

# 从美东离开

在德州打完第二针 Phizer，已经是 4 月底。我最终决定先飞到佛州，把东部的佐治亚，田纳西和南北卡走一圈之后，在 5 月初的时候到纽约，再确定离开美国后的具体路线。

奥兰多 ～ 亚特兰大 ～ Pigeon Forge ～ Great Smoky Mountains ～ Blue Ridge Parkway ～ Mount Mitchell ～ Charleston ～ St Agustin ～奥兰多

2017 年的美国行程里去了佛州的迈阿密。但是迪斯尼所在的奥兰多还没有去过。我这次打算从这里开始向北的自驾行程。"Walt Disney World"的园区我实在进不去，预约已经排到五月初了。所以就在 Disney Spring 随便转了转！ Universal Studio 也没进，我对这些一直都没有太大的兴趣。

佐治亚州的首府亚特兰大是我的第二站。在离开休斯顿之前，我还一直在考虑到底是飞到奥兰多还是飞到亚特兰大。因为飞去两个地方的机票价格，以及从这两个地方再飞去纽约的机票价格都相差不大。前者可以填上没去过佛州首府的空。而从后者出发走南北卡和田纳西更近一些。最终考虑到佛州还有一个圣奥古斯丁也值得去看看，最终选择了飞奥兰多。

亚特兰大的非裔人口比例较高，但是市中心和周边的风格和热闹程度显然和新奥尔良具有着明显的差异。治安情况白天也许还好。但是晚上应该还是存在隐患的。我的 Airbnb 房东也在提醒我，晚上在小卖店和加油站要小心。黑人喜欢聚众扎堆，有时候聚在路灯下，也有时聚在黑暗里。这让你对他们难以判断，也难以防范。甚至很多时候让我感觉，美国的黑人比非洲的黑人更加"不稳定"。

亚特兰大最著名的就是可口可乐和 CNN 的总部。但这些我都是走马观花的一看而过。这一线的主要目标是据称美国游客量第一的国家公园，大烟山国家公园。从这里再沿着蓝领公路到 Mount

Mitchell，这段基本上就算是北卡的精华了。虽然这比起西部的风光缺少一些雄浑和狂野，但是也算是赏心悦目吧。田纳西应该是一个度假的好地方。乡间小路上的田园风光令人心旷神怡，宛如入画。Pigeon Forge 竟然拥挤到摩肩接踵，霓虹下的乡村民谣唱到午夜。完全没有了疫情的痕迹。进入南卡后沿海而行，经过 Charleston 之后回到佛州 St Agustin。美国的公路旅行真是这样的。就算风景一般，心情也会很舒畅。确实连空气里都飘着自由的味道。

2021 年的 5 月初，境外回国的难度仍然在加大，似乎开始跃跃欲试的要求在境外就开始隔离，美名其曰为"闭环管理"。美国回国的机票价格普遍在数万元之上，而且很难买到，甚至提出只提供给留学生购买。有人问我什么时候回国，甚至有人问我是不是永远都见不到了，让我无言以对。

美国可能是我的这一场旅行中除了尼泊尔之外，停留时间最长的一个国家。但是此刻我不得不离开了。尽管在这个时候西非的一些国家的入境政策依然充满各种限制措施，但我还是决定了要去闯一下。中东地区可以确定的是，伊拉克已经放开了对中国人的无邀请函落地签。只需要 75 美金。这对比之前的大几百美金的口岸贴签已经是天壤之别。叙利亚也在入境方面放宽了一些要求。我最后决定从纽约离开美国，飞去北非的摩洛哥，之后从这里向南进入西非。

从费城绕到纽约。纽约的街头 PCR 检测是免费的，甚至已经有人在路边招揽你免费接种疫苗了。这和德州乃至加州反差巨大。曼哈顿的街头确实显得冷清了很多。但是川流的人群证明着这座城市依然在运转着。地铁里没见到有什么人在检查口罩，但是大多数人还是戴着。如果从现代化大城市的角度讲起，那纽约无疑是美国的 No1。美国的国家文化无疑是多元而复杂的。纽约这座城市不仅代表着美国的商业文明，也代表着最执拗的美国精神。在钢筋水泥的丛林里隐藏着生活的炊烟，在冷漠忙碌的生活中夹带着鼓励和温情。这里可以让富人趋之若鹜，尽显优越。又可以尽可能的给穷人留下一席之地，不辍追梦。这个城市的气质里充斥着颓废和气馁，但更藏着从不放弃和相信梦想的精神。阶级之间壁垒森严但没有人能阻挡奇迹的发生。

# 六、"美国小费"与"中国文化"

## "小费"与"美国小费"

虽然根据有关的资料记载，"小费"并不起源于美国，而是起源于英国。To insure prompt service（为及时服务投保）首字母的组合形成了 Tips 这个词。但是如今的"小费现象"在它的起源地英国，乃至整个欧洲，以及澳新和日韩等大部分发达国家里，实际上已经很少表现出刻意的存在形态。唯独在北美地区，尤其是美国的商业体系中却依然具有着非常稳定的角色和意义。尤其是在美国的华人商圈里，对小费的青睐似乎依然表现出一副特有的，甚至是超越了美国人的追捧和捍卫之态。

然而即使就是在支付小费最频繁最常态化，并且赋予了小费在商业系统里异常"稳定地位"的美国，在历史上却也发起过一场"反小费运动"。反对者认为"小费"是一种陋习和糟粕，他助长了人类本性中的贪婪，并且滋生了公民的奴性态度。并把这种"奴性"上升到是一个与现代公民意识对立的，对民主价值具有破坏性的理论高度。但是即便数个州在历史上都曾经试图通过立法取消小费的情况之下，小费如今依然还是在美国蔚然成风。

但是"美国小费"的运作形态确是在逐年发生着变化的。2016年我初次到美国的时候，美国商家处理 Tips 的方式大多还是要求你"必须"在回单上填写小费的数额，即使你填写"零"也可以，但必须完成这个填写的动作。如果你不填写，服务生会提醒你"请标注小费"。或者在刷卡的机器上，如果你不选择或者不输入小费数额，系统将无法完成这笔账单的支付流程。我把这种行为称作"讨要暗示"！

但是这近一两年，在美国很多州都已经让我感觉到，商家已对这种被我称为"讨要暗示"的做法有所收敛了。由于美国商家在通过你的信用卡收款的时候，大部分情况下是不需要你输入密码的。即使是我这种被银行强制要求设定消费密码的中国信用卡，也依然不需要在刷卡时输入密码。所以一般情况下的餐后结账程序是，服务生把账单送到你面前，你审单后把你的信用卡交给服务生去刷卡，这时商家从你的卡里刷走餐费之后，服务生连同你的卡和一张"回单"一同送回给你。这时候你应该在这张"回单"上签字以确认这笔支付。同时，这张单子上除了有已经刷走的账单金额之外，还有"Tips"和"Total"两个科目等待你"填空"。你可以在这个"Tips"的后面填写你愿意支付的小费金额或者比例，也可以在 Total 后面直接写上你愿意支付的，包括小费在内的这一餐的总金额。之后，商家不再需要你的信用卡，既可从你的账户里"追加"划走你同意支付的这笔小费金额。但是，如果你不理睬这张单子或者干脆划掉了 Tips 科目，商家则不可以从你的账户里再刷走任何费用。

当然也有人愿用现金的方式直接支付给为他服务的服务生。在有一些 Counter Service 的快餐商家，或者是一些游商的摊位，则更多采取同时摆放 Tips Box 的方式让顾客投放小费。无论怎样，这在我看来，略去了"讨要暗示"的行为是"美国小费"在吃相上的一大进步和改良！

这是当前的"大多数"美国商家对于小费的做法。但是依旧还会有少部分的美国商家，拿着手持的刷卡器走到你的身边来为你刷卡结账时，让你必须在他的刷卡器上标注小费数额。例如在路易斯安那的新奥尔良，那些鳄鱼肉餐馆。或者有一些 Counter Service 的 POS 系统依旧需要你在付款时，在机器上选择或者输入 Tips 数额。例如在德州的圣安东尼奥，有些街区里的小酒吧。但是依旧保留着这种"讨要暗示"行为的商家，确实已经相比前几年少了很多。因为一般情况下签完字的你起身离开后，美国商家基本不会追出来找你"追讨"小费。（中国商家除外）

# 同时存在的"应该"和"自愿"

按照美国的"小费文化"所宣称的"美国小费"的逻辑，顾客确实是要在一次消费行为里进行"两次付费"。并且重要的是，顾客要在仅面对一个合法商家的情况下，却需要与两个不同的对象进行交易。第一次是和这个商家交易，支付餐费；第二次是和这个商家雇佣的服务员交易，支付小费。

与此同时，商家把他所雇佣的服务员的收入也分为两个部分，一部分是其"必得"的，这部分从商家与顾客的"第一次交易"收入中提取，由商家支付。（在一般情况下这部分的数额会参照美国法律规定的劳动者最低时薪）另外一部分是其"可得"的，这部分在"第二次交易"中由顾客支付。顾客可以根据对该"服务员的服务"的满意度来"自愿"决定其是否"可得"和"可得多少"。商家宣称，透过这种方式可以促进"他的雇员"为顾客提供更高质量的服务。这大概就是"美国小费"基本的理论逻辑。

虽然在"小费文化"对美国小费的诠释里，不会同意以上这样的解释，通常会认为第二次交易并不存在！因为顾客在第二次付费里支付的"小费"不是强制性的，无法构成契约关系。这一次的交易和支付不受法律保护，而只拜文化所赐！但是实际上，这个逻辑的背后，体现出的是商家对这次完整的"法定交易内容"所存在的责任缺失。服务员的雇佣者是商家，而不是顾客。"商家的雇员"所提供给顾客的服务，其质量如何？应是商家需要对顾客负起的责任之一！而不应该通过顾客支付小费来得到提升和保障。无论是对这份责任的分割和转移，还是额外附加条件，其逻辑脉络和客观结果，即便是没有与现有的法条发生直接冲突，但是否与法律的主旨有所相悖，还是很可能有待商榷的。

我也不太相信在这套所谓的"小费文化"的包装之下，所赋予小费的价值逻辑，与小费在英国诞生时的逻辑和价值是一致的。

在这个颇具设计痕迹的体系里，商家是永远处于"不败之地"的。商家已经在与顾客的"第一次交易和付费"环节把属于商家自己的收入收走了。"第二次的交易"结果无论怎样，都与商家的利益没有任何直接关系。无论服务员因为什么原因没有得到小费，即便是因为菜品和餐厅环境的原因，商家也不太可能给服务员做出补偿。而服务员则貌似在这个体系里显得最劣势。拿着一份在小费之外极少甚至为零的固定工资，商家不会为得不到小费的服务员负责，顾客又可以自愿决定这个"可得可付"的小费给或不给，以及给多还是给少！

如果真是这样，那服务员肯定不做这份工作了。或者去向商家要求提高那部分"必得"收入。为了不让这样的局面发生，商家接下来要做的就是要拱卫和渲染"小费文化"。强调服务员所处在的被动态势，继而帮助服务员把后面的这部分"可得"收入，解释成"应得"收入。促使顾客"自愿"的把这部分"可付"费用，理解成"应付"费用，继而形成"必付"的习惯。

## 经不起追问的"小费文化"

"小费文化"希望顾客接受的认知是，小费就是服务员"工资"当中的绝大部分，甚至是全部！更重要的是，服务员的收入之中如果没有"小费"这一项，这对于服务员而言不仅是不公平的，甚至是不足以维持他们的生计的！而这份服务员"有可能"获得的小费，是否应是服务员的"应得"收入？取决于服务员在服务的过程中是否有过错，顾客是否对服务满意。而"小费文化"所拱卫的商业体系，让商家不仅把判定服务员是否"有过错"的权力交给了顾客，同时也把给服务员"发工资"的责任也交给了顾客。但实际上这背后所隐藏着的实质是，把给予服务员一个公平收入的"责任"也强行推给了顾客！

"小费文化"并不承认，顾客在代替商家支付一个"无过错服务员"的一部分"应得"收入！因为商家在把这部分"收入"从服务员的固定收入里扣除的同时，也从顾客的账单里扣除了。顾客在支付小费之前和之外，所支付的账单金额里，没有包括这位"无过错雇员"所"应得"收入其中的一部分。让顾客在认可了服务员"无过错"的时候，再由顾客支付给服务员。这就是为什么很多人都会认为，如果这顿饭吃的没有什么不满意，就"应该"支付小费。否则，对这个服务生是不公平的！换句话说就是，如果这顿饭吃的没有什么不满意，小费就应该从本是服务员的"可得"收入，变为了"应得"收入。也就应该是顾客的"应付"款项。

"小费文化"在法律层面始终强调和宣称的是，顾客在"第二次交易"中支付的小费，是以顾客"自愿"为基础的。是额外对服务员个人的"奖励和犒赏"。寄望以此来固定这"第二次交易和付费"的性质和法律认定。而与此同时"小费文化"在逻辑诠释层面，又极力试图将这个"奖励和犒赏"的概念里揉进一份"应得应付"的意涵，以此来稳定顾客和服务者对小费的采纳和接受。但是这一切却都无法回避商家对顾客和雇员同时具有的责任瑕疵。

在这样的设计之下，仿佛商家完全可以大言不惭的对顾客说，你觉得服务不好不用跟我说，你不付小费就行了！反正你给我结账的钱里也没有这部分保障服务质量的钱。同时也可以对自己的雇员说，你收不到小费自然是你的服务有问题。如果你不服，去和顾客说，反正针对你提供的服务的那份报酬在顾客的手里。与我无关。

于是在"小费文化"的包装之下，小费既保持着源自顾客"自愿"的性质外衣，同时又具有着"应得应付"的逻辑路径。而这个"应得"的定义与"自愿"的本旨，显然存在着底层的逻辑裂痕。"自愿"的核心价值不仅在于"不被干扰的选择"，更在于"无需对选择的结果承担责任"。但是"应该"的作用却是先于选择之前就对选择的结果做出了定义和指判。此刻的"应该"，毫不客气的把这个"自愿"置于了一个明显被动的地位。

无论怎样，在"小费"始终被赋予了"非强制"的解释这个大背景之下，好像已经没有人愿意再去思考，他们所拥有的那份被叫做"自愿"的权利，到底有没有在这个伟大的"小费文化"里被打折扣。倒是每次关于对"小费"的深入探讨和分析，在遭遇"价值和逻辑触礁"的时候，大多数小费的拥趸者愿意用这个"自愿"作为开解辞令。这无疑证明着美国的"小费文化"已将美国小费的"应得应付"的意涵"巧取豪夺"的植入了民粹意识之中。这份完全经不起追问价值与合理性的"小费文化"，在美国的世俗环境里的确获得了普遍的情感认同。而至今依然用"道德绑架"和"释善义务"来支撑和诠释着这个"小费文化"的运行。

虽然美国法律规定任何一个合法的劳动者都要有最低时薪保障。但是在美国的底层服务人员里，存在着相当一部分来自墨西哥，中国，越南等一些欠发达国家的"非法务工者"。甚至包括一些留学生群体在内，由于签证类型和合法性的问题，他们当中的很多人会被他们的老板拒绝向其支付美国法律给予劳动者的最低时薪。而不得不接受一个基本上只具有象征意义的底薪数额，甚至是完全没有工资保障，完全依靠小费的工作。这些人无疑对小费的"期待"更加远超一般有最低时薪的服务人员。

一个持旅游签证进入美国，一边打工一边旅游的小姑娘，就是在一个中国餐厅做着一份，一分钱工资都没有，全靠"小费"收入的工作。她毫不讳言的告诉我，在没有收到小费的时候，心里的那种失落甚至怨气。尽管他更愿意强调，她们只会在同事之间表达抱怨，而不会在客人的面前表现出不悦。但同时她也承认，对一个从来不给小费，却反复前来消费的顾客，也会难以控制自己的不满情绪和服务态度。

当这份本来是"可得可付"的小费，在经过了"小费文化"的"制度化"包装后，以及其对于一个服务人员所可能具有的"必要性"的事实。透过民粹意识的强调和渲染，在美国人的情感意识和日常习惯中，"美国小费"在很多时候却几乎获得了"必得必付"的现实结果。

这尤其明显的体现在服务人员对于小费的期待，无论是在逻辑上还是情感上，都变得更加理所当然，甚至是必不可少！

"小费文化"为商家提供了施展无耻和狡诈的法律空间和民粹路径，并且也获得了虽然并不光彩的商业价值。服务员虽因"小费文化"失去了一份稳定和保障，但是却好像得到了放纵贪婪和忽略吃相的民粹背书。这也为获得一份上不封顶的更高收入提供了可能。而唯独，"小费文化"所宣称的那些所谓带给顾客的价值，则完全就是一种莫须有的存在。甚至根本就像是一个精心设计的骗局。这样的商业模式，不仅偷取了雇员应有的稳定保障，并且把这个从"应得应付"转换为"必得必付"之间可能产生的博弈与纠缠，推到了服务员和顾客之间。

"小费文化"是否对服务人员的服务质量有实质性的提高，是无从验证的。但是对于顾客的消费体验显然是并没有任何的优化。尤其是在这样的背景之下所滋生，并得到了纵容和默许的，对小费的"讨要行为"。这无论是明示还是暗示，都是对小费的"自愿"权利最彻底，最本质的干扰和侵害。这就等同于破坏了小费最重要的基础要件。似乎在某种角度上，这带给人的体验，仿佛是商家找来了一个"乞丐"在为顾客服务，在服务的最后一个环节，是这个乞丐的"讨要表演"。

我对"小费"本身没有绝对的抵制。更对"美国小费"在"去讨要化"的日渐转变表示欢迎。但是我不认同这份美国的"小费文化"！一个我在路上认识的环球旅行者曾经说过一段他对文化的理解，"文化和文物正好相反。文物是越老越值钱，而文化则可能会越老越容易暴露出它的糟粕"。

文化只能证明其在某一个时期，或者某一个范围内，被接受和认同的现象具有一定的普遍性。但是文化不既代表真理，也不代表永恒。更不能以此作为约束和判定的工具。习惯里更多的是价值的选择。但是在文化里，除了习惯之外，还有很多对情感的依赖。而不得不承认的是，情感在很多时候却是公平的杀手！或者说是，情感在很多时候让人更愿意忽略和放弃公平和正念。

美国的"小费文化"在很大程度上，也折射出美国商业社会所具有的根深蒂固的污点和弊病。它把对"游戏玩法"的掌控权，几乎完全让给了商家。而让雇员和消费者在这个游戏里长期处在一个非常被动的地位。同时更加令人不齿的是，"文化"还在透过引导情感和渲染民粹去给民众"洗脑"，致使民众主动去忽略和容忍这其中的无耻和弊病。

这份伪善并狡诈的商业作风，在美国商业社会里并不是仅体现在"小费文化"这一个事情上。例如美国始终坚持的只在价签上明示"税前价格"，而在支付环节再"价外加税"的狡诈做法。这些做法和"小费文化"一样，其本质作用都是使商家得以用一个表面"虚低"的商品和服务的价格，去吸引和刺激更多顾客的消费。而"小费文化"还更可使商家有机会用较低的成本，甚至是"零成本"去获得员工的劳动。换句话说，就是用一个"并不完整和真实的低价"去吸引顾客购买，同时再用一个相对较低的成本去购买雇员的劳动。这才是"小费文化"在客观上带给商家的实质价值。"美国小费"在被这样的"商业模式"所刻意设计之后，实则充当着既不光彩，更经不起追问的商业功用。

无论在民粹的语境里，是把这个小费的支付行为理解成"道德责任"还是"善良义务"，这或许也都无可厚非。但是如果把它制造成一个可以用来"推己及人"的"文化"，这背后不是藏着不可告人的目的，就一定有着"被洗脑"之后的谬误。在美国这样一个高度标榜人权至上，对个体权利无上尊崇的国家，这个"小费文化"无疑确让美国精神蒙羞。也是让我最鄙视的一项美国文化。

实际上，越来越多的人支付小费，并不是因为对这个"小费文化"的拥趸和认同。而更多的是因为，在这样的"文化现实"里，考虑到服务员的实际处境后的一份"无奈的体恤"。我自己有些时候，也难免屈从于这样的"无奈"。但是我几乎从来不会接受对小费的讨要。无疑，"小费文化"源头的制度模式被瓦解，肯定不会是一日之功。

但是对"讨要小费"行为的零容忍，或许可以倒逼"小费文化"里的无耻行径，放弃一些理所当然的认知。让民粹意识卸下一些素质和道德绑架的谬意。

## 最糟糕的"美国礼物"

在我早期学习英语的时候，有一件让我记忆深刻的事。我的一个美国外教曾经在一次"free talk"上说过一段严肃又动情的话。他说美国给这个世界带来了两样最不好的礼物，一个是可口可乐，一个是万宝路。碳酸饮料给人们的身体和骨质所带来的负面影响确实是客观存在的。而尼古丁和焦油带给人对毒性的依赖更是无可辩驳。

虽然"小费"是出生在英国，但是"小费文化"却是在美国"发扬光大"并源远流长的。而且，这个"小费文化"如今已经从它的发源地传播到世界各地。在我看来，美国带给世界的这个礼物，远远比可口可乐和万宝路更加糟糕。无论是碳酸饮料还是尼古丁和焦油，人类已经对其所具有的危害性具备了普遍的认知，甚至懂得了透过控制摄入量和抵抗依赖性，来尽可能的规避其所具有的危害。但是"小费文化"这份"美国礼物"，却依然没有被普遍的认识到它的糟糕之处。更很少有人愿意去主动抵抗和控制。这一切都是由于，这个"伟大的礼物"，正好打在了人性的弱点之上。甚至几乎满足了人性中所有最不愿正视的卑微和贪婪，以及最难以抗拒的本性需求。

但是即便如此，还是必须要承认的是，虽然美国人对"美国小费"的这套操作具有难以推脱的无耻性。但是相比于"小费"在美国以外的表现，美国人很可能是在"操作小费"这件事上，是全世界最不无耻的！

因为美国商业文化里的伪善和狡诈是以美国的法治原则作为底线的。美国商人的精明和无耻不妨碍他们懂得，把商业和法律，民粹和人性这一切如何"界限分明又紧密结合"。让他们互相作用产生价值。但是当这套"小费文化"传播到美国以外的时候，情况就不这么简单了。小费在美国的衰落和质疑声，以及更趋收敛和改善的现状，并没有阻止"小费"的背后所暗含着的人性的贪婪在其他的国家和地区借助"小费"之名而大行贪夺之道。

在美国之外的很多地方，小费确实变成了一个用贪婪和无赖编织出来的筐

"小费"在中国的旅行团里被作为了导游和司机要挟讹诈团友的托词。一时间，因为导游和司机没有工资，变成了团友"必给"小费的理由和借口！如果不给，后果可能会严重到"兵戎相见"！

"小费"在非洲和东南亚国家，被作为了入境官向中国游客索贿的代称。而之所以他们愿意用"小费"这个词代替其"贿资"的实质？主要是因为这个词，具有着"自愿"的外衣，而让法律仿佛又对其无从下手。

"小费"在富甲云集的南极邮轮上，被用信函的方式告知游客应该给多少，怎么给。甚至一再提醒游客不要把"小费"在他们所"指引的方式"之外，单独付给船员。因为这对在"非第一线"工作的船员不公平。

"小费"在埃及和摩洛哥变成了司机和商家侥幸耍赖的讹诈手段。这使得他们可以毫无顾忌的在开始的时候报出价格，甚至可以宣称免费。而在服务结束的时候，再毫无顾忌的向顾客要求由他随意制定标准的"小费"。否则就对顾客无尽纠缠。

"小费"在尼泊尔的背夫和向导眼里，是需要用胁迫和恐吓等手段，去获得的额外收入。夏尔巴的背夫更加自信，在空气稀薄的雪山之巅，他们有更多的手段，迫使游客"自愿"支付小费。

我们还会看到在很多发展中国家和一些欠发达国家里。凡是看着环境品相稍微好一点的餐厅，都会在结账的时候，完全拷贝美国"小费文化"的模式。有的会在账单上盖上"not include tips"的字样，或

者在刷卡器上设置必须选择"小费"数额的程序。更有甚者，干脆直接把固定比例的"小费"加在账单金额里推给顾客。就好像全世界所有要刻意去收小费的餐厅服务员，都好像"伟大美国"的服务员一样没有工资。而此刻，当你在大厅里大声说出 sorry, no tips today 的时候，是需要多大的勇气和定力。

而其中最无耻的餐厅的做法是，菜单的价格不含税，也不会清晰的明示此餐厅有服务费。在结账的时候先加上 15% 到 20% 的税，再加上 15% 的服务费，然后，还舔着脸想再去奢望得到一笔额外的小费。

由此可见，当贪婪融进并包装成一种"文化"的时候，"无耻"就好像得到许可证。


## "美国小费"与"中国文化"

在我年纪很小的时候，有过一次看街头"耍把式"的记忆。

一个看起来岁数得有 60 开外的老头，按照江湖上的行话叫"撂地"。就是找一块空场敲锣打鼓的招揽路过的行人驻足观看。过去无论是说相声的，耍猴的，变戏法的，吞剑，咽铁球的，江湖上靠卖艺为生的人，大多都是如此的形式。

老头一边敲锣，一边指挥着自己的"小徒弟"翻着跟头热场。当驻足的人越来越多，自然就围成了一个圈子，把卖艺耍把式的艺人围在了中间。这个时候艺人则要开始表演了。先是开始介绍自己的身世，先卖一卖惨！强调自己的一生的苦命和为人的坚强又仗义。博得了同情和认同以后，也就为后边开口要钱做好了铺垫。然后开始切入正题。

在家靠父母，出门靠朋友。我某某某初来贵宝地，落难的我没办法就只能跟叔叔大爷，兄弟姐妹讨口饭吃。您有钱的陪个钱场，没钱的陪个人场。三分五分不嫌少，十块八块的不嫌多。人在江湖走，谁都不容易。我某某人从来不难为人，我今儿给您诸位，把我祖传的"绝活儿"全给您撂这儿。就只为来混口饭吃。也为了交个朋友。只要听见一声您的叫好，您不给钱，我饿着走，我心里也美滋滋的！我们这种跑江湖的艺人就这种脾气！！！

我只有一个小请求，就是求您别给我"裂口子"！这圈子围起来了，我就开始演，别我这演着演着，您这一走，把这圈子给漏出来一个大口子。我这脸没地方放。我们饿死是小事，但是这"裂口子"的事情，在我们道儿上是丢不起人的大事。而且各位您也看见了，我们这活儿，轻的胸口碎大石，重的吞剑咽铁球。每个活儿都是拿着命在拼！这一旦裂了口子，在我们这行儿就相当于预示着我们卖艺的人有了凶兆！接下来半个月不能再碰了。否则性命不保。所以我在这里求求您了。我单膝下跪，老少爷们儿帮帮忙。让我别在您这贵宝地丢人又丧命！

每一段"绝活儿"演完之后，老头开始拿着一个小盆儿逐个的伸到看客的脸前收钱。"有钱的您陪个钱场，没钱的您陪个人场。老少爷们儿您就算拉我一把，三分五分不嫌少，十块八块的不嫌多……"一轮演完要一次钱。两三轮之后，您总"陪人场"，他也记住您了，盆在您面前停住的时间就会越来越长，表情也从低声下气的堆着笑，变成刻意表现出来的失落和无奈。这个时候没有把子"江湖定力"的人，大多磨不开面子扔个几块钱。而那些真的没钱，或者真的只想陪个人场的人，显然是"处境"很不舒服。可是你又不敢走。因为一走你身后没人，这围子自然就"裂了口子"。老头跟着就会破口大骂！

这不是要我的好看吗？您瞧瞧这位，这王八蛋站在这看了五六场了，一分钱没给！我一直说，您不给钱不要紧啊，但他这"王八孙子"非得给我"裂口子"！这让我这老脸往哪搁。我们这行走江湖卖艺的就怕这个，这一出现了口子，我们这霉运就来了，我这后边两个礼拜都不能再"撂地"，否则肯定是凶多吉少！您说，这接下来的俩礼拜不能撂地了，让我怎么活，吃什么？我家里还有卧床不起的老娘等着吃饭呢！

有些时候这个"小费文化"甚至不需要更换地点。同样是在美国和加拿大，只要更换一个操作他的群体就可能局面完全不同。无需赘言的讲，在美国，中国的商家比美国的商家更加看重和追逐小费的收入。而且中国商家的"讨要暗示"已经变成了"强势追要"！这一点，尤其在纽约的"唐人街"所上演的各种"强势追要"小费的吃相，已经到了令人恶心和乍舌程度。在你忘记或者不想支付的时候，商家大多会向你"追要"。而且一定要追要到账单的 15% 才算满意。

在曼哈顿华埠一个广东人开的简陋的面馆，我的账单金额是 11 块 5，我在 Total 的后面写了 12

伙计：先生，我这里小费都要 15 个佩仙起的。

我：小费给多少是你说了算还是我说了算？

伙计：我们这里都是这样的，这里都是必须要给的。

我：谁给你惯出来的"必须"啊？嫌少是吧？（我拿回了账单，划掉了 Tips 和我刚在 Total 后面写的数字）i want keep it！

伙计：啊呀，算啦算啦！你以后不要再来了……

几乎在每一个中国商家里，都会有类似这样的"讨要"甚至"追要"的行为出现。在休斯敦，在洛杉矶，在旧金山，而唯独在纽约的吃相最难看最疯狂！包括波士顿和 DC 在内的整个东部，都普遍比中西部的吃相要恶心更多。在北美的另外一个国家，加拿大的中餐厅，如果在 Counter 现金结账，有的商家会不等你从找钱的"零钱篮"里把钱拿完，就一把抢走，然后大声对你说谢谢，以表示这些剩下的是他要的"小费"！

在美国，"给小费"确实是一种"常态化"的行为。但是"要小费"却大多是在美国的中国人才会把他"常态化"，甚至"野蛮化"！如果说美国商家在对待小费的做法上存在无耻逻辑的话，那么中国商家在美国这块土地上对待小费的态度和做法，比美国人不知道要无耻和野蛮多少倍！

# 为什么中国人比美国人更追捧小费

而在对"小费"这个概念的理解和应用理念上，中国人更是独树一帜。在百度和维基百科的"小费"这个条目里就体现出了明显不同的侧重点。百度在对"小费"的解释里，强调小费"不是能省就省的区区小事，一定要入乡随俗"。而维基百科则开宗明义的提到，"无论在任何国家，小费都不是法定要给的！甚至在个别的国家小费被看作是陋习或者歧视"。

当前"在美国的中国人"提到小费的时候，大多数时候的语境是这样的：

A，在美国的服务行业都是要给小费的。一般都是要给的。

B，"都是要给"是什么概念？是"必须"要给的吗？

A，不是必须的，小费是自愿的。但如果不是他的服务有问题，你都应该是要给的！

B，既然不是必须的，为什么要有"应该"的概念呢？这是从哪里来的"应该"？

A，因为美国是有"小费文化"的，大家都是要给的。一般的服务员都工资很低。小费会在他的收入中占比较高，如果没有小费会影响他的生活质量。

B，一个餐厅服务员的收入应该由他的雇主负责，怎么能由消费者为之负起责任呢？

A，但是美国就是这样的商业模式。小费对服务员确实很重要。餐厅的老板付给他的工资很少。美国都是这样的。

B，什么商业模式也不应该绑架消费者啊！为什么要牺牲自己的权利，去妥协一个糟粕的"模式"呢？如果不给会怎样呢？

A，你要是坚持不给也无所谓，但是……一般都是要给的。关键是你为什么不给呢？

B，既然是自愿的，为什么非要有不给的理由呢？可能是因为我今天心情不好，不想给。

A，那就是你没有素质了。你没有理由的不给小费就是伤害服务人员的利益。

B，如果当我恪守我自己的"自愿权利"的时候，就会伤害别人的利益，那不是恰好说明这个所谓的"模式和文化"不合理吗！？

实际上，"在美国的中国人"之所以对小费如此热衷和追捧的原因，不排除可能是出于对这一普遍性的"美国文化"的屈从，以及在美国这种商业模式之下，对服务人员的同情和体恤。而在此之外，小费也确实在有些"特性"上带给中国人的满足感更突出。小费在它的出生地英国，曾经就是英国的贵族施予平民服务者的一种赏赐。

中国有一句老话叫"没有花钱的不是"。中国的历史文化和"国情"所决定了，中国人在很多时候比美国人更迫切的希望获得"特殊的礼遇"和更加"殷勤的态度"。同时也更加担心和唯恐避之不及在他乡之地，遭到令自己有失体面的对待甚至是歧视性的刁难。而小费恰恰就具备了满足这种需求的"交易介质"。在一次商业交易中向对方支付一份额外的答谢和奖赏，这在客观上确实能够获得一种优越并体面的心理感受。避免可能的不快和冲突。尤其是在美国，"小费"化身为一种来自于"更高级的商业文明"的产物，仿佛还会给人带来一种有能力融入"文明社会"的自豪感。这尤其在初到美国的中国人中更有体现。

而作为接受方而言，人性里对金钱是没有天然的仇恨基因的。越是不具有确定性的收获，就越是能带给人更大的欣喜和刺激，甚至是成就感。这让一个等待收取小费的服务者，就好像是置身在一场只赢不输的赌局，你只需要想想怎样能赢得更多。并且伟大的美国"小费文化"里的"应得应付"逻辑，也几乎彻底的消除了"小费"在接受者心里，可能存在的"不体面"的心理障碍。而相当一部分为数不少的赴美中国移民和留学生，在来美的起初阶段，甚至在相当长的阶段里，都是以从事"可以收取小费"的相关服务工作起步的。小费在他们收入中的占比，和对他们生活质量的影响不仅是不可忽略，而是至关重要！甚至一份有机会收取小费的工作，对于这些群体更具有吸引力。小费在他们的看来，早已经不再是一份完全凭运气的收入，而是可以透过对顾客施加影响，而无限扩大可能的"博彩性"收入。更完全不是一份顾客自愿决定"可付可不付"给自己的额外犒赏，而是一份关乎到自己生存的必须所得！

一个在美国的农夫市场架设连锁摊位的游动商家。在与我谈到支付环节的"讨要"行为的时候，就坚持不认为，要求顾客在支付环节，必须要点击设定小费数额之后，才能完成支付的程序，有存在任何不妥。他既不认为这个程序是在"暗示讨要"，也不认为这对顾客的权利和体验会产生什么伤害和不利。因为顾客完全可以点击"no tips"以拒绝小费。在他看来，这对顾客没有任何的伤害。这完全无伤大雅。

但是在他回答这个程序所造成的，顾客如果不点击"no tips"，就无法完成支付的局面。是否对"自愿"的理念存在干扰，并且可能使顾客支付小费的意愿变得被动的时候。他一边否认，但同时他又承认，如果取消这个"讨要"程序，会有可能使得服务员的小费收入降低，那样他则需要通过给自己的雇员涨工资而保住人工。继而也就不得不通过提高食品的售价来消解因此提高的人工成本。所以这对顾客来说是"背着抱着一边沉"！虽然他没有继续把呼之欲出的最后一句结果说出来，但是那句话无疑就在嘴边。"如果食品的售价提高，则有可能会带来销售额的下降"，甚至降低了竞争力。

当我指出，能够使他的商品和服务在市场中呈现给消费者的"价格感受"，不处于竞争和被接受的劣势地位，才是他认同和支持"小费文化"，并且坚持保留"暗示讨要"程序的根本原因。这种"讨要"行为干扰了，甚至伤害了顾客的"自愿"权利，也暴露了一个"难看的吃相"，而并非是什么无伤大雅的"文化"。

此时这位在美多年的中国 80 后小老板则表现出了极不耐烦的态度。他认为大部分的美国人都能接受这些环节，每一个美国人都知道价签上的价格没有含税，都知道小费对一个服务员很重要。这就是美国"独有的文化"。所以就不存在不合理。甚至也不认为美国小费的运行模式在向着"收敛讨要行为"的方向改善。而且在价签上标注"不含税的税前价格"，有利于让消费者清楚的知道自己所纳的税额。

我问为什么，如果在商品的价签上标注"含税的税后价格"，就不能让消费者清楚自己的纳税额呢？让消费者看到的"价签价格"和"支付价格"一致，避免使消费者做出有可能被动的购买决定。难道就无法在付款小票上如同现在一样的，分列出商品售价和税额了吗？

此刻的他明显的表现出了理屈词穷后的气急败坏。转而强调，小费的问题和价签问题都是再小不过的小事，而且跟本不影响消费者的实际利益。美国有无数比这更有价值的事情去讨论和批评，那些事情对人民更有影响。所以不需要在这些小费和价签的问题上浪费时间。对这些问题的不同观点，完全是垃圾观点。


## 当奴性融进文化

小费在诸多"在美中国人"的情感里确实有着特殊的存在。在他们早年在美学习打工的时候，小费客观上确实充当了弥补他们生活费短缺局面的主要角色。他们打工收入中的固定收入部分与生活费之间的"差距"，大多只能靠小费来弥补。每天的小费收入，每一个客人给或不给小费，甚至给多少小费，几乎严重到他是否可以把他当前的美国生活延续下去。在这样的局面之下，他们面对一个客人，是给还是不给小费的时候，那份期盼和心态，以及这个小费对他们的意义，就可想而知了。也许在表面上还可以面带笑容的去"暗示"客人，但是在心里可能早已经双膝跪地了！而此刻面对一个没有给小费的客人，恐怕那表面上的笑容也会瞬间僵硬。甚至去对一个中国客人去"强势追要"也就不足为奇了。"小费文化"在这里又恰到好处的充当了一个他们掩饰自卑的利器！

曾经在上个世纪就来佛州的餐厅打过一年工的，一个中国劳务输出工人，也在谈起小费问题的时候坦言，小费对当时的他来说就是"生活费"。除去了小费，他的收入几乎是微不足道的！当小费对于这一批人的意义和价值如此至关重要的时候，他们对小费的认知就很难以摆脱情感导向的因素。

而后期，当这些在当年承蒙"小费"度过最艰苦的美国生涯的打工者，怀揣"美国梦"开始他们在美国艰辛创业的时候，"小费"又为他们控制成本，减低人工消耗提供了机会。从某种意义上说，这是被小费滋养着的一个阶层。直到今天，很多打工的中国留学生也依然排斥着小费收入较少的工作。

当"小费"同时融进了对一个人生阶段的情感记忆时。对"小费文化"的否定，就不仅是对他们既得利益的威胁，甚至还会让他们感到是对他们的一种"成就否定"。"讨要暗示"在你看来是一个难看的吃相，但是在他们看来，也许正印证着他们顽强驾驭生活，追逐美国梦的无畏进取的勇气和人生态度！

我当然会相信，当这个群体里的人，角色转换成一个支付小费的人的时候，也确实会更加的体现出主动和自愿。因为可能他们还会有一种感同身受的情感认同。小费会让他们想起自己曾经在尤其是"依仗小费"去度日的那段艰苦岁月，而自然也就会有一种情感在驱动此时的自己，自愿的把小费当作一个"必须"要去支付的款项。

这一批人，尤其是早期来美的中国人，大多会诟病中国游客不给小费，没有素质，不懂得尊重美国的"小费文化"。致使服务人员收入受到影响。更多有表现出"理直气壮"的追要行为。但是却从来不去深思，甚至从情感上拒绝面对，他们把服务员因没有小费而生活窘迫的责任和不满都推在未给小费的顾客身上，这到底是否公平？而如此的逻辑之下，顾客对小费的"自愿"权利又从何得到根本保障？他们更愿意用一句"美国文化"或者"这里是美国"来开解眼前一切的矛盾。表面上看，似乎他们更愿意先将"小费文化"天然的置于一个正确的，和不可否定的地位之后，再去讨论在此基础之上的是非和公平。但实际上，他们只是更加潜在的意识到，去"胁迫"一个人去接受一个即有的"文化和体系"，比去改良这个"文化和体系"更容易，也更可以保护好自己的利益。

在他们的意识里，在一个能让自己获利，而且难以改变，并且已经被普遍接受的"文化"里，已经无需再思考其中是否存在弊病了，也是无需改变的。而这样的价值逻辑，似乎恰恰暗合了在中国这样一个极权社会里出生成长的人身上所无法摆脱的奴性特质。

但是耐人寻味的是，在美国不给小费的远远不是只有短期赴美的中国旅行者，相当一部分黑人，和其他国家的移民，以及少数的美国人，也是没有给小费的习惯，甚至是公开抵制小费的。但是却很少看到中国餐厅的伙计去向他们追要。在他们这一批人的心里其实很清楚，他们的眼前利益是建立在，对方也如他们一样的，习惯妥协于民粹和糟粕的文化和体系之上。而在这种情势面前，只有强迫中国人去妥协的成本才可能是最低的。

被社会和环境规训与同化的这个现象的存在是不分国家的。在追逐利益的道路上，对民粹和世俗低头妥协也是不分在哪里生活的。但是因被"规训和妥协"后而产生的自卑，以及捍卫这块掩盖自卑的遮羞布上，中国人似乎确实更体现出了血统上的"先天优长"和精神上的鸵鸟心态。去思考和发现一个社会中的缺陷和弊病，并且承认自己无力改变他，甚至要为改变这个"给自己带来利益的弊病"而做出牺牲，这所需要具备的人格力量，确实超出了中国当前颇具局限的民族性。

我们可以接受一个有弊病的体系，也可以透过这个有弊病的体系获得利益，甚至也可以回避主动从自身去对抗这个体系中的弊病，但是唯独不应该去做的，就是为这个弊病唱赞歌。去阻止和为难那些试图去改良这个弊病的人。有时候必须承认，人的很多特质可能真的融在血统里，即使在后期改换了生活的地点，变更了生活的环境，有些骨子里的劣根性也依旧是很难改变的。

很多时候看着在美国的中国人运作着美国的"小费文化"，简直像极了中国早年街头耍把式的江湖艺人。这看似滴水不漏的"小费文化"逻辑，酷似艺人的开场铺垫，一边给自己卖着惨，一边讲着他自己定下的"江湖规矩"。而美名其曰的"自愿"，就好像大言不惭的"有钱陪个钱场，没钱陪个人场"。等到把敛钱的盆儿伸到人家脸前不肯挪开的时候，就如同非要让人家在刷卡器上点一下"no tips"一样。当人家拒绝了之小费之后的那副嘴脸以及"追讨"行为，就好似这位"老江湖"在人家"陪完了人场"离开后的破口大骂。

在中国的一些以专门从事房地产，保险理财，保健品和医疗器械等产品销售的公司里。对于刚刚从农村及三四线城市来到北京上海等大城市里谋生的年轻员工所进行的培训。往往刻意采用让员工无限的接受被鄙视和凌辱，甚至主动自辱的方式去诱导他们，以无底线的放弃一切尊严和人格的"魄力"，以不再去对是非对错做出思考和判断的"大智慧"，去投入到销售工作中去。让他们认识到"促成交易"是唯一判定成功与否的标准。在这个城市里生存下去，才是实现个人价值，以及"还原尊严"的唯一途径。

于是，在钢筋水泥的丛林里，在呼来唤去的生涯里，就出现了一大批身着西服领带，油头粉面的顾问和中介。这些经理和总监们，用好似背书一样话术套路掩盖着他们几乎为零的执业经验和专业水平。用奴才对待主子一样的殷勤之举和谄媚态度，以虚情假意的情感营销技巧，以及经过了专业包装和培训的欺骗和隐瞒伎俩，去面对以老年人为主体的客户群体。

我不能判断，能接受这样的"价值灌输"的人，具有什么样的民族特性。但是我可以相信的是，一个人的骨子里如果藏着奴性，到哪里都是一样的！躲开了这个充斥着封建残余的社会体制与环境，也躲不开那个被诟病为"每个毛孔都滴着血和肮脏之物"的资本的胁迫。那些从农村来到城市以后想要实现自己的"城市梦"的乡下人，和那些从中国来到美国以后想要实现自己的"美国梦"的中国人，所持的价值理念其实基本上是一样的。

## 强迫他人行善，离作恶还有多远？

如果美国在对小费的去"讨要化"上确实改善明显，并且这一"文化"确实正在向"文明"转变。那么必须看到的是，中国人比美国人对这一"文化"的转变和改善，接受的更为迟缓和被动。美国的商家可能也会向顾客"暗示讨要"小费。但是美国的消费者确一般不会去在乎其他人对小费的态度和做法。甚至对小费的公然讨论，在美国也不太容易成为一个热衷的话题。因此美国人还是愿意把小费当作一个纯粹的私人事务。但是在中国人的圈子里，很多时候他们会希望把"支付小费"当成是去组织一场道德仪式和善良行动。并且把调动和敦促其他人的参与，列入这个仪式和行动的重要组成部分。

去朝鲜旅游是不可以自由行的，必须参加朝鲜方面的旅行团。于是我不得不与一众大妈们同行。并且看着这些大妈们"表演"给导游"凑小费"的桥段。在平壤火车站即将登上返回丹东的火车之前，大妈们招摇着去与其他的团友讨论给导游凑多少"小费"合适。我固然相信这些大妈们没有以此谋利之图，完全是出于对导游的感谢与犒赏之心，但是他们会很自然的采取一种"社会化"的方式和手段，把他们自己的这份愿望传递并影响到他人的身上。在他们看来这个"号召小费"的动作代表着不可或缺的善良义务，并彰显出了中国人的慷慨和友爱。而完全没有考虑到，或者在他们看来根本不需要考虑，被他们所号召的对象的愿望和选择，以及这是否也同时伤害了朝鲜导游自己所应有隐私和自尊。

类似这样的现象在中国人的圈子里并不少见。如果是和外国旅行者一起 share 一辆车出游。结账时各自拿出自己应该 share 的那部分车费给司机，这很自然和顺理成章。我也看到过有外国游客在支付完车费后，再单独塞在司机手里一点现金表示感谢的情况。但是如果是和中国人一起包车出游，则会在结账时候和大家商量应该给多少小费合适，然后加在需要每个人 share 的总体车费里一并支付给司机。每次中国人这样的操作都让我感到匪夷所思……

在很多时候，只有中国人在表达一项服务的价格的时候，更愿意连同他给出的小费加在一起表达出来。在伊朗，巴基斯坦等一些国家的消费确实比较低，而在尚没有彻底商业化的市场里，我们可能会透过当地的服务者，体验到低廉且超值的服务。于是很多中国游客愿意支付更高甚至是高到与服务本身价格不成比例的小费作为回报。这种个人选择的做法或许也无可非议，但是这确实在客观上抬高了当地服务者的心理预期，把来自部分客人对他的额外感谢，在未来的服务过程里，推及成为对待所有客人的普遍奢望。而且再附加上国籍标签。这在一个本身尚未规范的市场，尚处在商业文明导入阶段的时候，起到的作用和后果的确值得商榷。

这份被当作道德责任和善良义务的小费，似乎很多时候并不是发自内心的修养驱动，甚至也不是善举选择。而更像是一份需要用心自治甚至是要与人分担的世俗压力。而问题是很多人更愿意用这样的方式去向其他的消费者传递释善义务的要求和号召。希望大家去了那里，能给包车的司机多一点小费，因为他们的生活实在是太苦了。我一般都是给多少多少，希望大家都能帮帮当地人。等等……


## 我也曾给出的那些小费

爱默生说"有时我也会屈服，给一美元小费，但是这一美元非常邪恶，未来总有一天，我会鼓起勇气不给小费的。"我虽然没有觉得我付出的那"一美元"小费很邪恶，但是我在美国付出的大部分小费，确实很大程度上是来自于对美国"小费文化"的迁就。因为我大部分时候我实在找不出应该给小费的理由。而仅仅是想这个没有让我挑出毛病的人 feel happy！但是如果对方有"讨要暗示"的行为，我一般是不会付的。如果对方的服务和食物确实没有达到让我满意的程度，我也是不会付的。而且我付给美国人的小费从来都是"凑整"而已，远远不会达到 15%！

## 在波哥大，我得到了超过我预期的服务

尽管就波哥大的安全形势，房东对我警告在先。但是我还是决定夜里出去转转喝一杯。我在波哥大夜生活最热闹的区域里，选了一家看起来逼格应该很高的酒吧。我坐在吧台前，让一个光头的 bartender 给我推荐一款精酿啤酒。他拿来了五个小杯子，从他身后的一排鲜酿啤酒桶里，接了他们店内的全部五种啤酒让我免费品尝。这些给你免费试喝，你喜欢哪个告诉我，我再给你单点。

在哥伦比亚找到一个能流利说英语的人并不容易。此刻这个英语流利，朴实厚道，又热情周到的光头小伙理应得到我的小费！而得到小费的他，显然也不是一个收小费的老手。一副又惊喜又腼腆的样子。

## 在蒲甘，我看到了一颗安贫乐道不贪婪的心

我决定包一辆马车去老蒲甘转一天佛塔。我和一个 19 岁的小马车夫商定好路线，包括我具体要去的哪几个佛塔，直到最后我看完日落后，把我送回良乌我的酒店。并且谈好了价格。大概是相当于 25 美金的样子。这个小马车夫英语还好，交流问题不大。对路线和佛塔的情况也非常熟悉。赶马车的技术也很熟练。穿着隆基，脸上涂着

Thanaka，嘴里嚼着槟郎。时不时的张开他的"血盆大口"对我笑笑。虽然有点贪玩的样子，但还是很老实的。

坦率的说，这整整一天下来 25 美金。这价格我觉得好像都有点对不起这匹马。当时一般的价格是 35 美金。可能是因为当时正值酷暑天，客人太少。所以他不得不降价。在我付他钱的时候，恰好没有零钱。他拿着我的钱跑去附近的商家去换零钱。过了好一会儿才回来。找回来的钱大约折合不到两个美金的样子，看着他老实诚信的递给我这一把本地钱。我说让他留下去买槟郎吧。

## 在基辅，一切都以我最接受的方式出现在最恰当的时候

基辅的脱衣舞俱乐部无论是"绝对质量"还是性价比，都让我感觉远超芭提雅这样的所谓的"男人的天堂"。虽然实际上在基辅众多的脱衣舞俱乐部中还是有很多陷阱的，但是我们找到的这一家是和我一起的一个日本小伙子经过了严谨的挑选和朋友的推荐而选定的。无论是台上不穿衣服的表演者，还是台下穿着衣服的服务者的颜值和身材都几乎是无可挑剔的。而且无论是酒水还是门票的价格也都完全体现了超高的性价比。服务热情周到但没有殷勤撒娇，表演固然充满诱惑但没有带有目的的挑逗和骚扰。恰好一切都以我最接受的方式出现在最恰当的时候。大概能让一个人完全处于放松和开心状态下的机会也不多吧。为了这种偶然，我也愿意让她们分享我的快乐。

终极的信仰是自由

# 一、当年断舍离

# 完成新冠疫苗接种

2021 年三月初的时候，我后面计划路线的状况大多都不理想。从西非到中东的大多数国家基本还因疫情而处在很多入境限制和封闭的状态。而此时的美国已经开始了如火如荼的新冠疫苗接种行动。鉴于这样的局面，我决定在美国再多停留一段时间，一方面试图把疫苗接种了，另一方面也是再多观望一下目标国家的开放状况。

尽管那时很多人还对疫苗存在很多怀疑甚至抵触。直到今天对疫苗接受和抵制的两派意见和认知也依旧存在着。但是在启动之初的时候，美国总体社会面申请接种的人数还是大于供应的数量。加州的新冠疫苗还暂时不能向游客提供。于是我选择回到德州去打。虽然在德州的预约也不是很顺畅，但是显然德州比加州更开放，可以接受游客的预约。我最终在距离我租住的地方非常远的一个 Walgreens 约到了 3 月 22 日和 4 月 19 日的两针 Pfizer。

等待两针疫苗的总共所需时间，要求我要在美国停留大约一个多月的时间。于是我在休斯顿的华人区租了一个房子。一方面在那里等待接种疫苗，另一方面也可以利用这个时间让自己静一静。仔细的思考一下后面的计划。那房子是一个 Townhouse，一共两层，楼下是客厅，厨房和一间带卫生间的主卧。楼上是两间客卧和一个卫生间。主人是一对早年来美的四川夫妻。如今已经有了身份，并且把女儿女婿和孙子也接来了美国，并且也都拿到了绿卡。他们两夫妻两人住在楼下，我用一个月 600 美金的价格租下了楼上的房间。虽然我的房间里仅有一个直接放在地上的床垫和简单的铺盖，但是对于我这样一个旅行者而言也算足够了吧。但是我和他们讲好不能再把楼上出租他人。我要求必须拥有独立的卫生间。

这对四川夫妻早年来美的时候自己开中餐厅。男人在国内就是大厨。女人也是在餐厅帮忙。现在疫情爆发，餐厅也不开了，干脆在别人的中餐厅给人打工。休斯顿华人区的中餐厅几乎没有一个是他们不了解的。他们觉得自己混到现在这种地步，打工挣得也不比自己当老板少。虽然每天也要早出晚归，但是少操心很多事。我早晨起床的时候他们已经离家了。就这样，我早晨起来去星巴克喝杯咖啡，下午去华人区的超市买个盒饭做晚餐。晚上躺在床上看看路线和各个国家的出入境资讯。在这样的日子里，时间过的也很快。

晚上躺在床垫上发呆，忽听楼下的房东大姐喊我

大姐：小弟，麻烦你能不能下来一下，我和你大哥有几句话和你说。

我：哦，好的好的。

大姐：是这样的小弟，我和你大哥有一个好朋友一直在佛州开中餐厅。一直叫你大哥过去帮忙。现在给出的价格已经让我们很满意了。我们就打算过去了。现在就打算把这个房子卖了。所以这两天会有人来看房，如果要是快，可能到不了一个月就交易了。到时候差几天，我把你的房租退给你。你看好吧？

我：哦，哈哈好吧，可以理解。

大姐：那不好意思了，你这两天就再留意一下其他的住处吧。你如果找到了满意的房子，随时可以搬走，你哪天走，我就从哪天给你退回剩余的房租。

我：好的，你放心吧，不会耽误你交易的。大不了我去酒店住。

大姐：嗯嗯，好好，那就这样说定了啊。

我：嗯，啊，你这个房子卖多少钱啊？

大姐：啊，15W，你要买吗？我这个房子买下来很合算的。你要是买，反正你也贷不了款，你在这里给我十万美金，剩下的你可以转人民币到我国内账户。

坐在一边的大哥终于说话了

大哥：这个房子买下来很合算的，保证你不亏。虽然都说townhouse 不如 house 容易增值，其实都是会涨的。我们买的早，你要是买我也不加价了。就 15 万！房子就按照现在样子交给你，现在房子

里的这些小毛病我就不管了。

我：啊，哈哈好，让我考虑一下。

Chris 听说我回到了休斯顿，过来找我去吃饭。在吃饭的时候也谈起了德州的房产投资。几乎所有我认识的在休斯顿的中国人都建议我在德州买个房子。LL 也曾经给我算过在德州投资房产的账。虽然不能和中国的房产投资收益相比，但也是一个很值得考虑的投资。他们认为虽然现在德州的房价已经不在低谷了，但是还有很大的上涨空间。买了至少还是不会亏的。

其实他们的这些建议一直都没有太让我往心里去。但是现在这栋房子摆在面前了，我干脆就随势而为吧。但是我没有想到的是，在我接受了以 15 万的价格买下夫妻俩的这栋房子之后，大哥大姐却连续两次加价，直至加到了 18.5 万。我一赌气表示放弃了。而后来听说这个房子最终以接近 20 万的价格成交了。

自从在 2015 年卖掉了我住了 19 年的房子，开始环球旅行之后，就没再仔细想过再买房的事情。我总觉得我这样一个连自己的生活都难以规划好的人，买个房子也许会形成累赘吧。在我还努力拼搏挣钱的那几年，北京的房价还处在低谷没有涨起来。在那个时候我的经济能力买一套房子还是没有什么问题的。但我那时却也没有想过去买房投资。而很多当时经济条件并不是很好的人，在当时毅然出手，现在都早已财务自由了。可能我天生就与靠炒房子挣钱这条路没有缘分吧。而且似乎从我卖掉房子，决定与过去断舍离的那一刻起，我就开始习惯了极简生活。

# 无奈的"程序正义"

　　当我再一次被楼上的装修吵醒的时候，我看了一下时间是早晨 6 点半多一点。按照北京市政府的相关规定，家装施工的时间只可以在上午的 8 点 -12 点，和下午 14 点 -18 点之间，而且周六日不许施工。对于长期以来睡眠状态一直处于，"晚上睡不着，早上醒不来"而且深度睡眠时间很短的我而言，一旦在这个时候被吵醒就很难再入睡了。楼上的装修已经持续了一个多月了，目前工程其实已经接近了尾声。而这已经是自他开始装修以来，我第七次被他们在早晨 8 点以前的时间里吵醒了！房子的主人当然是刻意躲开与我的碰面和可能的摩擦，无论是发生了什么，只要能别耽误装修的进程，他尽可能的睁一只眼闭一只眼的躲闪着，让工人尽量把所有的问题和矛盾都糊弄过去。一旦工程结束，则万事皆无。

　　深知这种具有普遍性的市井自私心理的我，虽然每次上楼把明知故犯，总想怀着侥幸心理碰触我底线的工人大骂一顿之后，都会让这些工人告诉房主，让房主找我，否则我就让你停工。但是实际上，在我心里并没有刻意的去追究房主在我面前的出现与否。本来也没想过向他要求什么"扰民费"，只要让房主知道了，有所干预和收敛就行了。装修对于一个房主来说算是大事，而正常的扰民本是在所难免，就算是小事吧。于是前六次都这样让他心知肚明的蒙混过关了。从之后他每次回来监工时，与我在小区碰面后，故意躲闪我的眼神，我能确定他无疑是知道了我的不悦和意见的。虽然我并没有刻意要求过他在我面前有一个什么态度，但是在这种故意的躲闪和对我的吵扰丝毫没有收敛和改善的现状里，却让我感受到了一丝隐藏着的蔑视和对抗的味道。

　　装修接近尾声以后，确实已经没有太大噪音的工作了。而这次的噪音以我的判断，楼上的工人应该是用砂纸打磨刮完了腻子的墙壁，就准备要刷乳胶漆了。但仅仅是这样的声音，以北京"八零住二"图纸下的房子的年代和质量情况来看，已经完全可以吵醒这间房四周围的住户了。重要的是，这种不停的呲呲呲呲的声音，加上被我嗅出的那份蔑视和对抗，俨然形成了一种颇具挑衅意味的行为！

很难说人是不是真的生而平等，但是人确实是生而就要吃饭，生而就会有脾气。每次被我骂的从不敢对视甚至不敢抬头，明知故错却转身又"故错重施"的这几个外来农民工。承受着"人生最大的不平等：出生的不平等或者是出生地的不平等"。带着难以进化的自私自利的劣根性本质，他们当中的大多数人对他们来淘金的这个城市几乎从来没有考虑过维护和尽责。尤其是当他们已经放弃了与之相互融入和获得归属的目标之后，他们在这个城市的存在意义只剩下透过最大化的索取和出卖尊严的狗苟营生，直到有一天可以衣锦还乡，安享晚年。但在他们为了生计而表现的不敢怒也不敢言的背后，心里无疑也藏着一份与这个城市以及这个城市的原住民之间的一种对抗甚至是仇视！

"你丫怎么着吧？我就干了，你上来也不敢打我，我也就是为了在这里挣钱，要是在大街上遇见你这种跟我骂骂咧咧的，咱拉开试试，看看我们乡下人收拾的了收拾不了你们城里人。你上来骂啊，骂完了你也一样别想睡了，你骂完下楼了，我接着干，你再来，我再停下，折腾你两次，也到了我可以开工的时间了。你也不能怎么样我了吧？看看是你牛逼还是我有办法治你，我干装修这么多年了，什么牛逼的邻居我没见过，看你每次上来气势汹汹，咄咄逼人的样子，我就看看你能把我咋样！你要是真打了我，我挣的可能比这装修的活儿还多！"

越想着这些让人"无法弄"的局面，心里的火就越是酝酿着冲突。我翻身起床，穿上睡裤赤膊着上身，拿着一把锤子直奔楼上，这次我连敲门都没敲，在门外直接挥锤砸向了他刚刚安装上的崭新的防盗门。几锤子下去，他崭新的防盗门瞬间变成了斑驳的铁板，而我特意对准门径，砸的他无法再使用。一下砸了十几锤子，躲在里面的工人依然不敢开门，只是在里面喊，"大哥别砸了，我知道错了，您回去吧，我们已经停了！"我让他开门，里面的人依然不敢开。但我心里知道，只要对方不敢先动手，我是不会直接伤人的，现在这年代没有打了人不花钱的情况了。

工人："大哥您消消气，我们已经停了，您回去吧。"

我："我跟你们说了多少次了？你他妈到现在才知道停了？"

工人："对不起您，我们也没看时间。您回去休息吧。"

我："你再让我听见你在 8 点之前干活，你就跟这门一样！你他妈给我记住了吗？"

工人："记住了，记住了……"

回来躺在床上，凭经验，我知道这个事情没完。警察不来，这房主也得来找我。好啊，这次看看你还躲着我不躲着了。追着找你是我的风格吗？我看看这次你还怎么躲着我，你还怎么自作聪明。果然不到半个小时，我听见我屋外有人重重的捶或是踢了一下我的门，并大声怒吼，"开门！！！"

我大声回应，"我操你妈的，谁啊！喊你妈逼什么！"

"我楼上的，开门！干嘛砸我的门！"

我同时还能听见我同层的邻居，在低声劝说着，"别冲动，好好说，别闹大了，都是邻居……"

我穿好衣服，找出我的甩棍别再腰间，同时又手持一把电棍打开了房门，包括房主和他儿子在内的至少 7-8 个人，把我所在的楼层的不到 2 平米的地方堵的水泄不通。我没等他说话，直接打开了电棍的按键对着人群挥动了一下，都给我往后靠！别跟这围着我门口！人群中开始骚乱，女人的声音开始出现，"啊！小心呀，他有电棍！"

房主："唉，你别这样啊，我没有要打架，我就是问问你为什么砸我的门？！"

我："谁砸你门了？谁看见我砸你门了？"

房主："那我的门怎么这样了，你去看看。"

我："我看的着吗？你的门被砸了就对了。那是你的报应知道吗！谁让你不按照规矩装修的。"

房主："我怎么不按照规矩装修了？不管怎样你也不能砸我门啊？"

我："你怎么不按规矩装修的你自己心里明白，不明白也不要紧，把门换个新的再被砸一次，你早晚能明白！门不被砸，你就永远也明白不了。我没砸你门，你想找事咱们可以下楼说，别跟这，这地方闹不开，吓着邻居的孩子也不好。"

房主："行！你这么说是吧，咱们有地方说理去。"

我："你爱找谁找谁去，别跟我这废话！"

房主："行，你等着，马上就来。"

我说完回屋关上了门。我心里知道他肯定报警了。果然，不到10分钟，派出所的警察带着两个辅警来敲门。这次无论是态度还是敲门的力度都能看出来是警察。

警察：怎么回事啊？楼上的门是你砸的吗？

我：不是，我没砸！

警察：谁刚才看见他砸门了？谁能证明啊？

被我骂过的工人挪着好像灌满了铅的腿走到了距离我半层楼的三层半的地方，站着不敢说话。

警察转向工人：刚才怎么回事啊？是你看见了他砸门了吗？

我指着刚被我骂过的工人：是你啊？是你说的看见我砸门了吗？

警察：唉，我问他，你就别问了。你把你身份证给我拿来看一下。警察阻止着我对工人的呵问。

工人低声嘟囔了一句：呃，大概就是刚才他们说的那么回事吧……

警察转身把看过了的身份证还给了我，"你现在需要跟我们回派出所接受调查。"

我：你这算是口头传唤我是吗？

警察：是的！你有什么问题吗？

我：没问题，我就是要搞清楚你这程序。你要是正式这么要求，那我必须配合你工作啊!

警察转身对这房主:你们的人也马上去一个人到派出所,一起去处理这事。

在警车里,警察好似随口对我说着:"你说这大礼拜天早晨的,何必呢。现在这超过 1500 块钱就可以定损害公司财物罪。至少拘留 15 天。"

我:我没损害谁的财物,我没砸他门,这楼道里也没有监控,就凭他说他看见了就可以定我罪?那这法律也太儿戏了吧?

警察:呵呵,行行行,咱回去说吧……

出警的警察并不负责这个案子,而是交给了值班的另外的警察。到了问询室开始做笔录。凭中国警察的经验,这样的案子到现场一看就都知道是怎么回事。但是笔录和程序还是必须要走。我坚持说我没有砸门,我只是上去和他交涉他违规施工,吵醒我睡觉的事情,至于他的门怎么样了,我一概不知,一概不负责。警察问我用什么敲门的,我说用手啊……

一般情况下,特别是这种因为人民内部矛盾闹到派出所去的案子,警察对待当事人,总是一个白脸一个红脸。一个吓唬,一个劝导。甚至于现在的警察,都可以一个人在红脸和白脸之间自如的转换。唯一不同的是,要看看当事人有多少"经验"……

负责做笔录的白脸,不苟言笑,一丝不漏。笔录接近尾声的时候,一直坐在一边玩手机的红脸突然说话了,

红脸:在哪工作啊?

我:没工作!无业。

红脸:你说就今天这点事,你给所里打个电话不就得了吗。至于给弄成这样吗。

我:我说实话,我是实在不愿意给你们找麻烦,又没伤人,又没什么实际损失,让你们跑一趟也实在没必要。

红脸:那你也不能这么极端啊,你就算生气,你把他工具给他扣

了，让他没法施工。也比这砸他门强啊。我们同事也跟你说了吧，现在这门都贵着呢，这肯定够拘留的线了。

我：我可没砸他门昂！有纠纷我是承认，但是我可从来没承认过砸了他门。

红脸：你砸没砸人家门，你心里清楚。不是没有录像的就都不能证明。人家有证人证言。你这态度看样子是非要把事闹大了是吗？

我：那既然你这么说，那这样吧，你们也别费神了。笔录这不是也做完了吗，我只能按照我的所述签字。你们要是觉得这事证人证言可信可采纳，案值也够。那就直接报分局吧，该拘拘，该判判。我都配合！

此刻白脸说话了，

白脸：哎呦……这哪至于的啊，我知道您心里有气，也没必要这样啊。您看看，这要是按照岁数说，我们哥俩还真得管您叫声哥哥！您这都这岁数了，怎么还总是把事往极端了弄啊。

红脸接着说：我们是希望这事别弄的那么麻烦。咱先不说什么砸没砸，对方现在也没提出来具体赔偿的要求。都是十几年的邻居了，大家就不能坐下来心平气和的聊聊吗？我们就是拘了你，你回来不是还得住这吗，不是还得做邻居吗。就凭您这脾气，这事能完吗？您说……

我：成，那我听你的，你说怎么着就怎么着，跟他聊没问题，但是赔偿的事，让他别存一分钱的妄想，我今天就是非要给他这个教训。

红脸：别，别说听我的，聊不聊都是您的权利。没人逼您啊！至于赔偿不赔偿的事，是你们的事，跟我们派出所没关系。至于教训，那你这话说太早了，还说不定谁给谁教训呢！

我所居住的小区是一个混合小区，什么单位的人都有。小区一共的六栋楼里住的不仅有当地的回迁户，据说还有中石化，海洋局，公安部等中央单位的职工，90年代中后期的时候，据小区的保安说，前北京市委书记李锡铭也曾经在这里周转过。而我所住的这栋楼的产权属于一个中央级的戏剧单位。早年，包括很多如雷贯耳的名角儿都在这栋楼里住过。而我楼上的这家，夫妻俩都是京剧演员。男的是一个武生，女的是一个青衣。此刻来和我谈判的就是男主人和他彼时还没过门儿的儿媳妇，这新装修的房子就是为了这即将新婚的小两口准备的。不管怎么谈，我自然是做好了不管他有多大损失，也得让他咽到肚子里的决心的，否则我这一个多月的这口怒气消不了。而同样经过了与红白脸民警对谈之后的他们，有了厉害认识和现实判断的他，也自然有了更平和一些的态度，但是明显对于眼看着即将要咽下去的损失和不得不自己找台阶补起来的面子，还是心存侥幸的想和我矫情一下。

武生：咱们虽然不算熟悉，但是也不能算不认识吧。早先每月交电费，要每户轮流去各家抄表的时候，咱们不可能说不认识彼此吧？那你说咱们这楼上楼下住了十多年了，怎么就这点事至于成这样呢？我听说了，您找工人好几次了，您和他们说不管用，您找我啊！您这什么不说，直接就砸门，这……这也太过分了吧？

我：你刚才说什么？听说我找过工人好几次了是吗？什么时候听说的？你的意思是我以前找你的工人，让他别在早晨8点之前开工这事，你到今天才听说是吗？啊？是吗？嘿！我问你话呢！你是今天才听说吗？

你去，去把外边你那工人给我叫进来，咱俩一起问他！他要是承认说他从来都没跟你说过这事，那没关系，你的门不是被人砸了吗？这门多少钱从他们工钱里扣！这主我给你做！

武生：唉……算了，咱也别这么复杂了。我要和您谈的想法，就是先给你道个歉，不管怎样，打扰了您了是我们的不对。我不可能长时间在这盯着，工人有工期限制，肯定有侥幸心理。您提意见是对的。有时候我过去了，他们随便顺带着提一句，说您嫌吵着您了，有可能是我也没太往心里去。但是我觉得咱们之间怎么说也不至于到砸门的这个程度啊！您说您也装修，您这十几年装修了两次，每次我们也没有干扰过啊！咱们没有什么冤仇吧？我就问问您，这砸我门，是就因为打扰了您睡觉了？还是这十几年里我还有什么对不住的，您一直记在心里没过去啊？

我：首先，你记住了，我没砸你门啊！你要是再跟我这么聊天，咱就甭聊了啊！其次，我装修的时候从来没有在政府规定的时间之外开工。当年我装修的时候正好是非典，在这栋楼里住着的你们单位的职工串联组成的阻止我装修的"维权集体"里也包括你媳妇吧？当时你们的维权惊动了居委会，办事处和派出所。后来官方公开表态，非典期间没有规定要求家装停工，而我也没有在违规的时间施工，这才让我当年的施工正常进行吧？你媳妇当年向我提出来，我们在正常的时间里的装修吵了她看电视了，我都是让工人尽量照顾她的时间。当然，你们当年提出你们的诉求和担心，尤其是在非典期间，我完全可以理解，我也主动的因应和处理了。我说这个不是说因为这个事咱们有什么历史冤仇，我是说我装修的时候，连办事处和派出所都介入了都没有提出异议。就更说明我当年的装修没有任何问题了。所以你别跟我提什么我当年装修的事，这和你的装修违规没有任何关联性！

但是今天你屡次在违规的时间开工装修，你这门被砸了，那就是你应得的报应。你这岁数的人，这个道理应该能想的通。既然你知道工人有侥幸心理，希望碰触施工时间的底线赶工期，我不懂什么叫"随便顺带着"提一句！但是你也承认，你是知道我被吵醒了之后找过你们，你还就选择了不往心里去了是吗！？那你这门被砸了，不是很公平的事情吗？工人侥幸想赶工期，你想不想尽早完工啊？工人跟你说扰民了，有人投诉了你都不往心里去，工人跟你说你门被砸了你怎么往心里去了？你怎么知道主动找我来了？怎么你给别人造成的损失你都不往心里去，你自己一旦损失了你立刻往心里去了？你知道我跟你的工人说了多少次吗？今天这是第七次！六次你都不往心里去？你这装修期间，我在小区里也见过你回来，你问过一句吗？当然，咱俩是属于一直对脸儿也不打招呼的那种关系，但是你是不认识我吗？

"工人能糊弄过去的事，何必挺身正面迎接矛盾呢？尤其这个邻居也不是我们单位的人，也不存在今后同事关系紧张的问题。所以他顶多也就是骂骂工人出出气也就算了！话说回来了，吵醒他他能怎么样啊？他敢真动手打了我的工人吗？不是拘留就是得赔钱吧？本来自己就已经吃着亏的事，还想再弄自己一身麻烦吗？都楼上楼下的住着，谁家都会装修，但是谁家也不是天天装修。可觉是天天都能睡的啊！早几分钟开工晚几分钟开工有那么严重吗？多睡几分钟少睡几分钟能死吗？做人怎么就这么一点包容和担待都没有呢？再实在点说，六次也好，八次也好，反正吵醒也吵醒了，我也不可能因此赔钱给他！工人他骂也骂了，我出面有什么用？我就算跟工人说，让工人按照规定时间作业，但这工人就是这种素质，就这么侥幸，就是又没按照规定时间开工了，我又能怎么样？他又能怎么样？除了再把工人骂一顿也没有别的什么招吧？都是挨个骂就过去的事，骂谁不是骂啊？那我干嘛非上赶着让他骂我啊？"

我说的对不对？我说的这些是你的心里吧？你说你能比谁聪明多少啊？那你说你这实际效果，这不就是欺负人吗？？？你说工人侥幸，但是工人的侥幸却正好让你成了受益人！而让我成了受害人了！工人侥幸，你不侥幸吗？这楼里装修的人多了，工人的素质都差不多，都扰民，但是有几个因为工人施工扰民就门被砸了的啊？可是现在你的侥幸没能侥幸过去，你的门就恰巧被砸了。你说这不公平吗？你有什么可委屈的啊？

武生：哎……我是真没想到这事惹您生这么大气。我也承认刚才您说的这些多多少少是存在一些，我也不解释了，我就再给您道个歉。今天这事您多担待了！但是我要说的是，有一条您是冤枉我了！就是您可别说我们欺负人！刚才我们这亲家都说了，您这邻居也太凶了。我是知道您的脾气的，别说咱们这楼里，就是整个咱们小区，您说您住到这里来这十多年，您打过多少架？您要说我有侥幸心理，疏忽了照顾您的权益这我承认，但是说我故意想招惹您，占您便宜这我不能承认！您住三楼我住四楼，十几年来我这看见的您，听说的您……多少我也是了解您一些的吧？

我跟您也说实话吧，今天这事拘您绝对够线了，我这门的发票也带来了。只要我要求就可以报分局，但是我放弃了！我这房子装修以后是给我儿子结婚住的，我已经不住在这里了。我是不希望咱们因为这事留下什么梁子，将来咱们日子都过不好。这事咱们处理完了，希望您以后还能多关照他们。您是 70 后，我是 60 后，咱们不是一代人，但是算是一辈人。我 64 年生人，今年正好 50 了，我 25 岁有了这个儿子，今年他也 25，也结婚了，他媳妇这也怀孕了……哈哈，我 50 岁当爷爷，我觉得这辈子我挺知足的！我不知道我具体比您大多少，我就是知道这人过这一辈子不容易，有些亏吃了就吃了无所谓，我是说我这门昂，我说实在的，和您在楼道里纠缠的时候，我承认我是很生气，但是我没在乎过我再换个新门花多少钱，吃了多少亏。我现在在乎的是，以后我儿子住这里怎么和您相处！？咱别把这事搞得没完没了……

2014 年的夏天来的挺早，从派出所走回家的路没多远，但是天气已经让我感觉很热了。几天后他自己换了一个新门，把被我砸了的门拆下来，放了在三楼半的楼道窗户前面，故意挡着一半窗户，为的是不仅让全楼的邻居都知道我的"恶行"，也是让我进出时候，因为遮光而注意到这个被我砸的满是斑驳的门板。

后来在一个酒局上大家聊起这个事，都说我这事处理的挺好，既没赔钱也没招惹上麻烦，还没动用关系欠人情，又把这口恶气出了。有一点生活经验的人都知道。在当今的中国社会里，对一个既无权无势，又真不是流氓恶霸的一个普通小老百姓来说，有时候想保住自己的一些权益，还真不是一件容易的事。至少在表层的道理就是这样。当政法不愿意或者不能对治理一个普遍性的社会弊病支付成本的时候，这项成本就会转嫁到公民的个人身上了。而造成的局面总是呈现出，让吃亏忍让的人感到气馁，让侥幸泼蛮的人愈加嚣张。但是反之，如我这样处理的结果。又会让人对遭受了显性损失和委屈的人心生怜悯，感叹世态难言，谁都不容易。在我们所生活的环境里，委曲求全的弱势群体和自私无赖的市井流氓有时候就只有一步之遥，甚至在一个人的身上都可以视具体情势而随时转换。

## 当年断舍离

"砸门"这事虽然也就算这么过去了。但是不知道是白脸警察的那句"论年龄"得叫我大哥，还是只比我大整整十岁的房主的那段"50岁当了爷爷"的感慨，这件事在后来的相当长的一段时间里对我所产生的影响或者说是触动，就是让我开始无法停止的回忆起我在这所房子里所居住的18年里所发生过的事情。在这段从22岁到40岁的18年里，这所房子也算是见证了我的青春从巅峰走到谷底。经历过什么事，遇到过什么人，打过多少架，挣过多少钱，带回来过多少个姑娘……

老房子里印刻着青春，而青春却已经离场。我一直以为在一年多以前，久病的父亲离世和毅然结束衰退不前的公司，是让我自己进入这种对万事皆无兴趣状态的原因。而实际上青春退场这个现实和现状，正在以一种不易让人意识到的方式默默的侵袭着我。一直用"生命本身不需要妥协"来鞭策自己的我，实际上很长时间以来都已经让自己处在了一种即将要向生命妥协的边缘。那份萎靡和消沉背后的固守和放弃，在本质上其实已经很像那些狗苟营生的农民工，那套效仿市井流氓的手段看似只是对生活中消极因素的一种对抗，但实际上已经慢慢的影响着价值导向在无可自拔的蜕变。长久以来，我对自己当下的这种生活状态，对我身边所有的社会关系，特别是包括对我自己，都已经充满了深深的厌恶和抵触。我感到我和我的生活被锁控在的那个无形的牢笼正在不断的缩小。我心底里开始希望也必须去寻找一种方式与这一切割裂开，哪怕这是暂时的。我曾经不止一次的梦见过我卖掉了包括这所房子在内的我身边的所有东西，一人一包的踏上流浪的旅途。

当我在住建委的那些繁琐而复杂的房屋过户文件上签完最后一个字的时候，买方的经纪人长嘘了一口气说，好了！现在你即使再后悔也没用了，这房子已经不是你的了。由此可见，他一定一直都非常担心，我会像他曾经遇到过的不少卖房人那样，在这个漫长又复杂的手续办理过程中突然反悔，又舍不得卖了。

　　能够印证这一点的，还有在这个过程中，不止一次的追问我，"卖房以后的感受如何？后悔不后悔？"的 Dawson。后来一起喝酒的时候他告诉我，他 2012 年卖他那所老房时的感触，至今还让他记忆犹新。在房子腾空之后即将搬离的那一刻，望着空空如也的昔日老宅，Dawson 禁不住泪如雨下！那一刻要与之道别的俨然已经不仅是一项简单的固定资产，而更是一段人生历程的特殊载体。一所房子贯穿着从早年独居后的欣喜与逍遥，到后来当打之年的悲欢与沉伏，以至如今青春即逝的消沉与淡然。此刻对"故居"的舍弃，更象是与自己一段人生历程的割断，与自己青春时代的别离。景映过往事，物牵旧思绪。Dawson 彼时的情怀，我此时无疑也是感同身受！

　　然而我与 Dawson 卖房的不同之处在于，Dawson 当年卖房是为了再买新房，继而建设一个条件更好的家。而我卖房却只是单纯的为了去完成一次，我自以为对我意义重大的"人生断舍离"。我要在彻底的清理掉我现有的一切"身外之物"之后，去开始一场"不带钥匙的旅行"。

　　那些精心设计过的装饰装潢，那些亲自挑选来的家具电器；衣柜里数目繁杂的四季服饰和行李铺盖；书柜上多年积累的藏书文具和饰物摆件。从生活必备的居室用品到破家万贯的厨卫器具，从锅碗瓢盆刀叉勺到柴米油盐酱醋茶。这其中最难以割舍的要算是那些，如果不去这样清理，可能永远也不会再轻易想起他们的，那些年代久远的珍藏，那些意义特殊的礼物……

　　而此刻，以上这所房子里的所有所有的这一切，凡是被排除在能装进一个旅居者 70 升的背包之外的东西，都将随着这所房子的变卖而一并从我的生活里消逝。这项工作的困难程度，显然远远超过了在卖房的法律文件上签字时，所需要的勇气和决心。仿佛每一个盈盈器物之上都镌刻着岁月的印痕，都闪映着往事和顾影。颠覆是为了变化，纪念却是为了坚持。那一刻的我不得不承认，可能连我自己也不能完全厘清，在这个如此具有毁灭性的"断舍离"的背后，究竟隐藏着我何其复杂的矛盾动机和心理需求。但是我知道，卖掉一所房，消逝一个家，远远不是我想要的"断舍离"的全部。

好吧，再去附近的发廊剪一次头，再听理发师向我抱怨一次，我那已是银丝密布的头发却依然坚硬而不柔顺。再在小区门口的饭店里要上一份凉面，听老板习惯性的问我是不是不要放麻酱。再去看一看总是懒散的趴在花园里的那只叫壮壮的大松狮，带着收废品的小贩，像年轻时那样一步两个台阶的跑上楼。我保证他这次从我这所房子里收走的"废品"我分文不取……

在 2018 年我结束了此前的最后一段旅行回国后，我觉得我的环球旅行已经结束了。我开始试图寻找一种让自己安定下来的生活状态。但是在那整整的两年里，我似乎并没有找到让我能彻底安定下来的生活。而随着疫情爆发之后国内所呈现出来的局面，我已经隐约觉得我恐怕难以在这样的中国长期生活下去了。不止一个在美国的朋友问过我，有没有想过在美国留下来。美国确实是一个有吸引力的国家，这一点毋庸置疑。我想如果有一天我已经能确定我需要一个地方安定下来。美国无疑是一个很好的选择。

疫情本就打破了无数人的生活和规划，更不要说是我这样一个无根之人。而再一次的上路，我好像始终在抵触着去重新思考那些一时间不会有答案的诸多问题。我会用一种什么样的方式停下来？我会停在哪里？我更不知道我愿意付出什么样的代价去实现这个停下来的目标。即使是在这个充满了吸引力和各种机会的美国。我不像 C 姐她们那样愿意"用青春去赌明天"。尤其是在我已经没有了青春的时候。我甚至连一个"移民监"都难以接受。更不要说为了一个绿卡可能要等待 5 到 8 年之久的时间不能离开美国。我也不能接受用婚姻去换一个身份。尽管 Chris 说，也许我碰巧会喜欢上一个能帮我解决这个问题的人。但事实上关于这个问题，我好像直到现在都还有一颗浮躁的玩心难收，不切实际的追求着"至尊无上"的灵魂自由。

人生中最大的不确定在某种意义上可能就是对自己的不确定。虽然我也知道我不可能永远在路上，已近 8 年居无定所的漂泊总要有一天停下来的。但是我也很清楚，在我 2015 年卖掉房子启程环球旅行的那一刻，我更多想的是如何自由而体面的"孤独终老"。而没再想过怎么规划一种生活状态上的"离去归来"。光阴不仅带不走让人万般留恋的似水流年，更带不走记忆深处的人生烙印。每一次对既有生活状态的打破和颠覆都不会那么轻松，但是迟早，所有这一切终要被装进戏说和笑谈。

# 二、艰难的西非

# 阿拉伯的记忆

有一种具有地理和政治叠加意涵的划分方式，把世界上的 23 个阿拉伯国家和地区当中，除了埃及，苏丹，吉布提，索马里，科摩罗这 5 个之外的其余 18 个，分别都归属在马格里布地区，沙姆地区和海湾地区。马格里布地区包括：摩洛哥，阿尔及利亚，突尼斯，利比亚，毛里塔尼亚，西撒哈拉；沙姆地区包括：叙利亚，约旦，黎巴嫩，巴勒斯坦；海湾地区包括：伊拉克，科威特，沙特阿拉伯，巴林，卡塔尔，阿联酋，阿曼，也门；剩余的 5 个属于其他地区：埃及，科摩罗，索马里，苏丹，吉布提。

2021 年的这一段从西非到中东的行程其实从另外一个角度看，很大程度上也是横跨了"阿拉伯世界"的旅程。至少在这次所经过的国家里，除了加纳之外基本就没离开穆斯林国家。摩洛哥～西撒哈拉～毛里塔尼亚～塞内加尔～马里～科特迪瓦～加纳～叙利亚～伊拉克～库尔德斯坦～土耳其

在此之前的所有在阿拉伯国家的旅行，似乎除了约旦还让我略感好些之外，我满脑子里阿拉伯国家的旅行印象都是，无耻又无赖的埃及和摩洛哥的"游商和摊贩"。埃及的商贩把自己不诚信的作为完全呈现成一种"炫耀式的无赖表演"。出租车司机在你上车时说 10 块钱，你下车就非要 20 块或者更多。理由千奇百怪。而实际上只有一个理由，"就是反正我也不要脸了"。赶着马车的车夫在大街上一路追着你，央求你座他的马车，价格从 10 美金一路降到免费。这可想而知你座完之后的结果。金字塔景区里的"骑骆驼"项目，也是如法炮制。此外高大的骆驼不跪下你很难下来，而让骆驼跪下，你也需要再额外付钱。从约旦的 Aqaba 坐船到埃及的西奈半岛上的 Nueiba。下船后，埃及的"旅游警察"唯独非要把我们一行中国人带去码头的警局做额外的"登记"。耗时一个多小时。到现在我也不能判断这里面有多少意图索贿的成份和目的。几乎埃及人给我的印象完全是不在意把无耻

和无赖当作是一种他们的"民族智慧"，甚至是"国民名片"。

　　而早在 2016 年的初次摩洛哥之行，在到达第一站马拉喀什之后的一个小时里，我不得不两次使用肘击才能得以脱身。饥饿似乎让正值斋月里的摩洛哥人萎靡又暴躁。在古城里转一圈遇到好几起打架。好像苍蝇一样追着你搭讪的游商，向你推销着他的各种东西。甚至故意把你要找的路指错，指到他的店铺。而当他在店里等到了上当的你之后，表现出的是一张好似"游戏获胜者"的嬉皮赖脸。我给一个古城门照相的时候拍到了一个在门口坐着纳凉的摩洛哥人，他冲上来就找我要钱。不给就要抢我手机。我只好第一次使用了肘击才得以脱身。

　　我的房东告诉我，如果给广场上的舞蛇人照相，只需给他一点硬币或者零钱就够了。我把攥在手里的硬币零钱给舞蛇人看，问他这些钱够不够给他的蛇照张相。他表示不要钱。随便照。我当然知道不会这么简单。但是我也不可能就此放弃。等我照完要走，他拦住我非要拿过我的手机帮我照，我当然不可能把我的手机交到他的手里。后来有人告诉我，如果把手机给了他，他就会把我的手机压在蛇的身下⋯⋯不给他钱，就别想拿回来。被我拒绝之后的他突然翻脸。说免费照相是必须他来照，我自己照就要给钱。我顺手把手里攥着的零钱给了他，他接过来之后说不够。硬是不让我走。我只好第二次使用了肘击！

　　进入撒哈拉如果不自驾，就不得不加入当地的 Tour。几乎所有"旅行团"这个业态里的无耻伎俩，被一个穿着阿拉伯独有的白袍的"导游"都用上了。半路上冲上车非要热情的邀请大家去他家"做客"的，实则是当地的黑导游。所谓的"他家"其实是为了伙同司机挣外块而故意安排的垃圾景点和购物点。并且信誓旦旦的对明显表现出了反感态度的我宣称：我知道你还不相信我的这颗"摩洛哥人的良心"，但是请不要伤害众多的摩洛哥人好客的热情。我在真主面前发过誓，我不会做任何坏事，不会挣一分的不义之财⋯⋯

　　当最后一个参观纺织作坊的流程结束后，他拿着一瓶矿泉水走向一分钱都没有消费的我，一边把水递给我，一边意味深长的耸耸肩并作出一个奇怪的笑脸，我知道这表情里藏着无可奈何的认输，也藏着志得意满的示威；藏着职业式的乞求体谅，甚至也藏着无法言说的忧伤……

但我最终选择拒绝了他向我伸出的手。很抱歉，我不会和一个欺骗真主的人握手！我没有看到任何摩洛哥人的良心。我只看到了真主悲伤的眼泪，和你自作聪明却让我恶心的丑态！

## 索维拉的风

在北非国家当中，除了埃及和苏丹之外，都属于阿拉伯世界的马格里布地区。所以我的这段行程就完全是从"马格里布"地区开始向下进入了西非的穆斯林世界。2016 年的初次摩洛哥之行，是从马德里直接飞到了马拉喀什，之后去了撒哈拉，菲斯和舍夫沙万，最后从丹吉尔回到了西班牙的特里法。这一次我选择从纽约直飞卡萨布兰卡，之后向下到索维拉，再进入西撒的阿尤恩。之后继续向南往西非方向。

就在我从纽约飞到达卡萨布兰卡的第二天，由于疫情升级，摩洛哥政府决定封锁了五十余个国家的航班入境摩洛哥。这意味着我一旦离开摩洛哥，短期内将不再可能返回。摩洛哥确实是一个有很多历史内容和旅游资源的国家。作为北非最著名的国家之一，摩洛哥在整个北非地区的交通枢纽作用和区域经济的地位都与埃及难分伯仲。虽然这两个国家在我的心里得分都不高，但是我还是愿意给摩洛哥更高一点分。而这一次的行程路线里得分最高的并不是拥有一个浪漫名字的卡萨布兰卡，而是北非风城索维拉 Essaouira。

穿过被联合国列入世界文化遗产的麦地那老城，走到海边的渔港。大西洋信风迎面扑来，完整的包裹住并温润着这个 18 世纪的小城。疫情之下老城里的精品酒店大多没有营业，斋月里的游客更是稀疏到若有若无。城堡墙外的礁石滩上，风大到可以把人吹得站不稳。强大的海风把海泥吹到满身满脸……在此处若一分神，被吹倒在硕利的礁石上，后果不敢想象！

Essaouira 也是《权利的游戏》的外景地之一。然而索维拉最吸引我的恰恰是这里仿佛可以吹散一切阴霾和抑郁的海风。成群的海鸟迎着大西洋强劲的信风，肆意的翱翔在城堡和海滩的上空。无论是坐在海港的城墙之上，还是漫步在海滩的礁石群中，在海风的沐浴和洗礼中。此刻的索维拉无疑是我最喜欢的摩洛哥。

按照原来的计划在索维拉就停留两个晚上，是这里的风让我决定多留一个晚上。之后要座 16 个小时的大巴去往西撒哈拉地区的阿尤恩。整个西撒地区被摩洛哥和尚未被联合国承认的撒拉威阿拉伯民主共和国分别控制。这个阿尤恩虽然是后者宣称的法定首都，但却实际上被摩洛哥实控。这个名不见经传的沙漠小镇的得名，并不是因为这里是整个西撒哈拉地区最大的城市，而是因为三毛与荷西的爱情故事。

阿尤恩是三毛的成名之地，她的成名之作也确实都是在这个沙漠小镇上创作的。我当然不是一个三毛迷，我实际上连一部三毛的作品都没有看过。所以我不知道三毛是否在她的作品里，连同她的爱情故事一起，把这个叫阿尤恩小城一并浪漫化了。以至于让无数的三毛迷们不远万里的来此瞻拜她的故居。三毛与荷西在阿尤恩生活的时候，西撒哈拉还是在西班牙控制之下的"西属撒哈拉"。但是尽管如此，这个沙漠小镇给我的观感和体验让我觉得，即便是在"西属撒哈拉"时期，也很难想象这里的条件能好到哪里。

从索维拉到这里的 16 个小时的大巴座的我从脑仁疼到心口。这个好似夕发朝至的大巴在到达阿尤恩的时候还是上午。下了大巴的我干脆决定先去"三毛故居"看一眼再去找地方住。和网上的照片毫无二致。在这个沙漠里的荒凉小镇上，一个非常普通的街道上，一个完全看不出任何特点的小门。门口的门牌上载满了各地来此的三毛迷们的留言。当我沿着街道寻找着网上照片里的门牌的时候，就好像我在诺维萨德街头寻找爱因斯坦和他的首位妻子的故居一样，街上的当地人看到一路上东张西望的我，不等我问就都会主动的为我指出具体的位置。

在那个坐了 16 个小时的大巴，拖着疲惫身体的早晨，我感觉我似乎已经完成了阿尤恩的全部旅行内容。

如果你想在一个经济和社会都较为落后的穆斯林国家里找一个好一点的酒店。只要看这个酒店让不让喝酒就可以了。只要这个酒店的大堂有酒吧。即使他的其他条件再差，这个酒店在当地恐怕也算是佼佼者了。而不幸的是，我在阿尤恩找到的这家大堂里有酒吧的酒店竟然客满了。并且 reception 还表现出了一股慵懒的傲慢之气。

　　按照最早的计划是要从阿尤恩继续坐大巴向南到达赫拉之后再到盖尔盖拉特，并从这里陆路过境到毛里塔尼亚的北部城市努瓦迪布。从此进入西非。但是在阿尤恩的时候得到了最后的确定信息，疫情之后，整个西非地区国家之间的陆路口岸都不对外国人开放。只对边境线两边的国家中的一部分公民开放。当然我相信如果我愿意在"行贿"的问题上做出妥协，肯定还是有机会的。这样不仅可以让行程更加顺畅，陆路过境更可以省去做 PCR 的麻烦。但是我最终还是决定不打破我环球旅行 7 年来一直坚持的不行贿一分钱的原则。

　　值得庆幸的是，摩洛哥没有封锁飞向毛里塔尼亚的航线。但是阿尤恩的哈斯桑一世机场根本没有国际航班，更没有飞去努瓦迪布的航班。进入毛里塔尼亚的航班必须折返到卡萨布兰卡去飞，而如果想去努瓦迪布，也只能先飞到毛里塔尼亚的首都努瓦克肖特再转飞。没想到这从北非跨进西非的一步竟然如此波折。

　　2016 年摩洛哥行程的结束是从摩洛哥北部港口 Tanger 搭乘轮渡穿过直布罗陀海峡，登陆西班牙的 Tarifa。船靠泊 Tarifa 后，和我同船的乌拉圭女孩走出 Dock 后，仰天振臂欢呼，"啊！我终于回到欧洲了！"并转身与我拥抱！那态度仿佛在庆祝走出地狱回到人间一样。而实际上那一刻的我也实在是感同身受！

　　然而时隔五年，我依然对这个国家爱不起来！此刻的摩洛哥已经切断了与 54 个国家的航路，并开始严格执行入境强制酒店隔离的措施！这种局面使我这个"强行离境"的方案不仅需要折返飞行，而且是无法回头的！这一次的离开，可不是五年前的重返欧洲，而是深入毫不可控的西非腹地……

# 艰难的西非

毛里塔尼亚是我的第一个西非国家。毛里塔尼亚的族群演变和归属似乎有着较为复杂的历史渊源。对于我这样一个普通的旅行者而言，彻底搞清楚这些既不容易也过于枯燥。按照当地华人的通俗说法，就笼统的分为黑人和白人。其中的白人又被他们通俗的称为阿拉伯人。其实这种分类和认识可能并不准确。按照官方的说法，毛里塔尼亚的白人大多是被称为摩尔人。而在摩尔人当中除了阿拉伯人之外还包括柏柏尔人。而究竟这个柏柏尔人和阿拉伯人之间谁更"古老"，又是什么关系似乎还有着很多的争论和分歧。但是所谓的摩尔人里，基本上都是由他们构成的。当然他们都是白人，也被称为"白摩尔人"。是在当地的地位和经济水平较高的群体。

而当地的黑人当中除了非洲土著黑人之外，还有被称为"黑摩尔人"的哈拉廷人。毛里塔尼亚的黑人占到了当地人口的百分之六十以上。有一种说法指其中所谓的黑摩尔人早年是白摩尔人的奴隶。直到今天，以我对这个国家的综合观感而言，抛开那些并不能确定足够严谨的族群划分和认定，但我确实相信奴隶这个角色，今天依旧在这个国家实际的存在着。

而黑人与白人在毛里塔尼亚的悬殊社会地位也是显而易见的。毛里塔尼亚政府里的高官也大多是白人。但是这并没有改变，在政府和军警部门里那些向中国人索贿甚至敲诈的却都是黑人！入境处柜台里的黑人警察，一边看着我的护照，一边嘴里不停的冲着我喊 Tips，Money，Money。我当然不能确定这些黑人的祖上是否真的都是奴隶。今天的他虽然已经摇身成为这个国家的政府官员，但却依旧操着一副充满侥幸的"乞讨式索贿"的嘴脸。

也许是因为我到达努瓦克肖特的那几天正赶上沙尘暴。整个城市都被黄色的沙尘笼罩在一片乌朦朦里。这个本来就已经完全被沙化了城市让我感觉似乎是我到达过的最恶劣的首都。整个城市稍微看起来比较像样一点的建筑大多是各国的使馆。我的口罩的功能已经不再是防病毒，而是防沙尘。即使是在我拿出手机对着微信讲几句话的空档，就会感觉有沙尘吹进了嘴里。早晚和中午的温差很大。走在中午的烈日之下，沙尘附着在汗津津的皮肤上，让人感到异常难受，又欲罢不能。一天中没电的时间远远超过有电的时间。我虽然住在了一个阿拉伯人的 Airbnb，这样的房子在当地基本算是"豪宅"了。但是房间里的沙尘依然无处不在，傍晚以后的停电依旧是家常便饭，洗澡也只能"点到为止"。

一天五次祷告的穆斯林人在每次祷告之前都要进行小净，清洗自己的四肢和头脸等身体部位。有人认为这也在客观上控制了新冠病毒在当地的传播。而实际上，毛里塔尼亚人的生活里要去面对的压力和困难，远比这个病毒更要让毛里塔尼亚人感到具体和迫切。所以在毛里塔尼亚的疫情防控里，除了入境的 PCR 之外，几乎看不到任何的措施，也几乎看不到任何戴口罩的人，即使是在 PCR 的检测点的工作人员。

原计划里毛里塔尼亚的目的地除了首都努瓦克肖特之外还有努瓦迪布和欣盖提。后者几乎是毛里塔尼亚唯一的旅游资源。也是被列入世界遗产名录。但是在疫情之下的毛里塔尼亚，连这个仅存的旅游目的地也完全处在停摆到状态。包车去的费用已经变成了天文数字。而实际上我对于这种人文色彩较重的古迹类景点的兴趣完全比不上对自然风光的偏好。所以我很自然的决定了放弃。这使得我在这里的"旅游内容"变成了办理塞内加尔签证和 PCR 检测。

即使是在如此落后的国家和恶劣的环境里，依然不会缺少中国人的身影。他们每天过着与蜡烛和沙尘密不可分的生活，睡在宛如仓库里的阁楼一样的房间里，还要忍受着三天两头被当地军警拘禁和敲诈。他们有人在这里贩运着海鲜和龙虾，有人开着售卖义乌商品的中国超市，有人炒着仅能满足自己温饱的中国菜，甚至也有人在这个穆斯林的世界里操着充满风险的皮肉生涯！这个星球上当前的一切合理性，在不断的演化和进步着的同时，也在必然的存在着。

# The door of no return

　　从努瓦克肖特到达喀尔的飞行时间只有 55 分钟，票价竟然也高达 300 多美金。这是一架早班飞机，飞机在晨雾里起飞，到达达喀尔的时候才是早晨的 8 点多钟。与我同飞机唯一的一个穿着防护服的"大白"，明显是一个中国人。塞内加尔的落地签其实是不要钱的，但是在起飞和入境肯定会有些故意找茬儿的盘问和刁难，如果"必要的手续"缺失就很可能有麻烦。以落地签入境的"大白"果然在入境的时候被拦截住了。一句英语和法语都不会的他向我求助。拦截住他的"制服"分不清是警察还是安保，总之是想要钱。我问为什么要钱？他说是落地签的钱？我反问他落地签要钱吗？他支吾着说了一句明显不是英语的话，之后指着落地签的办理窗口。我把大白带到落地签的窗口，看到他开始正常办理后，我则独自走向机场外。

　　以我多年在这种"小众国家"的旅行经验判断，大白一定是中资机构的，而且大概率门口有人接他。我帮大白解了围，搭一段车应该没问题吧。略微放慢了脚步的我，果然在门口遇到了一男一女两个中国人在门口接人。他们主动上前问我是从哪里飞来的。我更是主动告诉他们，你们的"大白"正在办理签证，马上就出来。跟在我身后很快出来的大白，径直走到门口垃圾箱旁边，迫不及待的除去身上的防护服，露出了满头的大汗和白发苍苍！操着一口河南口音的大白点上迎接者递上的烟后猛吸了几口。然后如释重负的带着我直奔他们的车走去。凑巧的是，从他们的住处到我订的客栈竟然只隔着两个街区，步行即可到达。

　　进入了塞内加尔就算离开了马格里布地区。虽然和毛里塔尼亚一样，超过 90% 的人口都是穆斯林。但是塞内加尔已经不是阿拉伯国家了。相比毛里塔尼亚已经明显世俗化了很多。即使是在世界上很多贫穷的国家里，富人还是可以轻易的改善自己的生活状态和质量。但是在毛里塔尼亚的时候，有时候真让我觉得，即使拥有足够的金钱，想改变在那里的生活质量似乎也并非易事。但是在塞内加尔显然是不同了。贫富差距的存在，也正说明了经济文明之下的社会成果。塞内加尔的经济水平至少为可选择的生活拓宽了一定的空间。

非洲大陆的最西点（Westernmost Point of Continental Africa）就在塞内加尔境内的佛得角半岛上。虽然这里可算是整个非洲的一个重要地标，但是此时这里的游人几乎只有我一个。网上推荐这里的海鲜餐厅也完全处于停业状态。达喀尔的另外一个重要的景点就是据说是由朝鲜建造的非洲复兴纪念碑。但是也因为疫情的原因禁止了登顶。如此一来，达喀尔市内的活动内容除此之外，也就剩下吃吃喝喝，兜兜转转了。

但实际上达喀尔更具有吸引力，而必去一探的是位于达喀尔外海不远处的奴隶岛（Goree）。非洲大陆的最西点也是距离美洲大陆最近的地方。早年被卖去欧美的奴隶大多是从这里上船的。今天，很多美国黑人都相信这个小岛上留存着自己难以印证却又无从说起的家族历史。以至于有三位美国总统都造访过这里。小岛很小，距离达喀尔的海上距离也就两公里左右。岛上的奴隶城堡已经变成了博物馆。

关押奴隶的奴隶屋后门被称为"不归之门"（the door of no return）。走过这道门就登上了运送奴隶的船只。经过这段大西洋里的漫长漂泊之后，据说船上的奴隶们能在新的大陆上活下来的也就只有五分之一。更多的死于饥饿，疾病和各种意外。如今岛上的奴隶城堡依然保持着原来的样子，但是已经变成了博物馆。小岛上居民们的生活显得平静甚至安逸。但从较远的角度回看这座城堡，俨然不乏一股孤独和冷峻之气，让人莫名无言。

## 海滩上的贫民窟

在从机场到市区的路上，中资机构的人在车里告诉我放弃玫瑰湖。即使是在正季节，玫瑰湖现在也完全没有图片里呈现的那种效果，而是又脏又乱。此刻更是没有可能看到任何粉红色的效果。因此在塞内加尔的日子里，除了达喀尔的走马观花之外，也就剩下一个圣路易了。

原本这个位于毛里塔尼亚和塞内加尔边境的著名小城，本应该是陆路过境后，轻易即可到达的塞内加尔的第一站。而此刻由于陆路口岸的封锁，我不得不"飞过去，再折回来"。这个位于塞内加尔河入海口处的圣路易在西非历史上具有着不可忽视的存在。在法国殖民时期，这里一直是塞内加尔的首都。如今也是联合国认定的世界文化遗产。小城的核心区很小，殖民时期的建筑虽已显破旧，但依然蕴含着与非洲大地的荒蛮所不同的文化气息。而圣路易给我留下深刻印象的是，与这里的海岸几乎浑然一体的贫民窟。一边是浩渺无垠的大西洋，另一边则是破烂凌乱又延绵的"贫民窟帐篷阵"。蓝天白云，碧海黄沙，夕阳让海天之处呈现出了不同的色彩，暮归的牛群和几个穿着黑色罩袍的穆斯林女性，一同走在乌涂灰暗的贫民窟前，布满了生活垃圾的沙滩上。此情此景让人说不出话……

疫情之下西非各国家间的陆路口岸，基本全部不允许该口岸两侧之国家公民以外人士通过。这意味着如我这样的旅行者则必须搭乘飞机过境。各国签证费用较少有低于 150 美金，各跨国航班的机票价格较少有低于 200 美金，所有国家入境一律需要 PCR 检测报告，疫苗卡也不能豁免。这意味着我可能需要平均一周至少一次的检测频率，才能满足我预定的行程节奏和安排。我早已意识到这一次的西非地区的行程随时可能被终止。我也在随时关注着从每一个我要到达的西非国家飞去中东的机票和航线。

一个落后的国家和民族一定有其内在的原因，例如冈比亚这样的一个完全被塞内加尔包围着的非洲最小国家。我如果要去这样一个，网上宣传最多只有2天停留价值的，却以旅游为主要收入的落后国家。我不仅需要办理他的签证，还需要在离开的时候再办理一次塞内加尔的签证。并且还需要一个PCR报告。我为了一个签证去了三次冈比亚在达喀尔的使馆。不是放假，就是下班，最后的理由竟是我的签证，签证官批不了，必须大使批。而大使要三天后才能上班。

当一个长线的环球旅行者面对一个目的地无奈的说出"等下一次吧"的时候，其实他心里知道，那可能就是永远失去了……

我决定忍受毫无道理的高价机票和折返路线；我准备好忍受至少一周一次的核酸检测，我也做好了频繁出入境的"战斗"准备。但是始终无法摆脱的不确定性和各种莫名其妙的消极因素，让我最终还是决定放弃塞内加尔周围的冈比亚，几内亚比绍，以及反复思考和无限不舍的佛得角……

# 划过马里

飞机在电闪雷鸣的夜空中，摇摇晃晃的降落在了马里首都巴马科的巴马科国际机场。一辆一路灭了无数次火的车，冒着瓢泼大雨把我从机场终于送到了驻地。这一天是2021年马里发生军事政变后的第七天。

马里的签证是入境了马里之后才贴上的。飞机降落后，有人在飞机与到达大厅的连廊口接上我，把我带到入境处。凭一份证明文件完成了入境程序。进了巴马科之后再去马里的移民局把签证贴在护照上。

马里的政变让马里国内本就复杂的安全局面雪上加霜。由来已久的马里北部冲突，依旧延续着诸多的不稳定因素。著名的廷巴克图在历史上曾经长期处在马里分离组织阿扎瓦德的控制之下。虽然当前已经被马里政府军夺回了控制权，但是依然处在多方实控分治的区域边缘。不稳定的安全局势对旅行者造成的威胁显而易见。

　　武装政变，部族冲突，恐怖袭击，政府腐败，疫情管控等诸多复杂多变的不安全因素包裹着马里的每一个旅行者。廷巴克图的机场已经封闭，航班全部取消。陆路的关卡严格控制地区之外的人通行。即使是配备了武装，在当地开金矿的中国人也束手无策。防范了非政府武装的侵袭，也很难躲开政府军警的封锁和拦截。

　　这种局面之下，已经让离开巴马科变得没有实际意义。当然这一切我在到达马里之前已经是了解的。早在我到马里之前一年的2020年，疫情之初，一个在非洲"强行跨境"旅行的小伙子在试图进入廷巴克图的途中也依然被当地的军警拦截后只得无功折返。被困在西非很久的他，即便拿着签证也无法陆路过境到邻国，他只能选择偷渡的方式穿越马里和布基纳法索边境。后被发现感染疟疾和新冠病毒，被强制留在布基纳法索的医院等待自愈。中使馆得到消息后，展开了公开的"逼归"宣传，这在当时，自然很容易引发大量的民粹谴责。

　　这个小伙子向我推荐了在巴马科的一家食宿一体的中国客栈。虽然马里的行程没能离开首都，但是可以让我在这家客栈里吃吃喝喝的调整一下自己的心态和状态。继而安排好后面西非南部的路线。

　　西非南部的海岸线呈现出东西走向，在殖民时期这里被殖民者分别划分为谷物海岸（利比里亚），象牙海岸（科特迪瓦），黄金海岸（加纳），奴隶海岸（贝宁）。在疫情之下，我的西非路线不得不根据入境的条件和签证的难易程度来决定。

# 从象牙海岸到黄金海岸

在这个曾被称为象牙海岸的科特迪瓦终于让我看到了我期盼中的大西洋。距离阿比让以东40多公里的大巴萨姆是法国殖民时期遗留至今的一个老城。是科特迪瓦的首个世界文化遗产。也是欧洲游客的一个重要旅游度假目的地。疫情之下的大巴萨姆老城里果真是一片萧条。但是走在老城边缘的海岸线上，大西洋的汹涌澎湃和波谲云诡终于呈现出与进入西非以来这一路上不同的风格。荒野凶蛮里的人间烟火，何不更是一种极致温柔。

从阿比让搭了一个金矿老板的车去亚穆苏克罗。去看科特迪瓦最著名的"和平之后大殿"。这个来自广西的80后退伍军人，虽然身材矮小，但是浑身散发着一股肯吃苦敢打拼的劲头。虽然科特迪瓦的金矿不如加纳更多和更为外界所知。但是依然是很多中国淘金者的目标。大部分在这里投资金矿的中国人都是来自中国广西的一个叫上林的县城。这个80后金矿老板就是上林人。不仅中国淘金者大多来自上林，就连各种挖矿的设备和器材也都是来自于这里。在非洲淘金的金矿老板在当地的华人江湖上独树一帜，甚至地位显赫。我在马里所住的那家食宿一体的客栈，里面的餐厅和歌厅的生意，无疑都是靠当地的金矿老板的光顾来支撑的。

一路上听他讲述着非洲淘金的风险和压力。不仅要摆平来自政府，军队，部族首领等各种角色，各种手段的利益争夺，还有各种非政府的武装力量也是他们必须防范和躲避的对象。除了要力求八面玲珑一手遮天之外，枪支武器也早已成为他们斗智斗勇的必备之物。虽然这一切都让如今的投资回收周期和利润率在下降。但尽管如此比起闭塞又内卷的家乡，这份异域淘金的营生还是让他们当中的大多数人对自己未来的生活存有希望。

亚穆苏克罗的这座"和平之后大殿"从建筑规模上甚至被认为超过了梵蒂冈圣彼得大教堂。科特迪瓦举"透支国库之力"负债修建！

这在赤贫的非洲无疑饱受争议。疫情里的参观者寥寥无几，我在空旷的大殿里跟着讲解者的指引浏览。在大殿里有一座体积不大且并不显眼的女性木头雕塑。据说被称为"非洲的圣母玛利亚"。我之前也仿佛听说过好像是在科特迪瓦有这样一座圣女雕塑，她的神奇之处在于，远看她在微笑，走近看却在哭泣。不知道是不是心理作用，好像多少还真让我有一点这样的感觉……

尽管 Roy（我的 Guider）的英文已经在这个"法语世界"里不可多得的好了。但是我还是没有听明白这个雕塑的名字。只记得他好像说是"all world lady"。并且告诉我她是由一个科特迪瓦的狱警创作的。作为送给每一个刑满释放的囚犯出狱的礼物。人间悲苦人尽皆知，却也又无人可知！恰也好像一个星球过客匆匆划过，世人遥望所见都是其微笑和洒脱，从不让人靠近，看见悲苦与挣扎……

这段西非旅程的最后一站是被称为黄金海岸的加纳。加纳不仅是我这一段旅程里唯一一个英语国家，也是唯一一个非穆斯林国家。因为我最终决定，在加纳短暂调整之后，从这里离开西非，转道中东，进入叙利亚和伊拉克。也就是再回到阿拉伯世界的沙姆地区和海湾地区。

在我的记忆里，这段西非的旅程中，只有达喀尔和阿克拉的晚上是较少断电的。其他任何一个国家，停电似乎都是不可避免的常规现象。这也许可以从一个侧面证明了这两个国家在西非的地位。

之前在"中国江湖"上报出来的加纳签证价格都在 300-500 美金之间，且操作者给我的观感都不好。进入加纳需要持 PCR 检测报告，落地加纳后，需要在机场自费 150 美金进行再次的 PCR 检测。阿比让飞阿克拉的机票大约在 200 美金。这意味着，加纳的仅入境环节的费用将不低于 700 美金！让我做出这个进入加纳决定的重要原因是，我最终找到了一个 100 美金的签证。但即便如此，加纳仅入境环节的费用也没有低于 500 美金。

本来这段西非的路线，如果在没有疫情的情况之下，从西撒开始一直沿着海岸线，一路搭车陆路过境，走到罗安达。即使牺牲了内陆部分的目的地，也是非常值得的。但是现在，被封锁了陆路边境之后，每一次飞行之后都必须经过一段折返的路线去到这段海岸线上的目的地景点。这给整个行程带来了无限的麻烦之外，也让整体的费用绝不止翻了一倍之多。

需要从加纳的首都阿克拉市中心向科特迪瓦方向折返，才可到达加纳著名的海岸角城堡。从科特迪瓦到加纳这一段东西走向的海岸线上的各个景点，都没有让我失望。似乎这段海岸线比上面南北走向的海岸线要汹涌更多。而这正是我所喜欢的风格。

虽然已经拿到了进入叙利亚的签证。但是我还是想在这里多待上几天。这段西非的旅程让我无语心累，却又意犹未尽。一边看着手机地图里不得不舍弃的尼日利亚，喀麦隆和安哥拉。一边反复而迟疑的刷着离开西非的机票。

# 三、追问歧视，歧视何来

## 毛里塔尼亚出境记

从努瓦克肖特飞达喀尔的航班是一个早航班。天还不亮我就要从我的住处出发去机场。而到了机场的时候天刚蒙蒙亮，所有人都要在机场的出发大厅的外面等待入场。那情景好似在等机场"开门"。事实上那机场就是没开门。在一些小国，晚上会清场关门的机场比比皆是。

第一道安检就是在进入机场出发大厅的门口。刚过完进场安检，一个不知道是干什么的人，突然走到我面前"引导"着我走向进门处的 PCR 检查台。

"给我你的护照和你的 PCR。"那态度完全一副工作人员的气场。这要是一般的旅客可能就按照他的"引导"做了。其实他就是一个想赚点"跑腿费"的小混混而已，但是为了成功率，却要装出一副让你不敢质疑他的"傻逼"样子!

"你是谁啊？你离我远点，保持社交距离。我这里不需要你!"我表示厌烦的冲他摔了一下手。

他低头没再说话，无趣的走开了。

我走到 PCR 检查台，工作人员故意开始掰着手指头计算我的 PCR 的有效时间。我不确定这个"夸张"的动作，是因为他真的算数能力差，还是想试试这种故意耽误时间的做法，是否可以从我这里捞到一笔额外之财。不过非洲很多国家人的算数能力还不如小学生也是确有其事。

"这道算数题对你这么难吗？"我故意皱着眉对他做出一副嘲弄的表情。

检查台里面的人，停下来看了我一眼，又反复的看了几遍我的 PCR 报告，之后无奈的递还给了我。

在进入 check in 柜台引导通道的起始处，又有一个检查台。

而这个挡在进入 check in 柜台入口的"检查台"里面的人并没有

穿任何制服，甚至让我难以确定他是不是航司的地勤，带着一副神情傲慢的样子，检查着所有人的登机资料。

地勤：你的回程机票？

我：你是谁啊？

地勤：航空公司的

我：IATA 没这个要求！

地勤：IATA 也没有标注塞内加尔可以落地签，所以……

我：我说过我要落地签吗？

地勤：那你有签证吗？

我：你不是看了很久我的护照吗？你在看什么呢？

（塞内加尔是可以落地签的，但是确实没有在 IATA 明确，虽然确实已经有人走通了。但是也有人说落地签在入境的时候比较麻烦。至少会等很长时间。因此我干脆在努瓦克肖特的塞内加尔使馆办了常规贴签。）

他又翻看了一眼我的护照之后，重重的把我护着拍在了桌子上！

我：嘿！你小心点！把我的护照弄坏了你会有麻烦的！

在 check in 柜台托运完行李，拿完了登机牌后，进入出境处。

出境官：你的出境卡呢？

我：我没看见哪有什么卡，也不知道在哪里填写。

出境官：我给你填了吧。你看……哦，money，money……

我：money？你想找我要 money 吗？

出境官：你的职业？

我：freelancer

出境官：那是什么？

我：你不懂这个英语单词吗？要我写给你吗？

过了登机安检之后，进入候机厅之前。一个衣衫不整的警察坐在进入候机厅的门口。冲着我挥手，让我过去。

警察：你身上有多少乌吉亚？

我：一分都没有！

警察：美金呢？

我：120 多吧？

警察：欧元？

我：没有！

警察：西法？

我：没有！

警察：把你的包打开给我看看！

我：是你的长官教会你的，坐在这向我挥手吗？一边抽着烟一边工作吗？他没有告诉你这样对别人说话很不礼貌吗？

警察：你走吧……

走在我身后的一个新西兰小伙子身上的不多的乌吉亚被"收走"……其实我身上有至少 6 种货币，包括刚换的 8 万多西法……

一个落后且腐败国家的特点，就是凡事都会设立尽量多的关卡和程序。这一方面暴露着该国愚笨拙劣的管理能力，另一方面也喻示着当地的官员更愿意透过这些繁杂的程序和规定获得更多的索贿机会。这同时也让一些在此处浑水摸鱼的人有了获利的可能。例如我这张PCR，就在努瓦克肖特这一个机场里被查了四次之多。进入机场被查一次，check in 柜台之前查一次，在 check in 柜台又查一次，在登机之前的候机厅再查一次。

从进入机场大厅开始：入场处有安保人员查验机票，没有机票或者航班时间还早就不能进入出发大厅。尤其在疫情期间，更多了"限流"的理由。安检处可以检查行李有没有危险品或者违禁品。如果有也不能进。疫情之前的非洲国家就有卫生部门的官员在机场检查俗称"小黄本"的《国际疫苗接种卡》。如果没有，或者规定的疫苗没有接种全，或者疫苗过期了。都会有许多的麻烦。疫情之后，又增设了检查PCR 报告的环节。出境处要查验你的离境手续，停留是否超期等等。甚至一些奇葩国家设定的一些额外的离境所需的单据，卡片等。一旦丢失或者是因为在入境时被刻意克扣，都会在出境的时候造成麻烦。此外，一些国家的海关还会查验你携带的外币。这在一些外汇管制国家比较普遍，但是基本都是一些经济落后国家。最后，还要进行登机之前的安检，要查验手提行李是否超重，是否有违禁品和危险品。很多时候，在登机前的候机厅，还会再次检查一次 pcr 等资料……

而仅仅就在这样一个并不很大，但是异常的繁杂混乱的机场出发大厅里，各种权力代理和利益角色都会掺杂在其中。他们的态度或者强势傲慢，或者殷勤主动。确实有权力执法检查的人作风确极不规范。如果找不出来毛病，也希望能通过刁难和卡阻甚至恐吓让你就范给钱。故意耽误时间让你因担心误机儿妥协则是他们惯用的手段。而浑水摸鱼的人也故意装出一副好像是工作人员一样的气场，让你不敢轻易提出异议。而实际上的目的则是非诈即盗。

例如前本文最初提到的在入场安检的时候，想为我提供"引导服务"的那个人。如果我不明所以的接受了他的"引导服务"，他之后至少可以向我讨要一些"小费"。如果在这个过程中发现我的资料或者手续有"瑕疵"，更可以"善意"的收取我的一笔费用来为我提供"摆平"服务。我完全相信，他和这机场里的人有着足够独特的默契。

而在复杂多变的程序和要求之下，想要搞清楚实际上到底手续和资料有没有问题，或者问题可以如何解决，这对一般旅客而言是非常费神和不确定的。这也是腐败政府惯用的伎俩。尤其是在人生地不熟，对各种政策和规定严重信息不对称，航班时间紧张，语言又不通顺的情况下，大多数人还是愿意破财免灾。这还是好的，如果你把护照和资料交到他手里，突然这些资料丢了，或者干脆他这个人"丢"了，也完全不是没有可能。

尽管同在人类社会里，但有些虎狼之地的恶劣程度，也许是让人乍舌的。

## 从"象牙"到"黄金"

从被称为"象牙海岸"的科特迪瓦飞到被称为"黄金海岸"的加纳，和其他非洲国家的机场一样，进入出发大厅之前照例检查了护照，机票和 PCR。

进入 check in 区域，航司的工作人员要求我提供了护照，机票，PCR 报告，加纳"落地 pcr 检测费"支付凭证，落地签许可文件，返程机票，小黄本。

"我要去确认一下这个签证许可和续程机票！"

我：as you want

"你保证这续程机票是真的吗？我要打电话给航空公司确认一下。"

我：你是在问我问题吗？我不懂你的意思！我说了，按照你的想法去做！你是干嘛的？你是航司的地勤吗？

在 check in 柜台，航司的地勤再次查验了护照，PCR，加纳落地检测费支付凭证，返程机票。

在进入安检区之前：

警察：你身上有多少美金？

我：六百多

警察：西法？

我：三万多

警察：欧元？

我：没有

警察：……


安检区：

安检员：包里有相机吗？拿出来。

安检员：嚯，你有两个眼镜，送我一个好不好？

我：你在和我开玩笑吗？

安检员：哈哈哈哈哈

我：这并不好笑！小伙子！以后别这样了！你爸爸会因你这样做而感觉丢人！

离开安检区后：

警察：跟我来

我：去哪？

警察：办公室

进入"小黑屋"后，

警察：摘下口罩让我看一下

我：你是谁呀？

警察：警察

我：你的制服和证件呢？

警察：拿出证件挂在自己脖子上

我拉下了口罩

警察：打开你的背包

我：你是要搜查我吗？

警察：不，是让你自己打开，我只需要看一下。

我拉开了拉链

警察：美金？

我：美金六百多，西法三万多，没有欧元，别的都没有！你还有什么要问？

警察：OK，OK，没有了

我：我没有什么问题吧？

警察：可能没有吧。

我：你下次最好记得，先把证件挂在脖子上，再跟我说话！

出境柜台：

出境官：去加纳？

我：是的

出境官：哈，加纳不用西法，现在你不需要西法了。

我：加纳不需要西法，但不表示我不需要西法。明白了？
madam？

出境官：指纹，指纹，按指纹！


## check in 环节的"国籍歧视"

在国际旅行中的航司 check in 环节，是一个非常复杂并且至关重要的敏感环节。这个环节可以算是一种战斗的前奏。虽然这个环节上被索贿的概率不是很高，但是这个环节背后所蕴含的问题是无比复杂甚至无解的。

由于航司被授权对旅客的签证和其他的入境合规性进行查验。对于因"合规性"欠缺而被目的地的国家移民局拒绝入境的乘客，需要航司负责无条件原机遣返。而且航司还有被该国政府部门进行处罚的风险。因此，航司的地勤在 check in 柜台，为旅客换取登机牌的环节，都会非常谨慎甚至紧张。尤其是对一些"通行能力比较弱的护照"，就会尽量多的对旅客提出资料要求。

几乎所有的环球旅行者，尤其是持中国护照的，都有过在 check in 的环节与地勤发生争执的经历。甚至很多人还有过因为对目的国入境条件的理解与航司存在差异，而导致被拒绝登机的情况。即使事后证明是航司的错误，也很难得到满意的赔偿。在这个环节，航司的地位和责权，使旅客在很多时候完全限于"秀才遇见兵，有理说不清"的被动局面。这种不公平还在于航司的"犯错成本"太低。远远低于给旅客造成的损失。

虽然可以理解的是，这个环节背后的因素是极其复杂而且多样的。例如航司审核旅客入境资格所依据的 IATA 规定，自身的数据不是很清晰和完整；IATA 的各项数据是根据各国入境政策的变化而不断更新的，除去 IATA 本身更新的及时性之外，航司的系统与 IATA 系统的同步速度也存在差异；尤其对于从第二国飞第三国的飞行，很多时候，地勤的经验难免是缺失的。一个地勤人员即使在他的岗位上干一辈子，也不太可能处理过全部的近 200 个国家的护照的登机手续和资料查验。更何况 200 个不同国家的护照飞去 200 个不同的国家，会出现更多不同的政策要求。因此遇到了一本从来没有处理过的护照，有些不知所措也不是完全不能理解。但是更多的航司的地勤人员，会宁愿用无知的蛮横和傲慢的吹毛求疵，去掩盖自己的经验和能力的缺陷，以及自知低能的自卑。

我遇到过各式各样的地勤人员。有的干脆跟我说让我现在订一张假的 onward ticket，只要给她一个票号就行。只要过了她们航司系统就可以打出来登机牌。有的甚至把他的电脑直接转给我看，他们航司的系统就是要求一个额外的网上注册文件。请我配合现在注册一下就好了。更多的是找来其他的同事来商量处理。

所有这些情况，不是因为他们自己的系统和 IATA 的条件不一样。就是他不能完全理解 IATA 的某些条款的意思。他们完全明白我的资料已经满足了 IATA 的条件，但是在他们航司的系统里可能还是有 warning。因此造成地勤不敢放行，甚至根本在系统里处理不过去。

而为数不少的航司的地勤人员所表现出来的状况，根本就是"业务白痴"，而更多的则是带有"国籍歧视"！有的干脆是"吹毛求疵，得寸进尺"。你越配合，他就越没完没了。签证，回程机票，酒店预定单，小黄本，保险，PCR，健康申报单等等，等等。

但是毕竟各国的入境规则是有标准的，也是有 IATA 数据可以查验佐证的。并不是每一个目的国对中国护照都要求必须全部提供。具体情况应该根据 IATA 的具体规定进行查验。其实越是像美国，申根国家这样的发达国家，在入境的时候确从来没有查验过回程或续程机票以及酒店订单之类的文件。但是在登机的时候，却总是被航司要求提供。这本身对旅客无疑就是不尊重和不公平。航司本没有理由超越 IATA 备注的条件，向旅客要求额外的入境文件。更有航司的地勤依仗可以拒绝登机的权力，肆意心血来潮，骄横傲慢。

一些航司的地勤出于对中国护照在全球通行能力较差的预判，可能会做出一些武断的错误理解。因此越是业务能力差的地勤，就越是希望旅客尽量多的提供资料。用以打消他对旅客入境时可能出现问题的担心。继而避免给自己的航司招致麻烦。

而实际上，作为我这样一个常年跨国出入境的人而言，很少会在资料上出现硬伤。即使地勤要去了全部的他能想到的资料之后，还是会对着他的电脑发呆，最终不是找来他的老板进行请示，就是问出一些入境官才会问的问题。这个时候他大多会得到我同样带有讽刺和蔑视的回答。因此，航司地勤的普遍工作作风给我留下的印象，也是我一直对他们没有好脸色的原因。

我一直认为对于那些航司的地勤里"带着国家歧视态度的业务白痴"，甚至必须用故意侮辱他的方式对待他！这似乎也是在这个环节里，完全处于劣势的旅客与航司之间唯一可以用来还击的手段。曾经在我从开普敦飞圣保罗办理登机的时候，我出示了我从里约飞去蒙得维的亚的续程机票，对方的工作人员是一个又矮又胖的黑人女地勤，用极为傲慢的态度告诉我，仅有离开巴西的机票不行，我必须给她提供我离开南美的机票。那态度摆明了就是想告诉我。虽然她是个傻逼，但是她有权力对我抛出任何一个无理的要求。她完全可以不必暴露自己的业务水平不能确定我到底需要什么样的资料才可以登机这个事实。仅需让我无法达到她所制定的登机要求，继而拒绝我登机就足够了。

你既然如此嚣张的歧视我的护照，我当然也用歧视你的肤色和身材作为还击。在我用一些同样带有攻击性的态度回复了她之后，她竟然动手跟我争抢我的护照。最后被他们的其他同事劝开之后，她竟然对我扬言，我现在给我的老板打电话，他说你能走你就能走。他说你不能走你就不能走……

作为各国的政府部门在 IATA 里添加的各种入境条件中，很多会要求旅行者持有返程或续程机票，以及酒店订单。实际上这两项内容，我基本上就没有提供过切实的。在我看来这几乎是一个"反智"的政策。要求一个旅行者在入境之前，就确定入境一两周之后甚至更长时间的旅程安排，这也许对于"点对点的度假"者还勉强可以接受，但是对于一个长线的跨国旅行者，这既不现实也不人性。这等于变相的剥夺了旅行者在旅途当中改变行程安排的便利性。为了不会蒙受退票等造成的可能损失，大多数的旅行者不得不在入境之前 PS 一张假机票，用以应付航司和入境官的检查。这不仅是旅行者普遍的做法，对于航司而言其实也是心知肚明。

有法律专业的人士曾经给我解释过，这在法律上或许可被认定为"表面证据"。在入境官需要对你的入境合规性做出判断的时候，"表面证据"会比"零证据"更多一些说服意义。而航司的责任只是查验这个"表面证据"即可，而无需为这个"表面证据"的真实性负责。但是这种追求"表面证据"的政策，对于弥合"表面与事实"之间差距没有丝毫的作用。反而可能给肆意纵权提供了空间和可能。

实际上在一些对入境者要求更高的欧美国家，反而不再注重去要求这些。甚至有些国家已经把这些条款从 IATA 里删除。这也是我总在 check in 的环节和地勤争执的一个很大的原因。"你是新员工吗？没学习过 IATA 的条款吗？去看看 IATA 里面有这个要求吗？"

即使还是有为数不少的国家在 IATA 的条款里添加了这个条件，但是实际上，包括一些落地签和免签的国家，在入境时要求查验机票酒店订单的也已经越来越少了。以我的经验来看，如果一个入境官在已有"入境信息表"之外，提出查验返程或者续程机票订单的，85%都是"另有所图"。然而更加令人匪夷所思的是，当一个航司的地勤提出要查验我的续程机票的真实性的时候，就更加让我感到反感和抵触。

# 东南亚的"战斗"日记

2015 年 8 月 4 日，我从中国广西的凭祥友谊关入境越南的同登镇。这是我今生环球旅行的第一站。越南方面的入境处有三个柜台，我所排队的这个柜台里的入境官的发型是一个"地方包围中央"。他接过我的护照之后，低着头用熟练的中文低声对我说，"十元呀"！这语调和音量既像是常规慵懒的例行公事，又像是温和体贴的知会和提醒。

在出发之前就给自己确定了"绝不向索贿妥协一分钱"的原则！此刻的我倒似乎感到了一丝战斗就要打响前的亢奋。只是这一切来的这么快，竟然在我离开中国国境的第一分钟就遇到了！我故意大声用英文问他，"What？U mean I need pay u here？ How much I need to pay u？我故意让我的音量可以让入境大厅里的所有人都能够听到！而我讲英文的目的，就是让排在我身后的那些欧美游客也可以了解这个柜台前发生的事情。

此刻的他一言不发的把我的护照推到桌子一边，以一副无赖的样子低头玩起他的手机。而始终把他头顶的"中央"呈现在我的面前。以此表示要跟我较劲！我随即顺手将我身上背着的登山包卸下来放在了脚边，转身对排在我身后的游客耸耸肩，表示我的无奈。同时也是向他表示我愿意奉陪到底！

大约过了 2，3 分钟，他继续用中文问我，"去哪里？"

我继续回答"Hanoi"。

去河内做什么？

For my trip……

这场在"一个说中文的越南人"和"一个说英文的中国人"之间的僵持大概持续了 5 分钟之后，那个越南人无奈的在那个中国人的另纸签证上，用力的盖上了越南的入境章。自此，我的环球旅程就伴随着这样一场"索贿与反索贿"的斗法，开始了……

2015 年 8 月 17 日，从胡志明到金边的跨境大巴带着我穿越越柬边境。和我同车的日本小伙子田中的柬埔寨签证就是在这个大巴上办理的 ArrivalVisa。而我的签证是在从北京出发前就在网上办理好的 Evisa。柬埔寨的女入境官接过我的护照后，用力的抖搂了一下，以此来确认那护照里面没有夹带着她希望看到的东西。

"我现在要为你一个人将这台电脑，从处理"普通签证"的系统切换到处理"电子签证"的系统。这电脑实在太老了，所以你得多等一会儿。不过，你要是愿意给它发点钱，它可能就能快一点。"

"哦，是吗？可是我并不想给它发钱！我愿意看看它到底能有多慢。我可以一直等着！"

于是，在我被要求于指纹仪上留下指纹，并经过等待，再等待后，她无奈的在我的护照上盖上了入境章。此刻早已入境后，始终在入境闸口目睹着这一切，耐心的等着我入关的田中，对着走进闸口的我，一边用手比划着按指纹的动作，一边笑着问我为什么？

Why? Why only u?

I do not know! Maybe Evisa, maybe I'm specile Chinese

就在我们同一辆大巴的一行人就要穿过入境大厅，进入停车场的时候，守在门口的一个柬埔寨人，用他手中提着的体温枪冲着每一个走过来的人的脑门儿一晃，然后好像例行公事的说，one dollar！走在我前面的女孩正犹豫着要给钱的时候，我绕过她走到前面，一把打开了他同样正要瞄向我的体温枪，径直往前走去。他一边用我听不懂的柬埔寨语嘟囔着，一边没再敢动手阻拦我，此刻我们的大巴司机跑了过来，用柬埔寨语对他说了些什么后，走在我后面的田中和其他人也都没有付钱顺利的上了我们的大巴车。

2015 年 8 月 23 日，从柬埔寨的暹粒一直向东，再沿着湄公河向北，即可到达与老挝接壤的上丁县。上丁县的北部有一个通往老挝的口岸。我计划从这里进入老挝后，再辗转到四千美岛。而没有老挝签证的我，则必须想办法在这个口岸获得老挝的落地签证。但是我在出发前调查这个口岸的时候，网上有人说这是一个"非官方"的，"半开放"口岸。

我和三个德国人，一个保加利亚人一起下车步行过关。在柬埔寨这边每人收取了两美元的"出境税"！我们一行5人同时提出质疑，但是柬方的官员坚持说每人都要收。我戏谑的提出让他给发票，这引发了我们一行人共同的附和，和带有讽刺意味的哄笑。而这似乎激怒了柬埔寨的官员。他放下手里的枪，去柜子里取出了一个什么"文件"拿给我们看。告诉我们这是每个人必须要交的费用。是柬埔寨政府收的，但是没有发票。事实上，我还在暹粒的时候就已经了解到了这里的收费情况。而且老挝那边也同样要收取两美元的"入境税"。我不能确定这两美元是否真的得到了柬埔寨政府的公开认可，但是没有任何收据的情况肯定是不正常的！

　　2015年8月29日，我从老挝的琅勃拉邦坐船经过北滨后，从会晒进入泰国的清孔。这是一条欧美人比较热衷的路线。2015年的时候中国人走的并不多，准确的说是"中国旅行团"走的还不多。所以在口岸的泰国一侧入境处的官员还没有"被养成"要钱的习惯。但是当他看到持中国护照的我之后，还是故意的"迟疑"了一下，明显是想等等看我是否有一个"自觉的态度"，让他能有一笔"小进项"。看到我没有任何反应之后，也只好盖章放行。但是他却刻意要求我从他手指的一个通道走过去。这个通道的尽头有一个栅栏门，门口有一个小岗亭。岗亭的窗户上贴着一张纸，上面用英文打着"overtime"！当我走过去的时候，办公室里面的人冲着我，用力的敲了敲玻璃。我冲他耸耸肩做出摊手的动作，之后推开栅栏门就走。没人再追我。

　　当然，这个岗亭的位置我已经入境了。而这个"加班费"的要求，明显是一种"侥幸＋无赖"式的要求。给了就收着，没给就算了。但是态度上还要表现出唬人的"正常程序"！而且是用英文写着，这说明也不止是仅对中国人。

# "战斗"在中亚

在比什凯克机场的 check in 柜台，一个看似"游手好闲"的人从给我办理登机的阿斯塔纳航空的工作人员手里"劫走"了我的护照。之后问我在吉尔吉斯斯坦待了多久？我问他是谁。他回答说他是 tourism police！这个"警种"我上一次听到是在埃及的达哈卜。我说你没有证件也没有制服，所以我不想和你交谈。他说那你当是回答他的问题好了，他顺手指了一下给我办理登机手续的工作人员。我说我护照上清楚的写着入境日期，你不认识字吗？

他转头用我听不懂的语言和那个工作人员说了些什么。然后告诉我，无论我签证的停留期是多久，在吉尔吉斯斯坦停留超过五天要去警察局备案。否则出境的时候要被罚款！我说我说过了，我不想和你说话！他说我一会儿在出境处会有麻烦，不信走着瞧！

航空公司的工作人员告诉我他说的是真的，吉尔吉斯斯坦确实有这个政策！他疏忽了，不该给我登机牌的，但是一会儿我在出境处确实可能会有麻烦！你要小心！我说我始终没有被告知过这个奇怪的规定，我不会对此负责。他耸耸肩说，这是吉尔吉斯斯坦……

在出境处，我做好了即使出不了境也不会交罚款的打架准备。那个自称是 tourism police 的傻逼，还是依然带着一幅"游手好闲"的样子晃荡到了我排的那个出境柜台后面，搂着正在工作的出境处官员的肩轻松的与之交谈。然后出境官员就一边和他谈笑，一边什么也没有问的给我的护照上盖了出境章……

在从塔吉克斯坦入境乌兹别克斯坦的陆路口岸。

我已经完成了入境手续，但是需要再过一次类似海关检查的程序。确实是人人都要接受这道检查，但是唯独我被要求开包检查。当然，我知道他想干什么。他要求我把我包里的全部物品拿出来。这个穿着制服的海关反复的用他并不熟练的英语对我说着，every thing，every thing……

他甚至检查了我的手机照片和我的 U 盘里的内容。然后指着我一路保留下来的各国硬币问我这是什么？问我在马来西亚机场买的万宝龙钢笔多少钱？问我手机里的枪支照片是在哪里拍的……

我：这个叫 money！你的国家没有吗？还是你从来没见过 money？这个叫 pen，你可以看，但是请你别碰它，因为看你的样子恐怕你是赔不起，这个叫 pistol，不是每一个穿制服的人都能配备。所以你不认识也正常！

警察：你什么意思？你最好配合点！否则你会有麻烦！我这是正常检查！

我：为什么你的正常检查只对我一个人？我已经很配合了，希望你也是，否则谁有麻烦还说不定呢！

警察：你想干嘛？我可以让你回到塔吉克去！

我：我不信！我现在已经入境了！我的护照上已经有入境章了！我只是想告诉你一句话，You lost！你懂的……

警察：你站住！我要再次检查你的所有东西！

他一边说一边过来要拉我，收拾好东西正要背着包走出门我一把打开他的手！滚蛋！

警察：你站住！我告诉你不能走！否则我叫警卫了！

我：你可以试试看！看看今天咱俩谁的麻烦更大！你听我说朋友！你记住，你是个男人，就算生活再难也别做让你妈妈蒙羞的事情！

我头也不回的走出了大门。此时他的一个女同事走出来劝住了他。他也没有再对我追赶和阻拦。但是扣住了我当时并不知道应该给我的"入境卡"！而没有这张卡，在出境时会有麻烦。但是后来事实证明，在一个腐败的国家，制度的执行也没有任何严谨可言！出境时我强调没人发给我这个卡片，也还是顺利的出境了……

## 2017 年的非洲之战

我 2017 年的东非旅程，在落地内罗毕机场的时候我办的是肯尼亚，乌干达，卢旺达"东非三国连签"。所以从乌干达陆路入境卢旺达是使用这个签证进入的最后一个国家。每一个人过境的程序都非常简单快捷，大约就是三五分钟。而我的过境时间却是 20 多分钟！透过这个入境官慵懒沉着的态度，我就可以看出他在想什么。在问完了所有例行的问题后，他离开座位了近 10 分钟。当他再次回到他的座位的时候，依然没有任何的解释和与我的交流。

我：请问有什么问题吗？

他：你什么意思？你想要制造什么问题吗？

我：你的意思是，我像要制造什么问题吗？

他：我觉得你是！瞬间放下我的护照，托着自己的腮帮子挑衅的看着我……

我：好吧，如果你确定我是个想制造问题的人，你可以按照你处理问题的方式工作！

他：你解释一下你是什么意思……

我：你解释一下为什么要我等这么久！

他：你等了多久？让你等多久你就将会找麻烦？

我：我没有想找麻烦，我的意思是你是一个非常有经验的入境官！非常优秀！ OK ？但是很遗憾，我也是一个非常有经验的旅行者！大概这就是你最大的麻烦吧？

另外一个入境官走过来：先生，我一直在看着，你太过分了！我要提醒你，这里是卢旺达，我们正常工作。你不配合还找麻烦。我对此很遗憾。我们没有找任何麻烦，我们已经给你的护照盖好了入境章了！不信你看……

从卢萨卡飞温得和克，在我就要步出卢萨卡机场出境处的最后一道安检的时候，一个表情怪异的"安全人员"拦住我，示意要检查我的随身胸包！我刻意大声夸张的笑了笑，表示他可以随意检查。这笑声显然惊动了所有在场的安全人员，这让他带有挑衅的目光在一边缓慢的戴手套的十几秒钟里，一边始终没有离开我的眼睛！

操！我 15 岁就知道怎么"照眼"了！

当他检查完全部物品以后，最后打开了在我胸包里的我的钱包。突然变成了缓和而请求的语气，朋友，我可以留下一杯咖啡钱吗？

我：如果你想喝咖啡，应该去找你的爸爸，可我并不是？！

保安：你说什么？

我：我说你如果想喝咖啡应该找你爸爸要钱，而不是找我！你不是想喝咖啡吗？是吗？你刚才是跟我说，你想从我的钱包里得到一杯喝咖啡钱吗？

我的音量几乎可以让整个大厅的人听到。

保安：我什么也没说，OK？你走吧……


## "恶战"姆万扎

2017 年 10 月 22 日，我的东非之旅走到了坦桑尼亚。我用了整整一天的时间，坐当地的 local bus 从卢旺达的首都基加利到坦桑尼亚北部的姆万扎。天不亮就要从基加利出发，中间还要换一次车，到达姆万扎的时候已经是夜幕低垂的晚上九点多了。而这个时间的姆万扎甚至连市里的大部分餐厅都已经打烊。我订的 Airbnb 的房东并不住在姆万扎，他的 house keeper 的名字叫 Damian，这是一个异常老实且慢性子的小伙子。

Damian 带着饥肠辘辘的我在夜幕中的姆万扎闹市里找吃的。吵杂混乱的街上，类似于中国 80 年代初期的街头娱乐项目和设施吸引着兴致勃勃的当地人如痴如狂。而所见的餐饮业者都是完全不懂英语而且充满着懒散怠惰，对任何顾客都不屑一顾的神情。这样的情形让换钱，买电话卡，甚至找吃的东西……等等都充满了困难。人人都一副不求上进的懒鬼模样，却对与外国人无聊的搭讪和粗鄙的举止表现出了极大的兴趣，这一切让我感到无比的烦躁和厌恶。再加上 Damian 的慢性子，让我对坦桑尼亚的第一印象非常不好。与我刚刚离开的，被称为"非洲的小巴黎"及"非洲的新加坡"的基加利形成了鲜明的对比。

我选择这样的跨境路线从卢旺达进入坦桑尼亚，是因为姆万扎是塞伦盖蒂的入口。我寄希望于可以在姆万扎找到同路的人，一起 share 一辆穿越塞伦盖蒂到乞力马扎罗的车。因为这种专业的"Safari 探险车"租金非常昂贵。也许是因为前一天从清晨到夜幕的 local bus 的颠簸，让疲惫的我没有充分缓过来。也许是因为从乌干达开始到现在，就一直没有一个安静的机会，让我可以仔细的感受一下眼前这个非洲最大的维多利亚湖的湖景。所以在到达姆万扎的第二天，我并没有急于去寻找穿越塞伦盖蒂的车，而是决定先到姆万扎的市里去漫无目的的溜哒溜哒。基于前一天晚上 Damian 带着我到处找吃的时候，我对于当地人的观感和判断，使我决定这一天的"市内观光"采取不带包的"徒手"方式，以应对有可能发生的冲突和不安全因素。而这个在早晨离开住所时所做的决定，让我把我的胸包和胸包里的护照一并留在了住所，而未带在身上。

在维多利亚湖边的码头我决定搭渡船到湖对面的 sengerema 一侧去看看。而就在渡船即将起锚的最后一刻，一辆非常普通，但是在姆万扎却非常扎眼的三菱越野车开上了渡船。这一幕就如同电影《情人》里梁家辉的劳斯莱斯开上渡船的那一刻一样。虽然三菱车里的人没有劳斯莱斯里的梁家辉的气场那么卓尔不群，但是相同之处在于，三菱车里的人也一样是两个中国人。这是一对在姆万扎开餐厅和旅店的四川夫妇。老板姓 F。经过短暂的攀谈，老 F 和他老婆都邀请我上他们的车一起去对面转一圈，他们去买点东西之后还回来坐渡船回姆万扎。本来只是想到对面的码头去转转就回来的我，想想可以随他们的车一起去更远一点的地方，也未尝不是一件好事。离开湖边也许可以看看对岸更多景致。于是就欣然接受邀请上了他们的车。

然而，车离开码头没多久就被一起站在路边拦车检查的"交通警察"和"移民局警察"一并拦了下来。先是一个嬉皮笑脸的交通警察，嬉皮笑脸的告诉一边开车一边抽烟的老 F 要罚款。那神情就好像费了大半天的力气和时间，沿路低头辛苦的捡了一上午钱包，而现在终于捡到了一个的样子。既欣喜又得意。老 F 用当地话和这个嬉皮笑脸的警察交涉了几句后，无奈的交了罚款，警察似乎也无奈的对并不满意的数目表示接受。而接下来轮到移民局的"演员"登场了！

没有带护照的我，出示了我手机里的护照首页的照片。同样没有带护照的老 F 和他老婆，出示了他们的坦桑尼亚工作签证的复印件。但是移民局的警察表示这些都不行，要求我们掉头随他去移民局在 sengerema 的办公室接受调查。

办公室其实就是一个非常简陋的房子。移民局的警察先是分开我们做笔录，之后又是故意让我们坐在一起听他们聊天。聊天的内容是

关于我们这种不带护照的行为可以适用哪一条法律，可以被拘禁多少个月等等。这一切无疑是想给我们造成心理压力，而让我们在一起听的目的是让老F给我这个不懂当地话的人做翻译。老F经过与他们的交涉，最后他们夫妻二人妥协，交付了没有任何收据的"罚款"后得以离开。我记得数目大约是每人合人民币300元多一点。而我坚持不缴纳这种实则是索贿的"罚款"。要求联系Damian给我送护照来。这时一个身材和长相都有点像霍利菲尔德的，会讲英文的移民局警察走向我。

霍利：你为什么不交罚款，是你的时间没有钱重要吗？

我：我想应该是我的好奇比钱更重要！对于一个旅行者而言，我的时间可能就是用来去好奇的。

霍利：我不明白你好奇什么，但是我想你会为此后悔的。难道你没有错吗？如果我在中国没有护照，你觉得会怎样？

我：我不是没有护照，而是没有带护照而已。我已经为此表示过歉意，并且向你出示了我的护照照片。如果你在中国没有带护照，但是可以出示护照的照片，或者说出你的护照号码就没有任何问题。事实上你也一样可以通过我的护照查询到我的坦桑尼亚签证。可能你有别的其他需要，可惜我不能满足你。

霍利：但是这里不是中国，这里是坦桑尼亚。你需要遵守坦桑尼亚的法律。

我：所以这就是我的好奇。坦桑尼亚的法律究竟是什么样的？是不是真的没有带护照就要被罚款；刚才不是还说会被拘禁几个月吗？坦桑尼亚的法律是不是收了罚款都没有任何收据？

霍利：好吧，祝你好运！我想你的麻烦是，你不了解坦桑尼亚！

此刻，另外一个会讲英文的穿着移民局警察制服的官员走过来。他就是那个说可以拘禁我们几个月的那个人，貌似是这个办公室级别最高的官员。

制服：你是要你的房东来给你送护照是吧？你现在把你的房东的

电话告诉我。我直接问他。

（我告诉了他 Damian 的电话，此时 Damian 已经离开住所在过来的路上）

制服：你的那两个朋友已经走了（他指 F 夫妇）。我们只能给你一个小时，因为我们 4 点就下班了。那时候你的房东如果还是不能把你的护照送来，我们就要把你交给当地的警察局。你将在那里度过今晚。我想你要考虑好，那样可能就没有人能再找到你了。未来会怎样，也没有人会知道。

我：你的意思是说可能就没有人能找到我了是吗？哈哈哈，没关系，我想只要有人能找到你就行！

制服：你一定会后悔的，不要以为自己很聪明。你要知道这里是移民局！没有人和你开玩笑！所有的决定都是你自己做的。

大约过了 40 多分钟左右，这时距离 4 点还差几分钟。"制服"走过来告诉我，Damian 已经到了 sengerema 码头，反正我们也要回姆万扎，所以他让 Damian 就在码头等我们。我们现在一起去码头与 Damian 碰头。我表示同意。于是"制服"开车带着"霍利"和我一起直奔 sengerema 码头。

车到码头后，制服直接把车开上了渡船。此刻我已经看到 Damian 在渡船上等我们了。很快，买完了东西的老 F 夫妇也开着车回来上了渡船。这已经是当天的最后一班渡船了。

"制服"阻止了我去找 Damian，而是率先从 Damian 手里"抢"走了我的护照。我当即表示了不满。车里的霍利让我冷静。说这是正常的。这时渡船已经开动。制服拿着我的护照，带着 Damian 回到车里。让我在车外等候。此刻在车下与尴尬的老 F 聊天的我，可以看到"制服"和"霍利"坐在车前排，不停的翻看着我的两本护照，并且不时的转身向坐在后排的 Damian 问话。当渡船就要靠向姆万扎码头的时候，"制服"拿着我的护照走下车，指着我护照上的巴基斯坦的入境章。

制服：这是什么国家？

我：巴基斯坦

制服：你为什么要去这里？

（双手环绕在胸前的他，刻意摆出来一副似乎他拥有以此而做出什么重大判定的权力一样。）

我：没有为什么，我喜欢去就去了。我是一个旅行者，我去哪里都很正常吧？

制服：这是移民局警官在对你问话，你需要配合。

我：你现在已经没有资格向我提出这个问题了。因为我的护照上已经有了坦桑尼亚的入境章了！

制服：不！当然我有！你现在要和我回姆万扎移民局办公室接受进一步调查。

我：好！我从现在开始不配合你的任何要求！不回答你的任何问题！我要求联系中国大使馆，我有权利要求领事协助。

制服：可以，回到办公室以后会为你联系的。

很快车就从渡船上开了下来，向移民局在姆万扎的一个办公室开去。这次换成了"霍利"开车，带着我和 Damian，而"制服"却不见了。我在车里接通了中国驻坦桑尼亚大使馆的领保电话。我简单的向接听电话的中国大使馆的官员陈述了事情经过。对方询问了我的签证细节等问题后，让我把电话交给正在开车的"霍利"。而"霍利"坚决而蛮横的说了一句"NO"！我问他为什么不敢接听电话。他只是反复回答一句话，"到办公室以后，到办公室以后"。使馆人员表示他无计可施，只能等等看对方到办公室以后的态度再说，如果需要再联系。然后就挂断了电话。

很快我们到了一个我并不确定是否是移民局办公室的院子。但是这个地方的环境确实很官方。"霍利"让我和 Damian 进屋等一会儿，自己转身走了出去。大约一两分钟后，我看到霍利在院子里和此时不知道从哪里冒出来的"制服"正在说话。于是就走了出来。"制服"看到走出来的我，对我说他们现在需要复印一下我的护照，然后就可以结束了。我表示要他出示他们两人的证件。他们拒绝。表示这件事已经结束了。不需要给我他们的证件。要我和 Damian 和"霍利"一起去复印护照，然后就可以直接走了。

　　"霍利"和 Damian 在复印店里复印，我在外面用微信和国内的朋友沟通情况。此刻我突然发现老实巴交的 Damian 正把手伸进自己的裤兜，翻开裤兜的内衬展示给复印店的老板看！表示自己没钱了。原来"霍利"要求 Damian 支付复印的费用，而 Damian 把身上仅有的钱（好像大概折合 7 块多人民币）付完以后还是不够。此刻的我瞬间爆发！当着所有围观的路人和复印店老板的面，斥责"霍利"！要

求他支付全部复印的钱！"霍利"知道自己理亏，但是想必从来没有在父老乡亲面前受到如此"奇

耻大辱"的他，当然不能善罢甘休！"霍利"没有直接和我理论，却一下子冲上去揪住 Damian 的包，穷凶极恶的翻着。他并不是在寻找 Damian 的钱，而是想把已经交给了 Damian 的我的护照抢回去。

我：你要干什么？如果你想做个强盗来得到你想要的东西，现在已经错过了最好的时候了吧？

霍利：你不是要钱吗？好，跟我回办公室！我没有钱，我为我的总统工作，你等着，我让我的总统来给你付钱！

我：无论是谁付钱，这和我没有关系。你现在是时候让自己聪明点。只要别给你自己找麻烦就好！

霍利：好！我会让你知道什么是麻烦！你今晚要在监狱里度过。

我：哈哈哈，我很想看看坦桑尼亚的监狱，但也许你会更喜欢。咱们试试吧！

再次回到办公室以后，就在我试图再次联系大使馆的时候，"霍利"突然从我身后冲上来抢我的手机，我想他可能是怕大使馆"真的"介入后造成事件升级。他从我身后一把抓住我的腰间的皮带用力拉扯，我知道他想通过扯断我的皮带，达到衰减我动作敏锐程度的目的。我一边抵抗一边用头顶撞他的脖子和脸，以此表示我没有还手攻击。此刻从屋外冲进来三四个人一起抱住我，"霍利"借机抢走了我的手机。并且一边用我听不懂的当地语言对我说着什么，一边和那三四个人一起走出了办公室！

我虽然听不懂他的话，但是我知道一定是一些威胁性的语言。我顺势坐在地上，表示我受伤了需要去医院。并且告诉在一边已经吓得要昏过去的 Damian 为我报警。这时一个自称是警察却没有穿制服的人，手里拿着一瓶矿泉水走了进来。我认为这就是一个"假警察"。

假警察：嗨，朋友，你喝点水冷静一下。

我：我被刚才的那个人打伤了，我要报警，我需要去医院，请给我联系中国大使馆。

假警察：不需要报警，我就是警察！我没有看到他打你，你冷静一点，刚才你俩都不冷静。

我：你有没有看到不重要，我现在需要去医院，需要报警。

假警察：我就是警察，我会帮助你任何事情，请你放心。这里没有人伤害你，有我在也不会有人伤害你。

我：你是警察是吗？那你的证件给我看！

假警察：你现在不需要看我的证件。我是来帮你的，请相信我。你不需要去医院。你现在需要冷静。刚才你们俩人都不冷静。他刚才也不冷静，他把你的护照复印件撕了，现在他自己花钱去复印了。一会儿就回来。回来后就把你的护照还给你。并且，他让我替他向你道歉。这件事就这样结束了，你看好不好！

我：不好！这件事不会结束！无论他是否还给我护照。他一定要有麻烦！

假警察：你等一会儿，我马上回来。

假警察说完带着 Damian 走出了办公室。一两分钟后 Damian 一个人回来了。把我的护照和手机还给了我。并请求我和他离开。Damian 表示，外面已经没有人了。他们都走了。如果这件事闹大，对他和房东都会有很大的麻烦。求我可以为他和房东考虑一下。

当我和 Damian 走出院子的时候，我看到了站在马路对面故意背对着我的"霍利"，我对他喊：hi，u lost！他假装没有听见一样没有回头！


## 人家娇气日盛

当晚我应邀来到老 F 的餐厅喝酒。席间我再次致电中国大使馆。表示希望就此事追究相关涉事移民局警察的责任。使馆的工作人员"委婉"的表示"无能无力"。姆万扎距离使馆驻地的达累斯萨拉姆距离太远，如果事情发生在首都他们可以立刻派人过去"协调"。而在目前没有实际的人身和财产损失的情况下，还是建议我"继续旅行"！

我问他们是不是中国公民在坦桑尼亚遇到这种事，你们都是这么处理的？对方听后，应付式的留下了一个自始至终都打不通的，由"中铁建"的工作人员兼任的，"姆万扎领保联络员"的电话。

Damian 在得到了为我送护照所花费的全部路费和已经支付的复印费之外，还得到了一笔相当于 200 元人民币的小费。老 F 的老婆本不愿意让 Damian 和我们在一个桌子上用餐。但在我的坚持下她勉强作出了让步。但是她自己却没有和我们一起用餐。

Damian 一边用他的叉子满足的吃着美味的中餐，一边告诉我"霍利"确实没有打我，他也不会真的打我，他只是不希望他的上司知道这个事情而已。所以想阻止我报警而抢夺我的手机。那些复印的钱都是小钱，只是"霍利"想给自己一个面子而已。我说我知道他确实没有打我，而且我也不在乎那一点复印的钱，我只是不能接受这种无耻又嚣张的讹诈！如果他今天欺负我得逞，明天他就会去尝试欺负其他更多的中国人。

在老F和我的交流中表示，虽然这两个移民局的家伙确实是想索贿没错。但是他们今天这样嚣张的穷凶极恶也并非常态，一来是你这么强势的中国人他们确实很少见，让他们实在太没面子。另外就是这背后确实有他们的误判……

非洲的很多国家，在内罗毕，在亚的斯亚贝巴，在达累斯萨拉姆……当你走出机场，你可以看到各处的建筑工地的塔吊上，都挂着中国建筑公司的名牌。中建，中交，中水利，中铁。中国央企在非洲的基础设施建设的项目比比皆是，几乎形成了垄断态势。一时间，"基建狂魔"的国际绰号，好似让国人臆想着走在异国他乡的时候，会有多么的自豪和体面。但是国人所知不多的是，在这些中国工地里工作的中国工人，有相当比例的人确实都没有所在国的合法身份。

很多务工人员是持旅行签证或者商务签证入境。根本没有合法合规的工作签证。有的甚至连所持的不合规的签证都已经过期。而这些非洲国家的工作签证的价格非常之高，有些国家竟高达几千美金一年。不要说一般的私营华商，就是以上的这些国有企业的项目工地上的工人，也一样难以获得合规的身份。无论是竞标成功的项目公司，还是劳务代理公司，还是工人都没有人会愿意承受，甚至也承受不起这笔费用。

当然如果细究起来，"责任"可能早已从这些国企头上转移了。海外劳务输出的"水"，本来就非常深。国企的项目公司自身，与中国工人之间很多已经没有表面上的法律关系。项目公司已经通过各种操作把这些法律责任转移到负责劳务输出的代理公司身上。工人大多来自国内经济不发达省份。在与劳务输出公司之间没有谈判地位。甚至被层层倒手。等出了国，到了工地，眼前这份工作再苦再累再吃亏，也得忍气吞声的挣钱生活。再加上到了国外，两眼一抹黑，人生地不熟，即使发现被骗被侵害了，后悔了，也没有可能在海外进行伸张。

因此，从中标公司到项目公司，再从劳务公司到工人，最后到当地国家的政府军警，对于中国海外务工人员偷逃这份工作签证费用的现实局面，都具有着心知肚明的"默契"。而这样的实际情况，给腐败的非洲国家的政府官员及军警提供了巨大的索贿和敲诈空间。据当地的华商反应，甚至已经发展到即使合规也被勒索的情形。

而当这些姆万扎的移民局官员发现，我这样一个持旅行签证的人和老 F 这样一个持工作签证的当地餐厅老板在一起的时候，就完全有理由被判断成，我是一个被老 F 雇佣的，持旅行签证入境，为他餐厅工作的非法打工者。这从 Damian 反馈给我的，他在车里被问话的具体内容里也可以得到证实！

而当他们在渡船上拿到我的护照后，发现里面有如此多国家的签证和出入境记录的时候，他们其实已经发现了自己的误判。但是基于我一直的强硬态度，他们一来是想给自己找个台阶挽回面子，二来也是想侥幸的"冲"一下。毕竟有太多的中国旅行者和商人，在即使没有任何问题，但是在面对麻烦和压力的时候，也还是愿意花钱"破财免灾"！这也是造成很多索贿的当地官员存在侥幸心理的一个重要因素。

早些年，在非洲的华商华工甚至旅行者回国，偷带各种管控违禁品出境，曾经好似家常便饭。在相当一部分的中国旅行者的眼里，到了非洲不偷带象牙，就好像到了欧洲不买表一样傻逼！而为此付一些"小费"，哪怕是多付一些！相比带出去的东西所获的利润也实在不值一提！虽然这些年在各种力量和措施的共同作用之下，确实已经让这样的偷带走私行为收敛了很多。但是这给非洲海关留下了一个固定的认知，就是所有中国人的行李都经不起检查！就好像非洲警察认为中国工人都没有合法的工作签证一样。是一个超高概率的"事实"！

非洲的军警已经认为，"贪婪奸猾的中国人"对法律不仅没有敬畏，也不会有信赖。当他们受到侵害的时候。也肯定不会寻求和相信法律的保护。这当然会让狡诈勒索变得有恃无恐！而更加可怕的是，非洲军警们把敲诈勒索的对象瞄准的不仅仅是"贪婪奸猾的中国人"，而是"所有的中国人"！！！因为即使遇到的并不是贪婪奸猾的中国人，但他们也还是胆小怕事，趋利避害的。也是不会去诉诸和依靠法律能保护他们的。所以，一样可以从他们身上敲诈出钱来！

与此同时，中国"战狼"的毫无作为，甚至是故意不作为。无疑更加助长了所在国腐败军警的嚣张气焰。这让在非洲受到了不公平侵害的中国旅行者，在面对敲诈和勒索时，不得不选择妥协和就范。很多当地的华商甚至宁可选择去寻租当地的权势和高官作为保护伞，其效果更是远胜于依靠自己的政府去保护和伸张自己的合法权益。

老 F 夫妇不就每人付了三百块吗？这如果多耽误两个多小时，老 F 也许挣回来的不止三百块！项目公司的工地工人被拘查，花钱搞定的钱总还是比给他办一个正规的工作签证要便宜吧！旅行者就算没有偷带违禁品，在出境的时候被刁难索贿，误了班机，耽误的生意和时间，与支付一些钱相比，还是能分出孰轻孰重的吧！

中国人会为了获得基建项目给钱，

中国人会为了得到政府批文给钱，

中国人会为了走私偷带给钱，

中国人会为了不招惹麻烦给钱，

中国人会为了入境顺畅给钱，

中国人会为了不被刁难，避免难堪给钱，

这种局面不仅让非洲的腐败军警从"每一个中国人"的身上敲诈到财物变的易如反掌般的屡战屡胜。甚至让军警之外的更多"角色"，也意图加入到这场敲诈勒索的"盛宴"中来。更重要的是，这份靠无知的贪婪所支撑的敲诈价码也在毫无依据的攀升着。这也让越来越多的中国人，把这种非洲军警的索贿与敲诈，视同在非洲遇到持刀抢劫的黑人劫匪时一样，选择乖乖就范。所以当非洲的无赖恶警遇到了我这样一个"不识时务"的中国人的时候，当然不能接受。而我也自然得到了我"应有"的下场！

　　非洲国家官员的贪婪与无赖和路边劫匪的凶顽与粗鄙，不仅侮辱着他们的国家，也侮辱着他们的肤色。而在另一端，中国人行为失范的逐利和卑微懦弱的妥协，同样也在异曲同工的侮辱着自己的国家和面孔！有时候觉得他们仿佛真是一丘之貉。


## 追问歧视，歧视何来

　　中国人普遍勤奋耐劳且善于钻营。相比于其他国家和民族，中国人普遍具有更强的生活适应能力，似乎也更容易落地生根。加之自身庞大的人口基数，使得中国人在全球各个国家的普遍存在率也较高。在我所到过的 120 余个国家和地区，即便是在尚未与中国建交的国家里，中国人的身影也从未缺席。

　　与落后国家相比，勤奋耐劳的中国人在商业获利能力和财富积累能力上明显更占优势。与发达的民主国家相比，善于钻营的中国人却普遍表现出法治意识淡薄，更容易为逐利而行为失范。例如违规滞留和偷带违禁品的中国人的总体数量"确实"，至少"曾经确实"会高于其他国家的人。

　　在一个贫穷落后，法治不彰，政府和官员腐败贪婪的国家里。那些以罔顾该国法纪的手段去获利的中国人，确实得到了比在经济发达的法制国家更多的获利机会。但在与此同时，这也让所有身在这些国家里的中国人，都成为了这些国家的"腐败军警"眼里的"最佳敲诈对象"。这在客观上，严重的挤占了"正义者"本应该拥有的公平空间。

　　同时另一方面，中国政府在面对自己国民的私权在海外受到侵害的时候，实质上是基本不会利用国家的政治和外交资源去实施保护的。即使是在处理一些棘手的国际政治课题的时候，中国政府也经常愿意采用"经济型外交"的方式去化去解僵局。甚至包括中国企业在海外的业务运作方式也会惯用 under table 的"经济手段"。这与中国人在中国政治体制和社会环境的现状之下，更愿意在暴政和强权面前隐忍妥协和屈服退让，继而采用寻租权力和破财免灾的方式获利和自保的价值模式，恰好遥相呼应。

无论是中国人还是中国社会，以及中国政府在国际社会中的行事作风，所充斥着彻底"去正义化"的价值选择，已经在国际社会暴露无遗。正义在中国人的价值观里已经日趋一文不值，没有人会为坚持正义而做出牺牲和抗争。中国的社会也从未以正义为导向，去建立社会秩序和法治体系。而一个"去正义化"的"强国"外交，其运行逻辑，无疑拥有了更多机会和借口，去割裂甚至倒置国家利益与国民利益的从属性和一致性。

无论是国际社会对中国人的风评，还是一些华商以及旅行者在当地的实际表现，所形成的，对中国人的标签化认知是：

中国人既不相信和依靠法律去保护自己，也不会遵守和顾及法律去约束自己。因此在他们的身上找到违法违规的瑕疵是大概率事件。即使出现了误判，他们也大多会在强权的压力之下妥协退让。他们精明甚至狡猾，善于赚钱并且富有。在他们的文化里有舍弃"身外之物"的钱财去破财免灾的文化传统。他们在自己的国家里面对暴政和强权时也会懦弱的选择屈服。在丧失了更多保障的异域他乡更无可能会有誓死抵抗的勇气。因为他们的国家和政府完全不会像西方国家对待自己的国民那样，对他们的私权采取任何保护。

这一切，无疑让"亦警亦匪"的腐败国家的军警对中国人的敲诈变得有恃无恐，嚣张至极。中国人很多时候身处其中，确实是毫无招架之力。

一个对保护国民私权失能且毫无作为的政府，所催生出了淡漠尊严而明哲保身的国民性。继而又将之所衍生出的一个完全"去正义化"的逐利玩法，投至于一个充斥着腐败贪婪又蛮昧的国家和政府之下进行博弈。这仿佛是把在酱缸里练就的处世之道拿到了粪池里用来安身立命。其实则形成了一个恶性循环的生态局面。其中的利益各方，都在扭曲的追逐着与他们自身利益自洽的"合理性"和"正当性"。唯独不可能容下一丝一毫的"清如许"！

我从不会在出入境的时候偷带任何象牙，黄金等违禁品。也尽可能的去尽悉各种奇葩的政策和规定，尽可能的避免出现任何出入境手续上的瑕疵。因此我绝对不会妥协于任何一个索贿的要求和暗示。我除了不在乎牺牲更多的金钱和时间之外，也不在乎面对可能的危险和被动处境。我当然也会刻意对对方的粗鄙笨拙和无知落后，表现出蔑视嘲讽或者同样不尊重的歧视态度。

虽然我知道我的这种选择根本无力于去改变当前这样的现实局面。也不能改变别人加在我身上的认知标签。但是我能做到的，和我必须做到的，是至少让自己不融进一个"被代表"的群体之中。我并不在乎被歧视，但是当歧视里带有侵犯性的时候，妥协也许是最不可取的应对。真正的"战狼"从不拉帮结群，哪怕是被人人追打，也终会选择向死而生。

# 四、终极的信仰是自由

# 安纳托利亚和美索不达米亚

2016 年 8 月我从雅典飞到伊斯坦布尔。那是我第一次到土耳其。也算是我第一次进入中东。我从伊斯坦布尔一直搭乘大巴，向很多人劝我慎重的土东地区移动。从伊斯坦布尔经过恰纳卡莱和伊兹密尔到了让我感觉实在名不副实的棉花堡，再从费特希耶经过安塔利亚和内夫谢希尔到了颇具名望的格雷梅。可能格雷梅并不是严格意义上土西和土东的分隔点。但我就是从格雷梅搭乘夜巴穿过了当时刚刚发生了"婚礼爆炸案"的加济安泰普之后进入了尚勒乌尔法。这里无疑就算是正式的进入了土东地区了。

虽然在尚勒乌尔法我没有去寻找哥贝克力石阵，而是决定快速经过迪亚巴克尔后赶往土东最重要的一站马尔丁。旅行者固然不会拥有一个学者的严谨和耐心。很多时候更愿意让身体经受折磨和危险，去代替读懂那些言辞晦涩，概念模糊又颇具争议的文字。站在具有独特视角去俯瞰广博辽阔的美索不达米亚平原的马尔丁城堡上，那一刻仿佛真的让我感到，眼前这片亦被称为"两河流域"的人类文明摇篮迸射着一种悠远深厚又古朴复杂的力量。

离开了土耳其之后的伊朗之行，让我在约旦的以色列使馆得到了必须半年以后才能申请以色列签证的答复。而实际上至今我都未能再找到可行以及合适的机会进入以色列和巴勒斯坦。而在当年不能完成以色列的计划，只好把约旦之后的行程改成了埃及。

2017 年，补上了 2016 年外高加索行程里遗落的亚美尼亚。那座传说中诺亚方舟最后停靠地亚拉拉特山，虽然如今置于土耳其的境内，但在土耳其最靠近它的多乌巴亚泽特却无法看到。而亚美尼亚的深坑修道院才是这座山的最佳观赏点。土耳其争得了这座山，但是观赏山的游客却都跑去了亚美尼亚。这好像也暗藏着一份冥冥中的公平吧。

至此，我在自己本似懂非懂的圣经所描述之下，对人类文明发源的探索，除了巴以之外，好像就剩下把自己置身于这片"两河流域"

之中了。而安纳托利亚到美索不达米亚，也正是我对中东的这一地理概念叠加了历史意涵的一种理解。

虽然亚述和巴比伦，所对应的叙利亚和伊拉克的战火燃烧了多年，至今未熄。但是我还是下定决心，一定要完成去探索这个布满了传说和各种争端之地的计划，仿佛这里真的藏着人类文明的源头与奥秘。

## 中国人的无耻与奸诈，"垄断"了叙利亚

在先行者的经验里，叙利亚和伊拉克似乎比我 2017 年去过的阿富汗还要更危险和复杂。2021 年在四川不慎坠崖去世的青年考古学者刘拓，以及另外一个在旅行圈里靠帮人办理中东国家签证挣旅费的小伙子，都在伊拉克和叙利亚这两个国家被"误抓"过。在和他们有过的有限的交流里，都在向我反复的强调这两个国家的危险和各种难以把控的环节。除去这里的军警腐败所造成的以敲诈和请赏为目的的危险因素之外。2011 年打响的叙利亚战争至今仍然在持续着。而且这场战争本身的复杂性以及因此而造成的社会层面的更加复杂的现状，确实从某些角度而言超过了其他的战争国家和地区。

所有的这些危险和不可控的因素不仅给一般旅行者增添了顾虑和迟疑，从另一个客观角度，也让叙利亚方面的入境政策和程序变得更加复杂和游离于常规化。叙利亚的签证办理就是一个例证。如果在国内的叙利亚使馆办理，手续和程序繁杂冗长。大部分的人都会选择用"反签"的方式。既不需要邀请函，也不需要提交任何的证明文件。由叙利亚方面"有渠道"的人去操作。经过了叙利亚内政部门批准之后，拿着批文的复印件去口岸直接贴签即可。这尤其对于我们这种长线的跨国旅行者更有吸引力。而这个局面却给依靠帮助中国旅行者和投资者入境叙利亚而谋利的"中国掮客"们提供了更多可以设计套路

的空间。

实际上在叙利亚"真正"有能力直接操作这个业务的中国人，是为数并不算多的几个，来自国内的甘肃和宁夏一带的穆斯林。或许只有他们更适应和倾向于长期生活在中东地区的穆斯林国家，即使是一个战争国家。无论是前文提到的那个人在国内，靠办理签证挣钱的小伙子，还是人在贝鲁特，提供叙利亚旅行和商务考察服务的女华商 Z。这些在国内旅行圈里"名声显赫"的行家里手，其实他们所做的叙利亚签证都是通过他们所认识的在叙利亚"有途径的人"办理后，再加价转手卖给内地的旅行者或者商务考察者。这个签证的成本应该不会超过 100 美金，但是卖到旅行者手里的时候普遍在一百五到两百美金。在早期甚至有卖出过一千美金以上。除此之外，他们还会靠安排接送过境，叙利亚境内用车，安保服务，签证续签，以及商务对接等等"项目"来挣钱。

我在西非做出决定，从阿克拉经转亚的斯亚贝巴飞进贝鲁特，之后从贝鲁特陆路过境进入大马士革。我的航班落地贝鲁特的时间是当地时间凌晨两点多。我把叙利亚签证的办理，交给了一个身在贝鲁特的中国女商人 Z。Z 在疫情之前的主业也是专门组织黎巴嫩和叙利亚观光和商务考察的旅行团。虽然在圈子里的口碑颇有争议，但是毕竟也在当地混了不少年头。所以我最后决定把签证的事情交给她办理。并为我安排了把我从贝鲁特机场送到黎叙边境的车。

签证 200 美金，车费 100 美金。其实我知道 100 美金的车费是把我从贝鲁特送到大马士革的价格。但是 Z 声称当前是疫情时期，只能送到边境，然后在边境再重新找叙利亚的车过境到大马士革。考虑到我的航班落地时间是当地时间的凌晨，我也就勉强接受了这个价格和安排。

而当她安排的司机接上我之后，却告诉我虽然这个车不能把我送到大马士革，但是 Z 已经在边境为我安排了另外送我到大马士革的车，车费已经包括在这一段的 100 美金里，无需再额外付费了。虽然我对此很是怀疑，但是没有黎巴嫩手机卡的我，又是在凌晨时分确实无法和 Z 进行确认。十几个小时飞行的疲惫也让我不想再在黎明前的黑暗里，费神去口岸找其他的车了。干脆就上了这个司机所言的"免费"给我送去大马士革的车。

但是在我过了叙利亚入境处之后，这个送我去大马士革的车，突然在路边停下来，让一个会讲中文的叙利亚人上了车。此人上车后用中文与我一阵"热情的攀谈"。等车到了大马士革之后，又是总想让我住到他安排的酒店。又是询问我后期想要去霍姆斯和阿勒颇的用车计划。

在被我一一拒绝之后，一个中国女人打来了电话。这个叙利亚人让我接电话，说这是他的老板"X 姐"。这个"X 姐"向我声称是 Z 让她安排车接我的。要求我必须再支付 100 美金车费。我此时想起来 Z 曾经告诉我，如果我在叙利亚要用车可以找一个叫什么"X 姐"的人。

虽然我也知道这段路总是要付费的，天下没有免费的午餐。但是 100 美金的价格，还是明显带有着被我拒绝了他们的后续服务后的敲诈意味！并且这个女人的字里行间充满着嚣张的语气。我告诉她谁让你出的车你找谁要钱去，司机跟我说不要钱我才上的车，所以这钱我不给！此时这个女人在电话里突然表现出了一副凶神恶煞的态度，声称我的签证就是她办的。她一个电话就可以让我出不了境。并且随时可以让人来抓我。并警告我这是叙利亚，劝我识相点，不要给自己找麻烦！

到达大马士革的时间是早晨 8 点钟左右。一夜的红眼航班加上入境环节的各种解释和交涉，还有一路上跟着我，让我无比厌恶的这个叙利亚掮客。此时这个叫什么"X 姐"的女人的这一番威胁之词，让又累又烦的我瞬间涌起一股无名之火。你 TM 瞎了眼了！你是要给我留这是吗？行啊！你有这道行就行！你试试，我等着你。你要是做不到，别说我见着你啐你丫挺的一脸吐沫！

此时的 Z 只好现身出来圆场。"神哥别生气，是我看到您航班的时间，怕您在边境找不到车，所以就直接让"X姐"派车了。价格确实是100美金，是我的司机没和您说清楚。没关系。您要是不愿意，这钱我来出。您尽兴的玩。咱们三个人这个群一直留着，留到您平平安安离开叙利亚为止。"

很明显，这个"X姐"是Z的上家！Z让这个人在大马士革的"X姐"办了我的签证，加价后转卖给我。并且赚取了100美金的车费。之后，叙利亚的部分就想"强推"给这个"X姐"了。希望再让这个"X姐"拉住我这个疫情之下，唯一的客人在叙利亚的住宿和用车的生意。在发现我没有主动和这个"X姐"联系之后，唯恐我这条鱼跑了，就干脆用欺骗和蒙混的手段设计了一个"闭环"的强买强卖！

先在边境哄骗我上车，这样一来，即使最后我完全不接受她的所有推销，也可以再用威胁恐吓的手段，逼我放弃和她讨价还价，她这单方面定价的100美金车费。

可是一阵威胁恐吓之后，看到没有把我吓倒，反而有可能惹到更多麻烦。无论是闹到中使馆，还是闹的满中东旅行圈都知道了，对他俩都是得不偿失。所以Z干脆使出了最后的一招"流氓假仗义"。料想我大概也不愿意在圈内留下坐了车不给钱的名声。当然，在我离开叙利亚的时候，我还是给了她50美金。等于是这段从贝鲁特道大马士革本应100美金的路，我花了150美金。这次的"叙利亚入境记"实在出乎我的意外，没有遇见无耻索贿的叙利亚入境官，但是遇到了更加无耻下作的中国奸商。

在大马士革我通过其他的渠道认识了一个当地的回族小伙子O。虽然O也是在当地靠为中国人办理叙利亚签证挣钱，但是明显要比Z和X都要更老实规矩很多。O不仅帮我换了叙镑，还为我找了一辆叙利亚人的车，去霍姆斯和阿勒颇。而价格比中国人的车更加实惠靠谱。

据他的介绍，坑蒙拐骗是当地的中国商人的主流手段。而且专门针对来叙利亚的中国旅行者和投资商。产生了纠纷以后恃强凌弱。一般的旅行者和投资人也惹不起他们，只好妥协作罢。

而这个"X姐"在当地早已是臭名昭著！他们会无端的编造一些商业投资机会，诱骗国内的投资商来叙利亚考察洽谈。而实际目的只是为了从签证，用车，住宿等环节敲诈勒索一些钱。投资者来了之后花了不少钱，生意却是竹篮打水，子虚乌有。他们给旅行者安排的车，普遍的价格是一天100美金起步，还会要求强制购买安保服务。最终的价格都浮动在200美金每天。甚至最终还会再额外的敲诈索要汽油费，过路费，咨询费之类。

O所说的这个价格，与我2020年在贝鲁特初次试图进入叙利亚时所了解的状况相差无几。很多中国人迫于不懂阿拉伯语，在这种环境状况如此紧张恶劣的情况下，为了沟通方便而只好找当地中国人的车。而后来O为我找的一个当地的，会讲简单英语的叙利亚人的车，三晚四天一共才280美金。

初进叙利亚，让我没有想到的是，我还没来得及去深度体验被叙利亚战争撕裂的民生与人性之前，无耻下作的中国人带着令人作呕的吃相和套路已经抢先一步，展开了一场垫场表演。

## 初见大马士革

从黎巴嫩陆路入境叙利亚，大概是在我所有陆路过境的国家里，两个国家之间的出境处和入境处的距离最远的。我看了一下GPS的数据，4.7公里！从离开叙利亚的入境处之后到大马士革市中心的不到50公里的路上，大约有十几个检查站。司机每经过一个，都会摇下玻璃伸手去和荷枪实弹的士兵握手，而伸出去握手的手里，会攥着一张小面值的叙镑。这里所说的"小面值"大概也就相当于一块钱左右的人民币。这完全是为了避免每一个关卡都有权要求的开包检查。这每一个检查站都是加强型的连环哨卡，就是一个哨卡有两道卡子，这让强行冲卡变得不可能。这样的安排和情景，确实让我明显的体会到了一个战争国家的紧张气氛和态势。

叙利亚战争的参战方错综复杂，其中可以统称为"反政府武装"的各种派别组织和武装力量，据说这个数字竟然不低于一千个。此外，库尔德人和伊斯兰国也都参与其中。时至今日，再翻开叙利亚各派军事力量控制图，伊斯兰国在叙利亚的势力，已经被当局宣称基本被消灭。但是叙利亚库尔德的罗贾瓦在其中的存在性显然是依旧保持着常态化。

整个库尔德人当前主要分布在伊朗，叙利亚，伊拉克，土耳其四个国家。亦被分别称为东西南北库尔德斯坦。他们各自都希望在所在国的领土上建立独立的国家，而互相之间又难以实现有效的合并和整合。因此库尔德斯坦建国普遍被认为是，至少短期内不可能的事情。

四个库尔德斯坦，与所在的四个国家政府的关系都各不相同。其中以叙利亚最为严峻。相当于叙利亚库尔德斯坦（西库尔德斯坦）与叙利亚政府（巴沙尔政府），还处在未能达成充分谅解状态。虽然大规模的空袭和热战已经得到了控制，但是突发的冲突和局部的战斗依然不定时的频繁发生。而游客也完全没有可能从叙利亚的政府控制区进入叙利亚的库尔德斯坦地区。如果想进去，必须从伊拉克的库尔德斯坦也就是"南库尔德斯坦"进入。也正是因为这个原因。叙利亚情报部门的"触角"在努力的去掌握进入了伊拉克库区的人的信息。如果一旦发现入境叙利亚的人，曾经进入过伊拉克库区（埃尔比勒），就可能被认为有进入叙利亚库区的嫌疑。这可能会导致此人在叙利亚入境受阻，甚至有被审查等更大的麻烦。所以游走这片"两河流域"相对万全的路线是先进叙利亚，再进伊拉克和伊拉克库区。之后则不在短期内再进叙利亚。

我决定从贝鲁特陆路进入大马士革之后，以大马士革为圆心去到可能去的地方之后，从大马士革飞去伊拉克首都巴格达，之后从伊拉克的库区首府埃尔比勒离开这片两河流域。

在叙利亚战争中仅在叙利亚库尔德人与叙利亚政府之间的争端和战斗中，就同时掺杂着各种外部力量的存在，美国，俄罗斯，土耳其，伊朗，以色列等各种力量都参与其中。叙利亚西部非常著名的景点"帕尔米拉"虽然已经属于政府控制区之内，在当时却被支持巴沙尔政府的俄罗斯军队驻扎，而我们经过反复确认后，确定根本无法靠近，而不得不放弃。

叙利亚的紧张气氛依然还是表现的无处不在。即使是在大马士革这个从来没有经过热战和轰炸的城市里，晚上的电力供应也是断断续续的。网络信号时有时无。我在边境买的叙利亚的电话卡由于没有做专门针对外国人被要求的"特别登记"，根据叙利亚官方的规定要在7天后断网。尽管 O 带着我在大马士革跑了一整天去多个政府部门报备，在我的手机设备的各种序列号都被收走备案了之后，才被延长到了一个月的使用期。但是即便如此，在离开了大马士革之后的大多数时候，手机还是没有网络的。而在阿勒颇和塔尔图斯这样的地方，晚上根本是连电也没有的。

## 霍姆斯与阿勒颇

O为我介绍的叙利亚司机阿布虽然会一点英语，但是大多数时候交流还不是足够通畅。离开大马士革第一天的行程是经过霍姆斯和哈马到达阿勒颇。霍姆斯和阿勒颇是在叙利亚战争里经历了无差别级空中打击的城市。暂时已经处于停战状态，是可以让外国人进入的地区。甚至也是叙利亚目前并不多的，可以让游客进入的经历过了战争的城市。

阿布有一个弟弟住在阿勒颇，并且是在叙利亚的政府军内服役。阿布建议我在阿勒颇，和他一起住在他弟弟的家里。他弟弟的英语显然比阿布要好一些。而且看得出来很愿意与我交流。阿布弟弟的家住在一个非常破旧而没有电梯的老楼里。楼道狭窄阴暗，房间内的采光和通风也都非常不好。家里几乎没有任何像样的家具。如果我要是住在这里，他们必须为我和阿布打地铺。重要的是，阿布弟弟的家里过了晚上六点就没电了。所以刚一进屋，阿布就忙着提醒我，让我给我的手机充电。阿布弟弟的妻子为我们煮了咖啡并做了甜点。他们一家人的态度很明显是非常欢迎我住在这里的。

我小心的向阿布的弟弟询问叙利亚的社会生活和战争情况。

"我只能说一切都糟透了，而且我认为还可能会更糟。我不知道未来会怎样，可能也没人知道这一点。甚至可能也没人想要知道这一点。因为这些其实都不重要了！重要的是，无论未来怎样，我们都必须想办法活下去。我们没有办法，也没发现谁有办法，我们都不能离开这里，也不能改变这里。我不能说太多，因为我还要在这里生活下去，我有家庭，我必须想办法活下去。"

而对于当前还在进行着的这场战争，阿布的弟弟认为，带给老百姓威胁和危险的，远远不止参与到这场战争中的政府军或者库尔德人……没有人知道你会死在谁的手里。即使在你已经死了之后，可能你也不知道。总之就是非常混乱，非常糟糕。阿布弟弟生活在一片废墟的阿勒颇，而阿布则生活在未被战火屠戮的大马士革。在情绪上还是非常不同。阿布弟弟一副几乎全无表情的脸，平静的向我表达着他的绝望和无奈。就好像全无表情的脸一样，仿佛平静的外表掩盖着无法释放的情绪。

而生活在未被战火屠戮的大马士革的阿布，则显得情绪更加饱满。不时的亲吻娇宠着阿布弟弟的小女儿，不时地与阿布弟弟的妻子闲聊。我们可能也不一定是死在了叙利亚人手里。也许是美国人，中国人，俄罗斯人，伊朗人，以色列人。阿布甚至坚持的告诉我，你看见了霍姆斯和阿勒颇被轰炸的那些残垣断壁了吗？你们中国政府也参与了其中的轰炸，他坚持认为是中国人和叙利亚政府军共同操作的。他甚至言之凿凿的说他看见一个中国大校和叙利亚政府军在一起。阿布认为参与到叙利亚战争里的各个国家都具有着居心叵测的目的和角色。美国人拿走了石油，俄国人拿走了土地，现在还不知道中国人和以色列会拿走什么。叙利亚没有任何办法，只能任人摆布。

一如我们之间所有碎片化的交流一样，身陷这一场战争的老百姓对来自于这其中的碎片化感受背后，也必然藏着他们错综复杂的执拗认知和难以厘清的主观情感。我无法也不愿发表我的看法，甚至也无法与他们的任何认知和观点展开交流。但不管怎样，我都非常愿意更多的去听听生活在战火里的人的声音。

但是我实在难以想象如何与这一家三个大人两个孩子挤在这个狭小又闷热的楼房里，度过一个没有灯光和微风的夜晚。我更不知道这一晚我该如何去避免冒犯阿布弟弟的老婆，作为一个穆斯林女性的生活方式和禁忌。我谢绝了阿布和他弟弟一家的好意，还是决定去找一个酒店住下。

我最终还是找了一个 50 美金一晚的在当地看起来已经很不错的酒店。阿布帮助我办完了 check in，临别时阿布告诉我，他弟弟一家都很喜欢我。希望我明天可以再去他家喝咖啡。我欣然答应。虽然这家酒店明显已经是阿勒颇非常好的酒店了，但是偶尔的断电依然是常态化的。

　　阿勒颇和我们在前一天经过的霍姆斯一样，同样是经历了"焦土政策"的洗礼劫后余生的城市。呈现出的轰炸后的景象与在电视里看到的基本完全一样。面积并不大的老城已经完全是一片废墟和瓦砾，幸免于难的少数几栋民居里也基本没有了人迹。而所幸未被毁掉的阿勒颇城堡就仿佛屹立在这一片废墟和瓦砾之上。

　　走在残垣断壁的阿勒颇老城里，置身在这片片废墟的之中，冷却的战火硝烟，散去的焦糊空气，停止的嚎哭与嘶喊，让这一片片的焦土与废墟似乎变成了一个个藏在"战争博物馆"里的标本。城堡前面的广场上，又依然穿梭着忙碌的叙利亚人的生活身影，只有那一副副失神的目光和神情，印证着无从说起的悲怆和失落。战争从他们的人生里走过，但他们无计可施。战争走进他们的生活，但又好像与他们的生活毫无干系。人间烟火在世上最脆弱，但是却亘古不灭。

## 终极的信仰是自由

我在阿勒颇的第二晚的深夜，酒店的前台打来电话。操着一口让我听的一知半解的英语，好像是要我下楼提供他们在 check in 的时候本就已经留备了的我的身份资料。用以接受安全部门的检查。我没好气的以时间太晚拒绝了。但是第二天早晨在我和阿布离开阿勒颇的路上，当地的安全部门再次打来电话，要求我回去安全局接受调查。并要求我解释为什么续房，为什么要在阿勒颇多住了一天。

我让阿布接了电话向他们解释。但是对方态度非常强硬，拒不接受，要求我和阿布必须立刻回去，但是当时我们已经还有不到 30 公里就要离开阿勒颇辖区了。阿布和我决定拒绝他们的要求。继续驶向我们当天要去的拉塔基亚。此时远在大马士革的 O 打来了电话。告诉我和阿布，阿勒颇的安全局把电话打给了他，询问了很多有关我的情况，并且警告，如果不回去，我将会在大马士革被拒绝离境。

不可否认的是，战争造成的紧张情绪，实际上会让人在不知所措，甚至是心血来潮的情况下，会做出很多令人无法理解和接受的决定。而在战争的环境里，法制体系荡然无存，就连在固有的权力结构之下有时候也并不一定随时见效，而只有枪炮才是根本的王者。这也从另外一个侧面解释了为什么会有旅行者被"误抓"，以及旅行者在战争国家里，身陷如履薄冰且倍受压力的处境。虽然我最终还是坚持没有回去阿勒颇接受他们的调查，但是好在后来在我离境的时候没有遇到麻烦。

从阿勒颇到拉塔基亚必须绕回霍姆斯，因为更近的一条路上的伊德利卜还处在战火之中，我们无法穿行。而位于地中海沿岸之上，被称为叙利亚的度假胜地的拉塔基亚和塔尔图斯的晚上依然没有电。少数一两个高级酒店里晚上有电，还有脏兮兮飘着油花的沙滩和几乎为零的服务。

回到大马士革，仿佛就好像离开了战场一样。虽然停电还是每天必然的事情，但是毕竟没有长时间没电的情况了。可能是因为我在下车的时候，多给了阿布20美金小费。阿布一定要我去他家里做客。并且用他并不熟练的英语对着我说，你保证，你保证……

我答应了阿布，会和O一起去，这样也可以让我们的交流顺畅一点。阿布可以讲阿拉伯语，O可以给我翻译。阿布准备了吃的，有烤鸡和甜点。看起来很传统。在阿布的家里我见到了阿布的朋友，也见到了阿布的母亲和他刚刚上小学的大女儿，以及尚且还抱在怀里的小儿子。阿布的妻子虽然也在家，但是始终躲在屋子里没有出来。

有的时候，在我们想和一个人交流或者交往之前，也许并不知道这种交流和交往能让我们获得什么。可能仅仅只是因为这样的机会不多见而已。我这样一个在阿布的生活里具有如此"跳脱感"而存在的人，对阿布而言，显然无论是吸收些什么还是表达些什么，都似乎变得机会难得。但是之于我而言，实事求是的说，我并不是很迫切，或者说是还并没有做好准备，去一个阿拉伯的穆斯林家庭做客。我不得不承认，或许确实是因为宗教和信仰所造成的距离和差异，在面对那些习俗和禁忌的时候，会让我感到无所适从。甚至于，也让我疲于去"社交式"的，对他的立场和信仰，给予一个"接纳和认同"的表态。或许有些交流还是需要建立在一定的沉淀之上吧。

阿布的母亲是一个英语老师，阿布的女儿让奶奶给她用英语写了一张纸条递给了我，"how can you use two sticks to eat rice？"小姑娘的好奇里带着羞涩。我掰着她的小手，教她使用筷子。虽然她没有立刻就可以熟练的使用。但是反复开心的尝试着……很快，她又羞涩的递给了我第二张英语字条。"i love you！"如同不会掩饰好奇一样，小姑娘也同样不会掩饰羞涩，更不会掩饰情感。而当这一切，被植入了"宗教和信仰"之后，她的世界里是否还会保留着现在的率性和无畏？但是我仿佛也并不担心，因为至少此刻我知道，阿布的妈妈，支持自己的孙女保持着这份率真和好奇。

我在大马士革古城里的基督区找了一个黎巴嫩人经营的老院子

客栈。这几乎可以算是老城里的客栈条件的天花板了。管理人员会英语，房间里的空调和洗澡水也算运行正常。大马士革的老城依然努力保持着与战争隔绝的气氛。随处可见的古树宽大的树荫，几乎覆盖住老城里的每一条古朴的街道和每一座隐蔽的院落。挡住了来自大马士革的城市喧嚣，也遮住了来自美索不达米亚的酷暑。更好像遮蔽着不远之处的焦灼战火。隐藏在古城里已经为数不多的老院落，折射着叙利亚最传统的气场与风韵。就像这片两河流域里藏着的深邃悠远的历史轮回一样，老院子里也一定埋着百转千折的惆怅故事，和对美好和自由的执爱。

## 巴比伦的伊拉克还是伊拉克的巴比伦

在地理上伊拉克和叙利亚有着使两国之间得以广泛接壤的边境线。甚至当一般的人们提起他们其中一个的时候也总会把另一个一并提起。在大多数没有近距离走进他们的人的感知中，他们在地缘政治，社会宗教状况以及战争所造成的危险局面之下，两者之间具有着难以区分的联系和一致性。而更重要的一个可能原因是，从 20 世纪末期至今的中东战争史里最激烈的战火基本上都是发生在了这两个国家的土地上。

但是实际上在阿拉伯世界里，这两个国家却被划分在不同的区域中。叙利亚属于阿拉伯的沙姆地区，而伊拉克则属于海湾地区。而伊斯兰内部的宗教派别在两个国家的主导力量，以及背后造成的他们在中东乃至整个世界上的政治倾向，也存在着诸多的不同和多变之处。

大国之间的政治博弈，中东地区内部国家间的利益冲突与资源争夺，执拗的宗教立场主导下的不同意识形态和情感对立……任何一个复杂的问题，一定都裹挟着没有休止的争论。而中东这块土地上的各种问题的复杂程度，和无解的局面。或许也是吸引着一个旅行者前往的重要因素。

从大马士革飞到巴格达。第一个感觉就是仿佛至少热出去了四五度。而实际上巴格达对于一个旅行者造成的各种"禁忌"就更多了。似乎都已经划出来了一些旅行者不能靠近的地方。如果战争是一场人生的洗礼，那么近代以来，叙利亚貌似还是个初出茅庐的"小崽儿"，而伊拉克则似乎已经是个"老炮儿"了！并且战争给伊拉克留下的各种"后遗症"以经体现出了长期性的特质。这个曾被称为巴比伦的所谓"文明古国"，所在的这篇土地上，丝毫没有让我看到一点文明的痕迹，反倒是到处都是用摧毁文明的方式维持着生活和国家的运转。

巴格达基本上难以寻见太多城市的风格，而稍微有一点能够吸引人观感的景致和区域，都有着军警驻守，禁止普通人靠近。人们的生活热情和所有的繁忙景象似乎仅限于用来维持生活。对于断电，巴格达地区的酒店大多都配备有与城市电力系统无缝连接的发电机。只要一断电，发电机即刻立即启动。保证断电的时间不会超过一分钟。而大街上的军警所表现出的专注的戒备状态，不仅为了应对可能的危险情势，同时也为"警匪"们伺机寻找抢劫和敲诈目标提供了机会。在巴格达，阿拉伯人本被诟病的奸诈，又加上了暴戾和野蛮。

我的伊拉克行程的首要目的地，也是伊拉克对我最大吸引，就是我所到达的四大文明古国中的最后一个"古巴比伦"了。两河流域的历史要比巴比伦还要更早和更久远，这块土地上的很多久远历史里的名词，会久远到让我们分不清那究竟算是一个国家还是一个朝代。即便是分别按照时间和地理的双重轴线去追寻，搞清楚其中的民族和国家的概念也还是要废不少时间和精力。

但是基本上是可以肯定的是，与中国，印度和埃及不同，一个与国家和地理概念上相吻合的文明古国而言，巴比伦已经不复存在了。而眼前的这个诸多复建痕迹的"巴比伦城邦"里，似乎寻不到任何东西可以诠释巴比伦的文明。相反倒是与古老完全不沾边的，在古巴比伦城邦不远处的，曾经的萨达姆行宫，更能清晰的表达着伊拉克并不算久远的过去。

在从巴比伦回来的路上，检查站的警察带着一副很不礼貌，并伴有挑衅的态度，在我以经提交了全部我的证件之后，还是要求我下车接受检查。那一副无赖一样的表情和态度背后的目的，明显是想找点麻烦。或者是让他的索贿和敲诈得逞少点麻烦。

这对于我这种常年混迹在路上的人而言，一眼就能看穿这点伎俩。我拒绝下车并刻表现出一种反感和蔑视的态度回应他。而只让司机去和他们周旋，在打给了我住的酒店进行了交涉之后，最终检查站的警察无奈的放我们离开了。实际上，巴格达的内容除了这个意义大于内容的巴比伦之外，基本上乏善可陈。尤其在被政府划定了限制区域之后。而知名的底格里斯河和幼发拉底河也完全没有给我留下任何赏心悦目的景色。所以我更希望早一点离开巴格达，进入库区的埃尔比勒。

## 比首都更发达的首府

伊拉克的库尔德斯坦人的处境显然比在叙利亚的库尔德斯坦人要好很多。伊拉克的库区基本上有着明确的区域划分，库族人的治理模式和形态也公开和清晰。更重要的是，埃尔比勒作为伊拉克库区的首府，明显比巴格达要更现代和繁华很多。在政治上巴格达和埃尔比勒的关系，就好像是北京和台北一样。有限默认和事实独立。但是在经济和社会局面上却差距巨大。

在埃尔比勒至少可以找到现代一些的汉堡店和咖啡馆，饮食上也不会再如巴格达那般单调。酒店里也不会经常的断电。重要的是社会气氛也平和了很多。埃尔比勒城堡的周围终于出现了中东地区久违的为旅行者营造的元素。即使是在我去了摩苏尔这种和阿勒颇一样的战区，紧张的气氛也还是得到了一定程度的缓解。

埃尔比勒似乎比巴格达更热，在去埃尔比勒的路上，车里的温度计显示达到了 51 度。按照原本的计划是打算从埃尔比勒经过摩苏尔穿过伊拉克和土耳其的边境，陆路进入土东地区。但是一来是之前已经去过了土东，二来是天气实在是太热了。因此最终我还是选择了，从埃尔比勒直飞伊斯坦布尔。结束了这一段的旅程。

　　而埃尔比勒奇葩的是，在土耳其已经不需要 PCR 的情况之下，从埃尔比勒机场出发，依旧被要求 PCR 报告。这是我第一次遇到依据出发机场，而非根据入境国的要求而决定 PCR 的情况。但是无论怎样，我还是想尽快离开这个乏善可陈，又让我并无兴趣的地方。

# 五、谢谢"坦布"

# 谢谢"坦布"

2021 年 7 月 21 日清晨，我从伊拉克库尔德斯坦地区的首府埃尔比勒飞进土耳其的伊斯坦布尔。完成了我的这段从西非到中东的旅程。而此时，新冠病毒已经进入了"Delta 时代"！病毒的变异让很多人变得更加焦虑。网络上对于疫苗的实际作用和潜在的负面影响的言论也是甚嚣尘上。国内的"动态清零"和"入境隔离"政策依然还在如火如荼。伊斯坦布尔飞广州的机票价格在 7 万人民币左右。并且各种行前限制和要求愈加有恃无恐。

航班的"熔断"概率不断攀升。让回国的机票价格不降反升。保护住国内来之不易的"大好抗疫成果"仿佛成为了压倒一切的"民族共识"！随着拜登主导下的好似逃跑一样的阿富汗撤军，和孟晚舟的假释回国。使国内的相当一部分"民族主义者"好像打了鸡血一样，认为他们在"爱国情怀"所指引下的"世界观和岁静论"都已经获得了彻底的胜利。而这一切让我看在眼里，只会感到一阵阵从心理到生理的作呕感。这也确实是让我不得不放弃在当前回国念头的主要原因。

我决定在伊斯坦布尔申请为期一年的土耳其短期居留。这不仅是为了可以更加从容的在土耳其多停留一段时间，让自己也休息调整一下。同时也是因为只有拿到了土耳其的居留证，才可以在土耳其尝试申请进入欧洲的申根签证。

事实上，很多如我一样，在疫情期间不愿接受高昂的机票价格和回国隔离政策的旅行者都聚集在了土耳其。不仅是因为土耳其的生活成本相对较低，更是因为土耳其的入境和防疫政策更加宽松和友好。大家都把伊斯坦布尔简称为"坦布"。在这期间很多国内的朋友问我，为什么这么久还不回国，是还没玩够还是已经不想再回到这个国家了？国内毕竟对病毒控制的比国外好，难道不更安全吗？

然而，在我的价值排序里，安全从来都不是在第一位的。而且，病毒也不是威胁安全的唯一因素。一个成功的国家，不是强迫出生在这块土地上的人热爱这个国家，而是应该使生活在这块土地上的人热爱这里的生活。

我在伊斯坦布尔市中心的塔克西姆广场附近租了一间常住的Airbnb。这里的位置非常方便。几乎大部分的生活需求都可以满足。酒吧，咖啡厅，餐厅，超市，时尚购物街区等等都触手可及。除了饮食单调一点之外，伊斯坦布尔的生活可以说是非常悠闲的。也许正是这份悠闲，这段日子是我从开始环球旅行以来，第一次感到了一种从内心到身体的疲惫。甚至那份萌生了很多次不再走长线的念头，又在心里不断翻腾。我想我迟早有一天要让自己从一个旅行者，转化成为一个旅居者。

## 离去与归来

拿破仑说，如果全世界是一个国家，那首都一定是伊斯坦布尔。翻开土耳其这块土地上的历史，从建立了取代东罗马帝国的奥斯曼帝国至今，从未缺少乱世之中的显赫过往。土耳其从某种意义上说至今依旧可算是国际社会的一个"异类"。论起当前的经济实力显然远远算不上发达国家，但是却在国际政治站位上并不依赖于任何一个大国，凭借独特的地理区位，始终在国际社会扮演着不可小视的角色。反而中美俄三个大国都与他有着各种各样的诸多摩擦。

土耳其虽然是北约的成员国，但是与支持库尔德斯坦人的美国始终隔阂颇深；土耳其一直谋求加入欧盟，但是由于北塞浦路斯的问题始终不能得到欧盟成员国的接纳。埃尔多安甚至曾经把美欧等数个国家的大使列为不受欢迎的人。在叙利亚战争中支持巴沙尔政府的俄罗斯也与土耳其不乏交锋；始终认为维吾尔人是他们突厥群族失散多年的兄弟，自然在中国的新疆问题上始终对中国政府保持反对和指责的态度。当前就有很多的新疆人在土耳其工作生活寻求庇护。在塞浦路斯，在巴尔干半岛，在外高加索，在以色列与巴勒斯坦地区，在阿拉伯世界，似乎任何地方的争端都有他介入的角色。但是值得肯定的是，在所有这些争端存在的同时，却也依然保持着与各个国家之间基本正常的交往。不仅没有造成被国际社会全面孤立的局面，甚至土耳其作为一个世俗化的穆斯林国家，其旅游资源还始终对国际游客产生着极大的吸引力。

即便是在这次的疫情之中，这个位于世界十字路口的土耳其，也表现的算是可圈可点。无论是入境的政策还是国内的防疫管控，都相比于更多其他国家表现出了极大的克制和开明。土耳其航空始终坚持运转跨洲际航线的做法在世界各国之中也都属于不可多得。

我的住处所在的贝伊奥卢区是伊斯坦布尔最具古拙气和文艺风的一个区。而这在我的眼里正好像是伊斯坦布尔的灵魂。商业的隆隆之气并没有赶走生活的缕缕烟火。每当夜色降临，那些"门庭并不若市"的商家依旧灯火闪烁。正是那些盈冠长街的闪烁灯火，在证明着这座城市从未间断的向这个世界输送着那份坚强和正直。

在伊斯坦布尔的两个半月时间里，我拿到了为期一年的土耳其短期居留，欧洲多国已经开放了旅行者入境，法国为我签发了一张三个月有效，两个月停留的申根签证。北塞浦路斯解除了早前要求的入境隔离政策，沙特阿拉伯主动为我展期了我一度被暂停的签证。加拿大也适度放宽了旅行者入境。唯独让人感到可笑的是，拜登政府在这个时候，竟然反其道而行的首次增加了入境 PCR 的要求。不知道是唯恐丧失政治存在感，还是真的老年痴呆了。

2021 年的中秋节是 9 月 21 日。想想近些年在路上的中秋节，2015 年在兰卡威；2016 年在佩特拉；2017 年在奥姆河谷；2019 年在平壤；2020 年在斯科普里；此刻我在伊斯坦布尔。

然而这个 2021 年的中秋节则需要我制定出下一步的计划。虽然这些年的奔波让我确实感觉到了疲惫和倦意，但是我还是决定再出发。我决定先进入北塞，之后陆路跨境南塞，从南塞飞去巴林，从巴林进入沙特，把沙特这最后一个中东目的地去完之后，飞去欧洲，也许可以在欧洲过完圣诞节，再向北美转移。

　　人的身体里或许使真的存在着两种彼此对冲的力量，既眷顾着已知和熟悉的生活带来的安逸，又期盼着去探索未知和神秘带来的那份刺激。这仿佛就像是一个旅者不断重复着的离去与归来……

率性的生活才是最有尊严的
生活

# 一、欧洲，好久不见

# 穿越南北塞的军事分界线

对于已经拿到了法国的申根签证之后的我而言，最关心的当然还是在如何操作塞浦路斯的问题上。塞浦路斯分为南塞和北塞，其中南塞是联合国会员国，也是欧盟成员国，被国际上普遍承认的"塞浦路斯共和国"。而北塞则是只有土耳其承认，被国际社会普遍认为是土耳其傀儡国的"北塞浦路斯土耳其共和国"。而这个北塞目前基本上只有从土耳其进入才是最为稳妥便捷的方案，而从南塞进入北塞，首先你需要有申根签证。而根据不同时期的具体情况，成功率则存在不稳定性。

南塞大多是希腊人，北塞则大多是土耳其人。上个世纪七十年代，以保护奥斯曼时期遗留在该岛上的土耳其人免受希腊人迫害为由，土耳其入侵了塞浦路斯。控制了岛上的 37% 的土地，并赶走了那里居住的希腊人。战争的后期联合国维和部队介入，在双方的分界线上设立了军事缓冲区。如今这个分界线上的检查站，就是两边互相通行的关口。

在这样的背景之下，在有关南北塞之间的通行问题上，各种传言纷繁复杂。有了北塞的入境痕迹，将会让我从欧盟之外进入希腊变得不确定。而更重要的是，在南塞和北塞之间的"口岸"，则更加的不确定是否可以穿过。这方面的信息非常杂乱。这个"口岸"双方都不承认是口岸，而只是一个检查站。因为口岸涉及主权问题。但是好在也有人说，在从土耳其入境北塞的时候，可以告诉入境官把章盖在另外的一个入境卡上。这样可以减少一些麻烦。

中国护照是在北塞要求 7 天隔离的名单里的！但是我在土耳其停留超过了 14 天，有美国的疫苗卡和"新鲜出炉"的 PCR，则可以免于隔离！为此我专门打电话给北塞在伊斯坦布尔的使馆咨询确认。在登机前要在北塞政府网站上填一个入境表，必须把疫苗卡和 PCR 上传到表格，然后会生成一个入境二维码！而那些来自需要隔离的国家的人，在飞机上需要填一个隔离承诺书！入境后会在手腕子上绑一个不可拆除的 GPS，7 天或者 14 天内你如果离开了你申报的住址 10 米，有可能警察会找你了！出境可能也会有麻烦！这就是北塞的隔离！据说在疫情之初，北塞的隔离是政府出钱让你在五星级酒店里管吃管住的度过 14 天。

北塞入境的时候确实程序很繁杂，查了 PCR，疫苗卡，入境二维码，土耳其的入境和出境章，土耳其居住证。入境官的认真态度甚至让我恍惚于她究竟意欲何为。但是我毕竟全部手续和文件都有，她没办法！只好放行！可就在我得意的那一霎那，却忘记了提醒入境官把入境章盖在我护照之外的入境卡上。只听见咔嚓一声！入境章瞬间就盖在我护照上了！我再说什么也晚了……

希腊以前早去过了，这次也不在我的目的地清单里。但是这让我计划穿过南北塞之间的关口进入南塞的计划变得扑朔迷离了。

而更麻烦的问题是，沙特不允许在 14 天内有土耳其旅行史的人入境沙特！我这样绕经塞浦路斯和巴林的折腾，也是为了保证进入沙特的时候，已经离开土耳其够 14 天！但是，如果我不能进入南塞，则必须从北塞飞。而全世界除了土耳其之外没有一个国家承认北塞！那么在我飞巴林的时候必须经转伊斯坦布尔，这不排除要强制入境土耳其。否则可能与国际航班的入境准则存在问题！如果在伊斯坦布尔转机的时候被盖上了土耳其的入境章。那这离开土耳其的 14 天，就得重新计算了……

这一段的行程仿佛一条锁链，任何一个环节发生了问题都会带来麻烦。而且没有任何稳定和权威的信息可以参考，尤其在疫情期间，更是让各种可能性都存在。但是无论怎样，还是先开始北塞的行程吧。

我的 Airbnb 房东 Savas 如约到机场来接我。并且在第二天早晨又顺路送我去了北尼科西亚的市中心。我向他问起关于过境南塞的问题，他也不能确定。但是 Savas 主动对我说，南塞好！南塞比北塞好很多倍。北塞就是屎！我很惊讶于他的措辞。我问 Savas 是不是土耳其人，他说是的。但是他不喜欢北塞，Savas 是一个攀岩运动员，大多数时候更愿意待在南塞。在这一路上我并不少见和我骂自己的国家和政府乃至民族的人。但是对于剑拔弩张的痕迹尚未完全消解的塞浦路斯，Savas 作为一个北塞的土耳其人，竟然也可以抛开与南塞的希腊人之间的各种对立情感，表达出他真实的内心看法。让我还是有些惊讶。这种状况与中东的穆斯林国家的情况是完全不同的。

尼科西亚是被南北双方分别占领的一个城市。联合国的军事缓冲区以及他们双方的"边境"也都在这里。南北双方都视对方为"非法"。都不承认这个 checkpoint 是 border。因此，穿过 checkpoint 的时候，也就不会给盖任何章！这里不存在离境和入境的概念！所以一旦盖了一边的入境章，从另外一边离境就必然存在解释不通的问题！所以"原则上"，必须是从哪边进来的从哪边出去！而我从北边进来的，最晚离境日期是 10 月 19 号！所以我即使进入了南边，也必须在 19 号之前回来北边的厄尔坎机场离境！

其实北塞留给我的印象还是很不错的，普通人对两边分治的问题没有那么敏感。除了老城里的少数宣礼塔和清真寺之外，似乎也没有让我感到明显的穆斯林元素。气氛也很自由。尤其是北尼科西亚老城里有一些既有小资情调，又有古拙风格的酒吧，咖啡厅和书店。当年或因宗教冲突而引发那场战争的痕迹犹存，但是引发战争的因素似乎已经消散了。漫步在联合国控制的"军事缓冲区"周边的街区，还是有很多地方立着"请勿靠近"，"禁止照相"的牌子。据说在早期这条"绿线"的附近布满了铁丝网和地雷。2003 年双方开放了两边居民的互通之后，这些战争元素才得到了大量的消减。

除了这个 Nicosia 之外，北部的 Kyrenia 更是充满了地中海风情。位于港口后面山上的 Bellapais 修道院所在的小镇，则是一处依山面海的幽静所在。而位于东部的 Famagusta 在我看来应该算是北塞的精华了。莎士比亚笔下的奥赛罗就住在这里！古色古香的小镇异常安静祥和。如果在这里住下来安静一段时间也是非常不错的选择。

虽然北塞的入境章盖在了护照上，虽然 15 号才生效的申签证根肯定还没用过，但我还是决定去 checkpoint 撞一下南塞……如果撞不进去，就从北塞经转伊斯坦布尔飞巴林，调整到离开土耳其够 14 天之后，陆路进入沙特的达曼！如果从南塞不选择飞去意大利和希腊，离开这个岛的机票价格，还是北边更友好一些……

然而，很多时候在成本可控的情况下，有些事情确实是必须要去实际试试才会知道结果。南北两方确实都没盖章！北方查了我的入境记录，查了 PCR，问了疫苗卡，告诉我必须在 18 号之前回来，否则就别回来了！在递还给我护照的时候，耸着肩膀对我说，祝你好运。南方查了我的申根签证，查看了我的疫苗卡，然后似乎带着一副委屈里透着大度的表情说，祝你愉快。无论如何，这个本来让我感觉希望并不大的行程，竟然跌跌撞撞的成功了！

虽然南北双方都把尼科西亚当作他们"必争"的首都，但其实在我看来这只是一种姿态而已。而实际上双方最重要的城市都不是首都。北塞的如同 Kyrenia，而南塞的更像是 Paphos。但是不管怎样，Paphos 的古迹相比北塞显然更具有拜占庭的风格。可以明显的感受到，整个南塞的风格无疑已经完全欧洲化了。东正教和伊斯兰教分别给一个地区带来的区别，似乎是在我从北塞进入了南塞之后才明显的感受到。这也许是我在土耳其待得太久了，也许是土耳其的世俗化道路更符合人性吧。

Aphrodite's Rock 在希腊神话里叫阿芙洛狄忒的爱神，在罗马神话里叫维纳斯。而传说中他诞生在海边的一块岩石之下的海水泡沫里，而那块岩石就在南塞的帕福斯附近。这可能是塞浦路斯最著名的一个景点了。

虽然我是否可以从南塞离开塞浦路斯是一个不确定的事情，但是如果超过了 18 号以后，再从南塞回到北塞肯定是有问题的，这一点在我从尼科西亚过关的时候，北塞官员的话还是暗示的很明白的。所以我最后决定这一次的南塞就浅尝则止了。放弃了南塞的其他景点。

在 18 号回去北塞，19 号从北塞经转伊斯坦布尔飞去巴林。选择这样的安排一来是避免了造成，"南塞不让走，北塞回不去"的悲剧局面。二来也是因为从南塞飞去巴林要经转开罗的机票价格比北塞这边贵了太多。

## 又一次与沙特擦肩而过

然而事与愿违的事情还是发生在了另外的环节，经转伊斯坦布尔飞巴林的航班在伊斯坦布尔的停留时间只有一个小时，而从厄尔坎飞去伊斯坦布尔的飞机晚点了 50 分钟才到达，这导致我根本无法赶上第二程从伊斯坦布尔飞去麦纳麦的航班。这在非疫情的情况下也无所谓，航司给我改签最近一般的飞机就好了。但是最近的一班飞去巴林的航班，不仅在 19 个小时之后。更重要的是，土耳其机场的垃圾运作，无法在中转区为我进行改签。沙特列出了 7 个国家旅行史的游客不能在 14 天之内进入沙特，土耳其俨然在列！这就意味着，我一旦入境土耳其之后，改签完，也不得不在巴林待够 14 天后才可以进入沙特。这是我无法接受的。然而此刻不入境却没有别的办法。

在土航的客服窗口我做好了打架的准备，因为我毕竟持有的是飞去巴林的机票，而不是飞去沙特的机票。如果航司不接受对因此造成我入境沙特受限负责，我也是很难争辩。可能是我愤怒的态度让窗口里面的一个小伙子感到惊诧之余，又不知道怎么解决。只好找来了他们的领导。

很快一个披着头巾的女人出现在我面前。告诉我会对这个事情负责。可以为我退掉这张票，全部的票款会返还给我，并且负责我今晚在伊斯坦布尔的住宿。也可以为我改签飞去其他任何地方的机票。让我自己选择。说实话，其实那一刻我也没有仔细去想怎么解决。就只想发火了。但是我知道，无论如何我是不可能从土耳其直接去沙特了。

所以我要求给我改签 3 天后飞去巴黎。开始我的欧洲行程。

后来才发现伊斯坦布尔飞巴黎的机票很便宜，其实退票更合算。后来还有人听了这段故事后跟我说，应该让他改签飞广州，一下子就省了 7 万多人民币……

不管怎样，土航在这个环节的表现和姿态还是让我感到满意的。

好吧，一切都是最好的安排。此刻我不得不又回到了"坦布"，再吃吃喝喝三天！之后提前开始我的欧洲行程。只是，这让我再一次与沙特擦肩而过……

# 欧洲，好久不见

好像在一个环球旅行者的意识里，从某种意义上说，只有"申根区"才算是真正的欧洲。而中国旅行者进入这个区域的欧洲是有门槛的。其中最重要的就是要拿到申根签证。2016 年我的首次欧洲行程是从俄罗斯的圣彼得堡进入芬兰的赫尔辛基开始的。那一次的签证是三个月的停留期，这对一个做了游览整个欧洲申根区计划的旅行者而言，那次无疑是只能走马观花了。而这一次的签证更是只有两个月。

但是这次我计划只在几个国家之内选择路线。由于季节和签注的问题，我放弃了一直心心念念的冰岛和法罗群岛。选择了沿着法国西海岸自驾进入西班牙的"朝圣者之路"后，再从法国内陆回到巴黎。之后飞去马耳他和西西里岛，经过意大利的那不勒斯和圣马力诺之后回到西班牙的巴塞罗那。在去完南部的格拉纳达和马拉加之后，从巴塞罗那离开欧洲。本来这次的欧洲计划里还有一直没有去过的列支敦士登和德国的一部分地区，但是时间实在是不够了。

法国算是疫情之后，欧洲首批开放的国家之一。入境只需要查看疫苗卡，其他一概不要。与此同时的欧洲申根区内还有少数一些国家没有明确开放。即没有对外接受旅行签证申请，也没有在 IATA 表示恢复入境正常化，对于申根区内的欧洲国家之间而言，限制游客在申根区内跨境并不是一件容易的事情。但是对于在申根区外选择入境国家，还是存在风险的。这也是我最终选择放弃了从意大利入境开始这次欧洲旅程的一个重要原因。

从巴黎的戴高乐机场提了车以后，我决定当晚直接住到了诺曼底大区的 Giverny，这样既可以躲开拥挤又高物价的巴黎，还可以在游览完塞纳河谷边的莫奈花园之后，更便捷的开到海岸线，继而一路向南。站在 Château Gaillard 上眺望韵味悠长的塞纳河谷无疑令人心旷神怡。从 Giverny 到 Vernon 再到 Les Andelys 这一线，其实更适合住下来，搞辆自行车骑行，开车难免错过的太多！

Etretat 可以算是我到达上诺曼底海岸的第一站，这里确实令人不乏惊艳之感。法国的很多景点，无论是塞纳河谷，诺曼底和布列塔尼的海岸，以及卢瓦尔河谷里的城堡，似乎都可以在法兰西的文人墨客的作品里寻到踪影。

而接下来的下诺曼底的"诺曼底登陆海岸"虽然没有上诺曼底那么惊艳，却也让人可以想见更多往昔的战火与硝烟。从宝剑海滩、朱诺海滩、黄金海滩、奥马哈海滩、奥克角，最后到犹他海滩一路下来，法国人刻意的营造和保留着昔日那场史诗般的战争元素。二战中著名的诺曼底登陆，也是近代史上最大规模的海上登陆战，就是在这一线的海岸上打响的。这场让英美及加拿大等盟国军队代价不菲的登陆战的胜利，不仅让盟军夺回了沦陷的西欧，并为获得整个二战的胜利奠定了重要的基础。战争在人类社会里始终具有着不可避免性，但在很大程度上战争也是对和平年代里那些犬儒与绥靖的一种惩罚。所以在对战争的态度上，我既不是一个"好战派"，但是也绝不是一个极端的"反战派"。

对于我这种对海角和灯塔有独特喜好的人而言，整个诺曼底大区除了诺曼底登陆海岸之外，另外的一个重要目标就是阿格角（Cap de la Hague）。这里有让你站不稳的风和瞬间打湿你全身的雨水或海水！以及酷似苏格兰的凄美景致……刚离开就后悔了！如果不是后面的行程紧迫，无论如何应该在那个时而阴霾笼罩，时而天光乍亮的小镇住上一晚。那一晚一定会让我止不住的回忆起在苏格兰的短暂时光。不！也许一晚不够……

诺曼底的最后一站无疑是被称为法国的标志，与埃菲尔铁塔意义等同的圣米歇尔山。虽然"孤岛朝圣"是很多诺曼底游客的一个主要项目，但是我对此只是走马观花而已。

2019 年的时候，在网上看到了一部电影《燃烧女子的肖像》。其实我当时完全是被这部电影的海报吸引了。实际上作为一个直男的我，好像根本无法，也无暇去理解和体会影片里的那种情愫。但是电影里的那些外景却深深的吸引了我。我从网上搜到了这些外景的取景地就在法国布列塔尼海岸的基伯龙半岛上。虽然 2019 那时我，完全没有再去欧洲的计划，但我想我如果有机会再去一次法国，一定要去布列塔尼的基伯龙半岛上去实地看一看那个雾气飘渺的海滩。没想到是这一场疫情，反倒让我的第二次欧洲之行来的如此之快。但是实际上当我登上布列塔尼的基伯龙半岛之后，并没有足够的时间去确定找到电影里的那个经典的机位。但是可以肯定的是，电影里的那些外景的气场已经逼真呈现。这个基伯龙半岛上还是很有些内容的……

布列塔尼的内容当然远远不止是基伯龙半岛，比圣米歇尔更能引人遐思的圣马洛，弗雷埃勒角上临海高耸的悬崖好似比被称为法国最危险的岬角的圣马修角要更险峻，波涛汹涌的玫瑰海岸，法国大陆最西点的科桑角，布列塔尼的一线终是让人流连忘返。而旅行者和旅居者的区别就在于，总能领略游戏要在高潮中结束的快乐和不舍。

离开了诺曼底和布列塔尼就算基本离开了法国的海岸线了。欧洲国家普遍的城市化程度较高。欧洲更多经典的文化元素和历史景点也大多集中在城市里。即使对于我这种对城市的兴趣越来越寡淡的人而言，也不可否认欧洲的城市也确实有他很多的与众不同之处。

到了波尔多之后，才算确实让我突然感到我又回到了记忆里的欧洲。也是久违的欧洲。但是更加让我感到舒适和惬意的还是波尔多附近的知名葡萄酒小镇圣埃米克隆。法国人的高傲或许有他的道理，而且无处不在。据说法国人都会英语，但是他们就是不说，而只说法语，似乎这样更可以显示他们立于民族之林的优越感。但是这份高傲和优越感却排除在酒庄。在这个小镇上几乎每一个店家都会热情的邀请你品尝，主动用英语为你讲解法国葡萄酒的产区，酒庄，等级等等内容。直到我听的都烦了，也未必能掌握其中的皮毛。这也是为什么小镇上提供专门教你鉴赏葡萄酒的收费课程。干脆让他给我推荐几瓶单宁重一点的带回去随便喝喝，他也是会热情的把可能会满足我要求的几款不同价位的葡萄酒推荐给我。而事实证明，这里的法国葡萄酒确实是没有让人失望的！

# 朝圣者之路

西班牙加利西亚大区的首府圣地亚哥德孔波斯特拉，与耶路撒冷和梵蒂冈合称为天主教的三大朝圣之地。曾经有传说，在这里发现了耶稣的弟子圣雅各的骨骸。于是信徒们在这里盖起了一座 Santiago de Compostalla 主教座堂。并把这里作为朝圣者之路 Caminos de Santiago 的终点。信徒们相信经过艰苦的跋涉走到这里朝圣的人可以得到完全的救赎乃至重生。从中世纪的欧洲信徒开始，直至今日全世界的旅行者和探险家都源源不断的踏上了这条著名的朝圣者之路。

朝圣者之路 Caminos de Santiago 至今仍然是西班牙最著名的一个旅游项目。从法国 Saint Jean Pied de Port 出发的"法国之路"；从西班牙 Irun 出发的"北方之路"；从葡萄牙里斯本出发的"葡萄牙之路"；从西班牙塞维利亚出发的"银色之路"；以及从 Oviedo 出发的"原始之路"；都是普遍被朝圣者选择的路线，他们采取徒步或者骑行的方式，一路历尽坎坷，突破极限向着 Santiago de Compostalla 主教座堂进发。他们或许是为了信仰，或许为了挑战，或许为了发现，或许为了寻找，也或许为了寄托……

在 Santiago de Compostalla 主教座堂前，到达这里的"朝圣者"一片片躺坐在广场的地面上，宣泄着一路的疲惫，也享受着那份成功的满足和荣耀。他们交流着彼此的路线，祝贺着彼此的壮举，也更为那些凭借惊人毅力走完全程的残章者和老叟们欢呼鼓掌。那一刻的朝圣者仿佛不仅是在洗刷这一路的疲惫，更像是在告慰那往生的愁苦。也许人生里并没有恍然大悟，只有践行渐知。

向这样既挑战体力又考验毅力的徒步路线在我心里其实并不是唯一。例如全程接近 5000 公里的太平洋山脊小径（Pacific Crest Trail）就一直让我踌躇又跃跃欲试。但我想至少我暂时还没有准备好足够的耐心和毅力去忍受那一路上的漫长和枯燥。

而这一次我的"朝圣之路"更是只能选择大致沿着"北

方之路"驱车走马观花了。San Sebastian ～ Castro Urdiales ～ Santander ～ Cudillero ～ Santiago de Compostalla ～ Muxia ～ Faro de Finisterre ～ Llanes ～ San Sebastian

　　Faro de Finisterre 也被称为世界尽头的灯塔（End of World Lighthouse） 坐落在似乎西班牙最西端的小镇 Fisterra 的 Cape Finisterre。虽然 Santiago de Compostalla 主教座堂是朝圣之路的终点，但是朝圣者都会加把劲，来到这里烧掉衣服和鞋子，以求重生！但是现在当地政府已经禁止了在此处使用明火焚烧物品。我把我这次旅程出发至今一直随身带着的几件衣物和一双鞋留在了海角最远处的岩石上。而在 Fisterra 北部的 Muxia，Faro da Barca 灯塔下的汹涌而怒吼着的波涛却将一股狂野中的浪漫灌入每一个站在岸边的人心里。

# 二、Where is Cassandra

# Where is Cassandra

从巴黎进入西班牙，穿过了诺曼底，布列塔尼，卢瓦尔河地区，新阿基坦四个大区。从西班牙回到巴黎的路线选择了法国的内陆，经过奥克西塔尼，奥弗涅-罗讷-阿尔卑斯，中央-卢瓦尔河谷三个大区。不仅是要看看比利牛斯山脉里的小镇和人间烟火，还要去卢瓦尔河谷里的那些历尽沧桑的传奇城堡。而更重要的是，即便必须绕路我要去看一看那座《The Cassandra Crossing》外景拍摄时，使用的那座"真实的"卡桑德拉大桥！ Viaduc de Garabit

与埃菲尔铁塔和自由女神像同一个设计师设计的加拉比特高架桥（Viaduc de Garabit）所在的吕讷昂马尔热里德就在法国的奥弗涅-罗讷-阿尔卑斯大区。这座桥就是《The Cassandra Crossing》外景拍摄时，使用的那座"真实的"卡桑德拉大桥！我一心执念，要在这个与影片无比吻合的时刻，绕路也要来看他一眼！

《The Cassandra Crossing》这部40多年前的经典之作着力描写了，政客为了掩盖丑闻，继而达到稳固掌控这个国家权力的目的。以多数人的安全与健康为名，随意夺走少数人的自由和尊严甚至生命的局面。这一切在今天不仅被活生生的从银幕中搬到现实里，而更让人感到悲凉的是，麦肯齐上校所代表的冷血且自大的权力观，今天已经被泛化到无知且丑态百出的民粹意识之中。并被"自我暗示"为一种深明大义和信仰忠诚！

闯入世卫组织实验中心的恐怖分子失手打翻了实验室的鼠疫病毒样本，却无意中让美国瞒天过海在这里研究生化武器的秘密面临被揭穿的危险。此后，感染了鼠疫病毒的恐怖分子逃窜上了一辆在欧洲行驶的火车，致使病毒在车厢里蔓延开来。于是一场控制病毒扩散与控制丑闻暴露的"战役"交相融合的打响了！

列车原路线中（日内瓦-巴塞尔-巴黎-布鲁塞尔-阿姆斯特丹-哥本哈根-斯德哥尔摩）的所有国家都拒绝列车进站停靠。列车选择改线经过当时东德的纽伦堡前往波兰，而途中必须要经过一座年久失修根本无法承受列车驶过的名叫"卡桑德拉"的大桥。彼时彼刻，这座卡桑德拉大桥此刻给列车上一千余名"俗世众生"的生命所带来的威胁，无疑比鼠疫更无悬念，更迫在眉睫。可是即便在已经确定了氧气可以杀死病毒的情况之下，政府和军方还是不接受放松对列车的管控。坚持让列车带着一千余个生命魂断卡桑德拉。因为病毒的扩散虽然控制住了，但是丑闻被暴露的风险还没有清零。

把列车的目的地从原来的斯德哥尔摩改为波兰！影片喻示着列车上的人的境况，仿佛如同要返回二战时期的波兰集中营！而实际上，列车根本开不到波兰，也开不回集中营！如果没有集体的反抗，全列车的人都会魂断这座卡桑德拉大桥！

我最后一次重温这部影片，是在疫情之初的 2020 年 2 月。屏幕里播放着列车在纽伦堡被封闭，身穿防护服，荷枪实弹的军人跳上列车，奉命向试图逃离列车的任何人开枪！而彼时，艺术照进现实！北京的各个小区正在被疯狂的封控，盘查每一个进出者，拒绝返京的务工人员进入他们的租住地。身穿防护服的"最美逆行者"们，正在和大街上没戴口罩的人扭打！

正是从这一刻起，中国人的命运好似随着这一场疫情，也被押上了一辆列车，正在驶向历史纵轴相反的方向。因为在这辆"倒行的列车"所驶向的地方，正是一些人"梦开始的地方"。他们的人生规划都是按照那个时候的社会生态和价值模式设计的。他们刚刚为梦付出代价，却还没来得及享受梦想成真。他们当然更急于要回去"圆梦"。

在那个公众自由空间无限狭窄的时代里，却有他们曾经"阳光灿烂的日子"。他们愿意把自己在那些日子里的屈辱和懦弱看作是人生隐忍的智慧和坚强意志的磨练。他们对那些向自己身上强加迫害和不公者不敢有仇恨，是因为他们知道自己根本没有机会复仇。但内心深处因此而形成的暴戾却促使他们伺机用相同的方法去对待他人，因这似乎可以使他们达到好像复仇一样的快感。

不能否认的是，他们固然比常人更加洞悉了如何去更有效的驾驭中国社会的特性和中国人的民族劣根性。也更加深刻的意识到了在当前的中国社会文化与价值环境中积重难返的沉疴，与难以逾越的窠臼。在如何利用民粹去挤占个体权益和压榨个人自由空间上，他们确实从曾经给予了他们侵害和茶毒者的身上继承了衣钵。时代的局限性，国家与民族的局限性，个体的局限性绞缠在一起的这个时刻，为他们把车开回去提供了空前现实的可能性。

Cassandra 不仅阻止着列车把人们带回到不堪的过去，但同时也警示着不作为的人们所要面对的毁灭！如果没有这样一座夺命危桥，或者列车如果不会坠桥而毁，是否人们还应该群起反抗这趟倒行的列车？

# 久违的巴黎

回到了巴黎还了车，我打算在巴黎留两天算作怀旧，之后就飞去马耳他。

2016 年初次到巴黎，给我的印象并不好。整个城市拥挤喧闹，景点混乱不堪。感觉巴黎的游客市场好像已经被黑社会划分了地盘一样，黑人和吉卜赛人各自有各自的地盘。好像除了老佛爷是中国人的之外，埃菲尔铁塔是黑人的，凯旋门是吉卜赛人的，圣心堂是两方人平分的。黑人手提纪念品售卖，其中也是陷阱与诡诈颇多。而凯旋门前面的吉卜赛人则是拿着一个纸板让你签字。其实那是一个让你募捐的确认书。如果你签了，就会纠缠你给钱。但是实际上，他在此环节挣钱的办法，根本不在乎你是不是给钱。直到今天，在很多欧洲的景点操此旧业的人还是为数不少。

当我听到了他问我会不会英语，还未反应过来的时候，这个大约18，9 岁的吉卜赛小孩快速的追上来，把手持的 A4 大小的纸板"立"在我的胸口与锁骨之间的位置，与我的面部呈 45 度角。纸板恰到好处的挡住了我所有的视线。让我看不到我的任何一个衣服裤子口袋，以及我的背包等等。即便是我的胸包也依然被他的纸板挡在了下面。同时他的诸多同伴则以顺雷不及掩耳之势围堵上来。争抢着也要我为他们签字。而实际上，在这一群大约 7，8 个人的围绕和挤撞的过程里，诸多人同时通过与我故意的身体接触，和碰触我身体的方式分散我的注意力。

我当然已经意识到了这个局面对我的不力。而且我也已经感觉到，在纸板下面的我的胸包在被人拉扯着。我一把抓住了正在拉我胸包拉链的手，手显然不大，我用力一掰，那手显然受不了了。其他七八个人则开始故意用力对我连挤带撞。意图让我松开这只手。直到我被撞的不得不松开的时候，那块纸板依旧卡在我的胸前，我到现在也不知道那只手究竟是他们当中谁的。而让我庆幸的是，我除了胸包里之外，其他身上的口袋里没有东西。否则肯定也是会顾此失彼。我松开了那只手以后，出手用力推开了那个为首的，把纸板卡在我胸前的孩子，可能这一推让他有失颜面，反而采取了好似要明抢一样的姿态过来故意拿着纸板冲撞我。一副败露了以后想要挑衅的态度。我也恰好被激怒了。直接伸手扣向了他脖子下面的颈窝。这一下，他肯定是难以再继续和我对撞，但是他也彻底的怒火中烧。一点东西没弄到手还吃了亏。这帮人背后本来就有黑社会撑腰，本来就是盗抢不分的操作。这一下他直接表示要我别走，跟我没完。

好在后来，我搭乘的一个大巴车的司机是法国人，他看我上了车之后，跑去和司机交涉，说是被我打了，要司机不要开车。但是看到司机坚决不理睬他，也只好作罢。后来据说这些吉卜赛人都不是好惹的。有不少中国游客在这里和他们之间的冲突中吃亏。

别搭理埃菲尔铁塔下面的黑人，别让凯旋门前面的吉卜赛人靠近你，还要躲着的是老佛爷周围咋咋唬唬购物，让人恶心的中国人。2016 年的巴黎真的没给我任何的好印象。但是这一次，巴黎展现给我的明显要好过 2016 年。

这次时隔整 5 年，又见巴黎，即使是疫情，花神咖啡和双叟咖啡里还是人满为患。莎士比亚书店里也是摩肩接踵。除了被烧的巴黎圣母院还在被围着无法参观。埃菲尔铁塔也依然游客如织。但毕竟疫情之后的巴黎没有让游客呈现出之前的汹涌如潮之势，尤其是在中国旅行团完全没了踪影的此时。已经开始酝酿圣诞节的香榭丽舍大道上也多了平和与淡雅。只有很少数的黑人和吉卜赛人还操持着他们的旧业。

走在塞纳河畔，以及闲逛在整个小巴黎的区域里，几乎看不到摩天大厦和玻璃幕墙。从中世纪到文艺复兴，从一战到 21 世纪，每一个时期的建筑在这个城市里都没有表现出违和感。他们好似若有若无的构成着这个时尚与浪漫之都。或许巴黎也是需要在小巴黎里面住下来，慢慢的感受她内在的哪那份高傲和优雅。2021 年的巴黎，在一个旅行者的眼里多了一份安静与闲适。

# 地中海的心脏

我不能确定马耳他在欧洲旅游市场里的名气是不是很大程度上是被《权力的游戏》带起来的。由于这部风靡一时的美剧的大量外景地都是在马耳他取景的，而引得大量"权游迷"都慕名而来。但即便是在我这个一集都没看过的人看来，马耳他即使没有这部剧，也依然是一个不能被低估的旅游度假胜地。

被称为"地中海的心脏"的马耳他，是欧洲 7 个袖珍国之一。物价没有那么咄咄逼人，景区里的人也没有那么熙熙攘攘。但是景色却无不让人赏心悦目。有些地方适合旅行，也有些地方适合旅居，马耳他就是属于适合住下来慢慢感受的一个小地方。虽然当地的人比一般的欧洲人更显现出慵懒和随性，甚至也没有体现出明显的热情，但是这个小岛却也丝毫不会影响一个旅行者在这里挥洒他的闲情逸致。

从法国飞到马耳他是我这次欧洲行程中，在申根区之内的第一次跨国飞行。在马耳他入境的环节非要我把疫苗卡上的信息输入到他们的一个 App 进行验证。虽然之后我的美国疫苗卡上的数据确实在他们的 app 背后的数据库里得到了比对。但是这个环节的安排还是显得吹毛求疵，令人反感。甚至连工作人员也是一副百无聊赖的样子。

在我刚从法国进入欧洲的那个时候，意大利对于从申根区之外进入意大利的游客还是处于限制状态。因此在我设计欧洲行程的时候，最终还是决定放弃了从西西里岛入境欧洲的计划。甚至还一度担心即使是从申根区内部飞进意大利的顺畅性。但是从马耳他飞进意大利的时候，却连一个查疫苗卡的人都没有。由此可见，欧洲内部各国对疫情的管控差别还是存在的，而这在欧洲一体化的局面之下，各国自己制定的管控措施的实际意义也令人怀疑。不可否认的是，在我的这次欧洲旅程的时间段里，正是欧洲国家旅游市场开始复苏，各国对疫情后所实施的紧缩入境政策进行复苏和放松的时候。

# 醉在亚平宁半岛的红尘中

意大利的旅游资源毋庸置疑是有吸引力的。但是意大利的民风可能是我去过的所有发达国家里体验最差，最不像发达国家的一个！这个国家人的格局和渴望占小便宜的伎俩好似是很中国！

餐费不提前告知就偷偷加进去一两块钱"服务费"，还大言不惭的说是约定俗成；租车价格一天21块人民币，提车时再强制购买高额保险，连国内一直以无耻著称的租车平台，都忍不住针对他们做出了可能存在道德风险的提示；Airbnb的房子也是用低价吸引客人，入住的时候再额外要求支付被罩床单的租金。在这一点上法国人也是存在一样无耻的行径。而标注了提供的洗衣机和空调，却都要额外收费。还美名其曰"提供不等于免费"；地铁的购票机找钱出现故障，工作人员慵懒懈怠，推诿扯皮无人为此负责；景区门口纵容黑导游误导游客去他们的非官方售票处购票，价格自动包含导游讲解费，远高于官方价格……

我很不看好这个国家的民风，就像他们的足球风格一样。他们一方面把那些功利与贪婪的行径看是成习以为常，理所当然，但另一方面却刻意用一些并不光彩的雕虫小技遮掩着这一切……

我虽然没有看过《权力的游戏》，但是我看过《西西里的美丽传说》。2016年的意大利行程的最南部就是罗马了，更没有离开意大利本土。所以从马耳他飞到卡塔尼亚是一个刻意安排的路线。这一次的意大利行程从西西里岛开始，之后到那不勒斯和庞贝古城。再之后从佛罗伦萨去圣马力诺。这条线路里除了佛罗伦萨之外，都是上次没有到过的。

Ortigia还是给我留下了很深的印象的。她没有Ragusa的清净，也没有Palermo的喧嚣，仿佛一切都恰到好处。在Ortigia老城里漫步，充满历史感的街道从城中可以延伸到海边。

站在Maniace城堡上去感受日落时分地中海的风，回到Siracusa

大教堂前面的 Duomo 广场，在莫妮卡贝鲁奇被众人争相点烟的那个座位旁边坐下，要上一杯咖啡等待夜色初上。当夜色完全降临的时候，再去挑一瓶意大利的红酒让自己彻底沉浸在 Ortigia 的夜色之中。

可能一个星球过客挥霍人生的最好方式，就是在最令人迷醉的红尘里和最空灵的孤独中自由切换吧。

那不勒斯无疑是一个满怀厚重感的城市。但是不知道是从什么时候开始，我对这种车水马龙，军警林立的大城市早已经充满了抵触。而雨中的庞贝古城多少还是让我有些失望，对这种人文类的景点我一直就兴趣一般。都说来庞贝主要是来看"灿烂的性文化"的！可我是既没看见性，也没看见文化，还下着雨，肯定更没有灿烂。只有佛罗伦萨确实是从来没有让人失望的。这也是我最喜欢的意大利城市。装满了玫瑰花的马车在老城里穿梭着，预示着圣诞节的临近。还没有完全从疫情里恢复过来的欧洲，这个圣诞节可能还会冷清一点，但是在我看来也没有什么不好，如果病毒真的可以消杀掉那些来自政治和商业对人生活的影响，人们也许可以从未有过的了解到，自己真正所爱的生活。

虽然传说中站在圣马力诺的城堡上可以俯瞰整个亚平宁半岛，但在这个季节是难以实现的。但是舟车劳顿的来刷这个小国，还是让我觉得很值得！站在圣马力诺的城堡上俯瞰着山下的云海，我的内心思绪翻腾，我知道欧洲行程的时间已经不多了。回到 Rimini，我订了从博洛尼亚飞去巴塞罗那的机票。从亚平宁半岛到伊比利亚半岛，加上去年去过的巴尔干半岛，在这次离开中国后的整个行程里，欧洲的脚印里已经包括了著名的南欧三大半岛。而此时欧洲的行程就真的是接近尾声了。

# World is too big, but life is too short

2016 年的西班牙行程是入境了两次，第一次是从伦敦飞进马德里看完了斗牛之后，飞去摩洛哥。之后再从丹吉尔坐船返回了西班牙的特里法。这一次和上一次巧合的是，依然是进入了两次西班牙，先是从法国开进西班牙的圣塞巴斯蒂安，开始朝圣者之路。在完成了法西行程之后，飞去马耳他。现在又从博洛尼亚飞到巴塞罗那，开始西班牙南部的行程。

这让西班牙南部的这段行程好似一场告别欧洲的仪式。由于2016 年的西班牙之行去过了塞维利亚，所以这一次的安达鲁西亚的行程主要就集中在格拉纳达和龙达。之后再沿穆尔西亚和瓦伦西亚进入加泰罗尼亚，回到巴塞罗那。

被称为世界第一"私奔"地的龙达游客熙熙攘攘。完全无法让我找到"私奔"到这里的理由。夜访格拉纳达的阿尔罕布拉宫也并没有让我感到有过分惊奇之处。反倒是格拉纳达这座小镇，无论是站在圣尼古拉斯观景台上俯瞰，还是驱步在古老的阿尔巴辛街区，这里既可以慰籍一个流浪者的放逐情怀又有成全一个生活者的浪漫烟火。被称为安达鲁西亚心脏的 Antequera，让我觉得好像一颗藏在山谷里的珍珠，安静到让人很容易忽略他。路过阿拉贡地区的 Albarracin 即使是在游客哄闹的气氛里，也难掩其不俗之处。

欧洲的旅行好似一场摆满了餐桌的自助餐盛宴，几乎每一款菜肴都充满吸引力，而你却不可能一次尝遍盛宴上的每一道美味。这也让每一次的欧洲之行都是这样的意犹未尽。冰岛和列支敦士登是最后两个没有到达的申根国家，法罗群岛和加那利群岛以及亚速尔群岛是一直心心念念的地方，斯瓦尔巴德和格陵兰，还有德国和葡萄牙的很多地方都还躺在我的旅行清单里……

在从巴塞罗那飞去纽约的前一晚，我躺在床上又想起 2016 年我在维尔纽斯的 Airbnb 的房东。这个立陶宛小伙子用在挪威打工旅行，做了一年邮递员挣到的钱，回到维尔纽斯买了一所房子。我们在他的房子里，就着他做的鸡肉饭喝啤酒，一直聊到深夜。我们交换着彼此的旅行目的地，细数着心中想要到达的这个星球的角落，分享着下一步的旅行计划。随着夜色渐深和酒精的侵袭，他把疲惫的身体深深的陷进柔软的沙发里，仰起头对着天花板，呆呆的自言自语，world is too big，but life is too short……

# 三、更珍贵的抗体

# 梦中的阿拉斯到和楚科奇

这 Two Dose Pfizer 混打 Moderna Booster 之后的感觉还是有些
"力道"的！前两针 Pfizer 除了胳膊疼之外基本上没有什么感觉。这
Moderna 的 Boster 打完之后，终于感觉身体发烫和酸疼了！不过洗了
个澡之后，又似乎没什么感觉了。在加州取到了让人从国内给我带的
东西，完成了 Booster 疫苗的接种。又趁着空闲的时间拿到了美国的
驾照。虽然拜登在这个时候又离奇的要求了入境 PCR 检测的政策。
但是美国民众对病毒的态度已经比一年前有了明显的改观。尽管此刻
变异的"奥密克戎 Omicron"病毒正在大肆的传播。此时大部分的美
国人对病毒的恐惧似乎已经荡然无存，但是对病毒传播的担忧和对疫
苗的接种也并没有呈现出视若无睹的状态。中文语境中的所谓"躺平"，
其实在美国的实际情况是民众在认知和措施上，以及在心里承受上都
接受了与病毒共存。

这一次从欧洲进入美国的行程计划是美国最西部的阿拉斯加和
美国最东部的新英格兰地区。其实在我的脑子里，一提到阿拉斯加，
马上联想到的并不是北极，阿留申以及极光，而是俄罗斯远东地区的
楚科奇半岛。如果在每一个长线环球旅行者的心里都有一个颇具象征
意义的路线的话。那我心里的那条路线就是在冰封时刻，徒步穿越阿
拉斯加与楚科奇之间的白令海峡。

早在 2015 年底，决定第二段环球旅程从俄罗斯出发的时候，就
特别了解了俄罗斯的楚科奇半岛，那时候正赶上俄罗斯开放了滨海边
疆区和堪察加半岛的独立签证。我当时"假想"的路线是希望从蒙古
进入俄罗斯，去完贝加尔湖之后，不向莫斯科方向移动，而是转向东
部的堪察加半岛。再从堪察加进入楚科奇。虽然直到今天这个路线都
未能真的成行，但是这条路线却始终留在了我的心里，从未被遗忘。

这条路线上最吸引我的地方是位于楚科奇半岛上的杰日尼奥夫
角灯塔。这里是整个欧亚大陆的最东端，而与之咫尺遥望的阿拉斯加

的威尔士王子角则是美洲大陆的最西端。两者隔白令海峡相望。在这两者之间的直线距离上有两座小岛，分别是俄罗斯所属的大代奥米德岛（Imaqliq），和美国所属的小代奥米德岛（Inaliq）。俄罗斯一边的大代奥米德岛也被称为拉特曼诺夫岛，这个岛距离杰日尼奥夫角只有 40 多公里的距离。而距离东面的小代奥米德则只有 2 英里远，国际日期变更线就从这两个小岛之间的两英里中间穿过，这条国际日期变更线也成为了美俄两国之间的边境线。这 2 英里的距离大约也就是不到 4000 米，即使是现在已经不在巅峰的我，也还是完全可以在冰封的时候徒步走过白令海峡的冰面。而这个穿越大小代奥米德岛，横跨国际日期变更线的想法正是封存在无数国际旅行者心中的"终极路线"。无论是游泳还是徒步，这种穿越欧亚大陆和美洲大陆的方式无疑充满了令人肾上腺素飙升的仪式感。

然而，实际上这些假想只能停留在假想的层面。俄罗斯方面的楚科奇半岛从冷战时期开始就一直是重要的军事要地。不仅对于外国游客，据说即使是俄罗斯本国人进入半岛也是需要特别通行证的。虽然我在 2015 年的时候，还真搞到了一个申请这个通行证的申请表。但最终还是没有继续。而且，从楚科奇半岛的首府阿纳德尔去到杰日尼奥夫角所在的小镇乌厄连并不容易。大多数的路面是没有铺装的，据说有些当地人和驻军所使用的交通工具，很多都是带有履带的。2015年在调查这个路线的时候，我在网上还认识了一个国内的骑行者，他也曾在计划从阿纳德尔骑行到杰日尼奥夫角，但是后来也还是作罢了。我也一直没有得到过旅行者通过陆路到达杰日尼奥夫角的信息。只有在阿纳德尔乘船环游白令海峡和北冰洋的航程里会有杰日尼奥夫角的一站。

而美国方面，从安克雷奇到威尔士王子角也并非如同普通旅行一样便利，似乎也不排除需要额外的通行许可。同时并不正常的航班非常少且贵，而从王子角到小代奥米德岛的方式似乎只有直升飞机了。这似乎也不是常规旅行可以做到的。即便这一切交通上的困难都可以摆平，也同时拥有了美俄两边的签证和通行许可，也不意味着这一段的美俄边境线上，真的有供旅行者通过的口岸，可以成功的出境和入境，到达另外一边。虽然我也相信，有钱和时间，很多事情还是终可以如愿的。但问题是我并没有足够的钱和时间。更难以去对接每一个交通方式开放的季节和时间。因此我的这次阿拉斯加旅程，一切都只能是浅尝辄止了。

## 比阿拉斯加更让人寒冷的是阿拉斯加航空

飞进阿拉斯加地区的航班，似乎全部被阿拉斯加航空垄断了。其他航司的航班寥寥无几。然而这家航空公司可能是我所做过的所有航空公司里最垃圾的一个。这种垃圾一样的服务实在是可以堪称美国的耻辱。

从加州的圣地亚哥经转西雅图飞去安克雷奇。第一程的航班在西雅图机场脱离跑道后，在原地等待了接近一个小时才停靠候机楼。我本以为这种让整个机组成员都呈现出了"痴呆状态"的局面肯定导致我的第二程航班飞走了。但实际上当时的西雅图机场出现了大面积的延误。第二程的飞机也没有按时飞走，而是让所有登机的乘客坐在飞机上等了四个多小时。

在这整个过程里，机组始终处在一种"骄傲的痴呆"状态里。在比原定时间晚了接近 6 个小时后，飞机才终于在凌晨时分到达安克雷奇。而更加让我无语的是，我被告知我的行李没有随机到达。航司的地勤表示，我的行李将随后续的航班到达后，由航司负责给我送到我的酒店，但是我在酒店等到了第二天的早晨依然没有任何的音讯。第二天整整一天，我以及我住的酒店前台服务人员始终都在联系机场和航司，但是无论是机场还是航司的电话一概打不通。

三十多个小时之后，等我再次到机场查询的时候才发现，其实我的行李早已到了机场。而却没有人通知我，更没有按照承诺把我的行李送到我的酒店。在我厉声斥责行李柜台的服务人员的时候，一个无精打采的女工作人员，反而很不耐烦的表示她什么都不知情，不要跟她吵。甚至表现出来一副恬不知耻的委屈又蛮横样子。

阿拉斯加航空的这一套痴呆加低能的操作，差点毁掉了我全部的阿拉斯加行程计划。如果行李在第二天还没有到达机场，我则不得不改变我后期的费尔班克斯的行程计划。这么低级的运营失误和垃圾服务，在我 7 年多的环球旅行中可算是绝无仅有的。在阿拉斯加航空的反应里，却没有丝毫的愧疚和主动的承担。反而是一副傲慢和推诿的态度。即使是在非洲，古巴等欠发达国家，这么恬不知耻，毫无担当的航司也是我没有遇到过的。我没有想到这种"突破极限"的垃圾航空服务竟然出现在不可一世的，自称全世界最发达的美国。

在一个旅行者的眼里，在旅途中最至关重要且无法回避的环节就是交通。其中出租车和航空公司则是两个带给旅行者感受最突出的环节。其中出租车司机在很大程度上可能是这个国家的第一张名片。一个从入境处走出机场大厅的旅行者，很可能遇到的第一个当地人就是在机场大厅外拉客的出租车司机。可实际上，在机场的出租车司机可能是在所有的旅途中遇到的服务者中，普遍最不老实，最侥幸卑微的一族。即使是在个别的发达国家也还是有各种令人反感的司机像苍蝇一样纠缠着"人地两生"的游客，试图凭借"运气"从他们身上挣到一笔侥幸的不义之财。而这种状况在非发达国家的概率超过 99%。虽然 Uber 的出现确实很大程度上解决了这个问题。

而旅行者更难以克服权益被侵害的对象，就是航空公司。这个行业在这个世纪以来，基本就没有任何的进步。却赚满盆满钵。在我看来这个行业已经变成了，可能是这个世界上所有的合法行业里，最无赖的一个行业。几乎在全世界都难以找到一个有足够尽责和担当的航空公司。

尤其像中国这种垄断型的航空市场里，更是潜在的充斥着无耻的商业文化。曾经就有航司里工作的人大言不惭的告诉我，马路上会堵车，飞机会晚点，这是一个相同的道理。晚点是正常的。马路上堵车没人找公共汽车公司或者出租车索赔，为什么航班晚点你就一定要找航司索赔？

我告诉她，因为公共汽车没有与乘客建立明确严格的时间约定。如果乘客可以像乘坐公共汽车一样，登上航班再买票，甚至航班降落再付钱。那航司确实可以不为晚点负责。

晚点如果变成正常，航司无需对乘客负责，结果就是会造成航班晚点的情况愈加严重，而各种非不可抗力的因素，也一并被蒙混过关到免责的行列里。乘客的权益就如同废纸，而航空服务质量只会下降。航司没有了对失误负责和承担损失的压力，自然就更没有了改善服务质量的动力。

而似乎在全世界的航司里，对待自己的航班晚点或者取消所给乘客造成了损失的时候，都普遍没有一种负罪感和承担心。首先考虑的都是推责。如同阿拉斯加这种廉价航司就更是把这种无耻的伎俩发挥到了无与伦比的程度。不仅对航班的晚点没有任何的补救措施，放任给乘客造成的间接损失持续扩大。继而在自我承担上宛如一个无赖一样，能躲避就躲避。地面服务无人对接赔偿，电话始终无人接听，官网上没有清晰的投诉索赔入口。连我在安克雷奇的酒店工作人员也告诉我，阿拉斯加航空在美国就是一个臭名昭著的航空公司。而就是因为这家航空公司确实在飞往阿拉斯加的航线中几乎呈垄断趋势。尤其是来自域外的旅行者，没有太多的时间和这样无耻的公司纠缠索赔，只好默默承受损失。这也让这种公司变得有恃无恐。

因此一个国家的交通服务质量，从某种意义上确实更能体现出一个国家的整体商业素养和觉悟。美国的商业文化完全是靠法制支撑和维系的，法制的残缺和局限造成的漏洞恰好是美国商人趋之若鹜去"钻营"的地方。美国的商业文明本身是并没有自觉性和觉悟力的。在美国的商业体系里存在的责任和承担都是美国法治的驱动所致，而这与美国这个民族的商业素养和人文质量是没有关系的。

　　冬日的阿拉斯加行程里最主要的就是看极光了。无论是向阿留申的游船，还是飞去威尔士角的航班，在这个季节都没有了。而经历了阿拉斯加航空的垃圾服务之后，我连向北极圈方向的计划也没有了兴趣。因此冬日里的阿拉斯加旅程最重要的就是极光了。极光一度被吹捧为人生必须要看一次的景观。费尔班克斯的极光虽然没有像那年在黄刀镇那样大爆发一样的布满夜空，但是也算是如约而至。感受阿拉斯加的寒冷和感受他的极光对我而言一样的心旷神怡。而在丹纳利国家公园里，那些冬日里的景致更是让我这个无比喜欢漫天飞雪的季节的人，丝毫没有感觉比极光差。

# 航空业的"需求有罪"

如果有一个评选，要评选这个世界上最恬不知耻和没有担当的行业，航空公司一定会在我的这个名单里名列前茅！这个行业在过去的近几十年里，在管理运营的水平和商业作风上，带给消费者的体验几乎没有任何进步。

航班晚点无疑是其中最为典型的一项。甚至这个行业的不求上进，推卸担当的无耻作风，已经说服了很多的旅客都开始相信并认同一个"观点"：就是因为航班晚点，给旅客所造成的损失是不应该由航空公司负责的。尽管几乎所有航班晚点的原因，很少有人能够得到足够及时且透明，并且真实和确切的答案。

这个无耻的行业努力的，甚至是成功的营造出了一个逻辑：由于航空公司也是不希望晚点的，甚至航班晚点对航司也是有弊无利的，所以大多数的航班晚点都是不可抗力的，也都是不可避免的。航空公司是无需为此担责的！大多数因为航班晚点给旅客造成的损失，都是需要由旅客自己承担的。航空公司甚至是无需为此道歉的，即使道歉也只是一种安慰和遗憾的表达，而无需进行赔偿。

以至于在当前的航司所做出的为数甚少，且条件及其苛刻，数额极具安慰性甚至可以理解成是侮辱性的晚点"赔偿承诺"，以及这些承诺的苛刻条款，都是在旅客完全没有"谈判地位"的情况下，由航司单方面的安慰性妥协所"造就"的。而这些赔偿的执行，更是充满了无限的困难和极尽无耻的推脱。

航班晚点的责任可能确实不一定完全归于航空公司，但是一定是完全不归于旅客的。但现实局面却是，航空业的商业生态里，唯一花钱而不求盈利的旅客，却成为了唯一被动承担损失的人。如果说，这样的逻辑和结果，在旅客购买机票的"要约"关系里，就已经被告知，并且被接受了，旅客就是要无条件的接受承担这样的"可能损失"，才可以建立与航司的交易关系。那在我看来，这无疑就是这个行业的耻辱！

当航司看到，这一切滑稽无耻的局面并没有阻止消费者对航空服务的需求的时候。甚至已经无需再去费力的把"本罪"用力的解释成"原罪"这么麻烦，或许干脆把这一切直接解释成"需求有罪"更为贴切和简单！

没有责任压力也正是这个行业不能进步的根本原因。如果我们已经找到了为一个"坏结果"承担责任和损失的人，而且我们自己也不会因为这个"坏结果"而减少收益和所得的话，那么我们一定不会再去努力改变这个"坏结果"了。因为在我们这时的价值分析里，这可能已经不再是一个纯粹的"坏结果"了。

当有可能改变"坏结果"的人被免责，而根本无力改变"坏结果"的人被要求担责。这造成的结果不仅是"坏结果"永远得不到改善，而比这更可怕的是，这种扭曲的商业伦理，会使这个行业彻底丧失反思和制造公平的能力。"被免责"的人在"被担责"的人面前，会具有一种无法荡涤邪恶的"商业地位"，继而滋生出更多的骄横和傲慢！


## 冬日里的新英格兰

阿拉斯加的行程虽然简短而局限，但是也算是填补上了一直在我心里的一块美国空白。而另外一块美国空白则是美国最东部的新英格兰地区。从美国的最西到美国的最东成为了我这次美国行程的主线。就在我从阿拉斯加飞回加州调整后，再从圣地亚哥飞去缅因波特兰，在夏洛特转机的时候，两天前在圣地亚哥，还一起吃过火锅的朋友给我发来微信，告诉我他们当中已经有两人新冠病毒检测呈阳性。

此刻，根据 WHO 和各国 CDC 发布的数据和报告来看，新冠病毒已经变异成奥密克戎 Omicron。其毒性的致死率大幅下降，但感染率比早期的原发新冠病毒更高，传播性更强。这也使公众对这个病毒的态度发生了根本性的变化。虽然人们依然并不愿意把自己感染的事实变成一个彻底公开的事情。但是无论是从感染者自身对病毒的心里承受，还是社会对一个感染者的接纳态度，都已经发生了极大的扭转。在美国，与病毒共存已经不再是一种来自于卫生专家宣导的专业意见，而是正在变成大众的一种常态化生活方式。

新英格兰地区最大的看点当属是缅因州的灯塔。这也确实是我一直计划去探访的对象。从缅因州的 Portland 沿着海岸线一直向南，可以尽览缅因海岸线上密集而姿态各异的灯塔。虽然这当中的一部分似乎缺少了一些我期待中的狂野和孤独，但是这一线的景观依然是我最喜欢的新英格兰。而唯一可以与之媲美的就是在穿过了新罕布什尔之后，位于马萨诸塞州的 Cape Cod National Seashore。冬天的海岸上的风已经寒冷到让我不能长时间拿着手机拍照和录制视频。海岸上大片的蒿草迎风俯身，但却昂扬不折，波涛在巨大开阔的海面上随着大风不断壮观的涌向海岸。那让人站不稳甚至呼吸都不顺畅的海风，巨大而毫无起伏的咆哮声反而使人仿佛陷入一片寂静。那更像是在抚慰着人生中一切的伤痛和委屈，托举着所有的不屈和坚持。

经过了罗德岛的纽波特之后，就要暂时离开大西洋的海岸线了。我不知道有多少人像我一样，虽然知道耶鲁大学，但却从不知道这座大学所在的州的名字叫康涅狄格。而这里就是我离开海岸线的第一站，尽管这是我这次的新英格兰旅程的路线设计中，唯一一个非自然景观的站点。但我也依旧是用游览自然景观的方式，对之走马观花的一带而过。离开了耶鲁，从佛蒙特一路穿过新罕布什尔的腹地，这一段本是新英格兰地区著名的赏秋胜地。但是在白雪皑皑的冬季也不乏令人顿足停留的景色。即便很多景点已经在冬日里关闭，但是还是有很多冬季运动的热衷者翩然而至。

# West Quoddy Head lighthouse

当再回到缅因后，目的地无疑是直指美国的最东点 West Quoddy Head lighthouse 了。其实没有到阿拉斯加的威尔士角，应该算不上是到了美国的最西点。但是在缅因州的 West Quoddy Head lighthouse 确是美国的最东点。虽然从学理的认知角度，确实有很多人认为，美国的最东点和最西点都在阿拉斯加。但是基于一个旅行者的地理逻辑，美国的最东点还是应该在缅因州的 West Quoddy Head lighthouse。似乎美国人也是这样认为的。在灯塔前面的基石上镌刻着 EASTERN MOST POINT IN THE USA 的文字。这大约是我这次整个新英格兰旅程的最重要的一站！虽然最终我还是未能从这里切进加拿大，但在这个漫天飞雪的季节里，能到这里，我也算是不虚此行了！这些海角天涯从来都是我不忍舍弃的地方……

站在 West Quoddy Head lighthouse 遥望凛冽而空灵的芬迪湾。手机上已经可以收到加拿大的信号。中国移动也默认我入境了加拿大。外交部领事司的"告诫短信"依旧充满着陈词滥调的伪善和官腔，令人反感。距离这里不到 10 公里就有一个可以过境到加拿大的 Campobello Island 的口岸，但是这个岛没有链接本土的公路。而可以直接过境到新不伦瑞克省本土的口岸在 80 公里外的 Calais。当我来到这个加美边境小镇的时候，我已经无法预约到近三天的 PCR 了。而我还车的时间已经不允许我在 Calais 一直这样等下去。我决定先返回 Portland，再做考虑。

那时的我虽然已经拿到了入境加拿大所必须的"ArriveCAN"的二维码，虽然我又从 Avis 预定了跨境的车，虽然我也已经在 Calais 的 Welgreen 预约好了做 PCR 的时间，但是就在返回了缅因波特兰的晚上，在重新厘清这些环节的时候，突然觉得心好累。突然觉得这大西洋四省很可能很鸡肋！我不得不从 Portland 用整整一天时间开到 Calais；再在 Calais 等上一天 PCR；跨过去了以后恐怕也最多到三省，因为这个季节的纽芬兰岛不能确定是否必须得飞，我带着车会不会很不方便；

重要的是 10 天后我必须再原路入境美国返回 Portland 还车；再入境美国之前，还需要在加拿大再做一次 PCR……

　　如果选择从 Portland 坐大巴辗转到 Calais，但是过境后在 StStephen 是租不到车的。移动也会是大问题；申根签证已经过期，下面的圣皮埃尔与密克隆群岛也上不去。之后从加拿大离开北美，四省到多伦多的机票并不便宜，而从多伦多向沙特的航班也不如纽约的顺畅。这加拿大一时间变得让我很是踌躇。所以在最后一刻，我还是做出决定放弃了进入加拿大的计划，第二天还车后搭乘"灰狗"到纽约。从纽约离开北美飞去沙特。一再迟疑离开北美的决定，其实是舍不得离开这个冬天，舍不得离开这个在漫天飞雪的季节里依然怒吼着的海岸线……

# 更珍贵的抗体

在结束了新英格兰的旅程回到缅因 Portland 之后，这一场"东西美国"的旅程也就此结束了。我这个来自加州的绝对密接者，在新英格兰地区自驾 12 天，环跨六州！没有卡点，没有被要求 PCR，没有被禁行绕路，没有被隔离流调，也没有被要求什么星什么码！甚至也没有在任何地方被要求戴上口罩。即便如此，自从疫情发生至今，美加地区针对政府的防疫措施的批评和抗议还是从未间断。

而就在彼时，特鲁多政府在 1 月 15 日发布的针对跨境卡车司机的"疫苗接种强制令"已经引发了加拿大卡车司机的集体抗议示威活动。抗议组织的"自由车队"从加拿大西部等地，透过多条穿越加拿大的公路开始源源不断的向首都渥太华聚拢。

特鲁多政府的这份"疫苗接种强制令"不仅触怒了对疫苗抵触，以及有利益相关的卡车司机，同时也带动了很多已经接种过了疫苗的卡车司机和一些普通市民也加入了抗议的队伍。抗议者反复强调，抗议活动的目的不是反对接种疫苗，而是反对"强制"接种疫苗。强制接种疫苗的政策显然侵犯了公民的身体自主权和个人自由。毫无悬念的是，这次抗议活动的诉求到后期，逐渐发展成为促使政府对一直以来因新冠疫情所设置的公共卫生政策的反思和修正。并且蔓延到了美国和欧洲以及澳新等国。

虽然最终加拿大政府采用了强制的法律和行政手段，结束了这次示威抗议活动。但是，包括特鲁多所属的加拿大自由党在内的，多个加拿大政党高层都公开发表了针对特鲁多政府的疫情管控政策的批评。加拿大多个省决定取消疫苗护照等相关的管控措施。加拿大联邦政府多部门也表示要即刻重新审视并修改边境防疫限制措施。

这一次的抗议活动的时间点正处在全球多国进入"与病毒共存"政策阶段的前沿。虽然在数据上看，对这次抗议的支持度并没有在加拿大社会形成压倒性多数，但是不得不认识到，这种捍卫自由价值根基的抵抗意识，恰恰正是人类社会里对抗另外一种病毒的珍贵抗体。

# 四、望不尽的断崖与密道

# 终于沙特

离开北美时所作的计划是，趁着这个冬天还没有过去，去完成沙特的旅行计划。然后从中东飞回两年前离开的尼泊尔，在尼泊尔的初春时节去弥补两年前没有完成的 ACT。根据尼泊尔的政策，我可以在尼泊尔停留 5 个月，我既希望于在这个期间，中国可以结束所谓的防疫措施，取消入境隔离。我则可以从尼泊尔的博卡拉搭车进入中国西藏。

沙特的行程真的算是波折频现。我的沙特电子签证是在 2020 年 1 月份签发的，而就在签发之后的十几天，新冠疫情就爆发了。沙特是第一个给我发邮件明确我的签证被暂停，暂时不可以入境的国家。

2020 年 9 月份我路过中东，沙特依然没有开放。

2021 年 1 月，我的沙特签证有效期已经结束。我发邮件给沙特政府提出抗议。那时我几乎已经放弃了进入沙特的计划，只希望沙特人可以诚信一点，把我还从未用过的沙特签证的签证费退给我。但是邮件如同石沉大海。

2021 年 7 月我身在距离沙特咫尺之遥的伊拉克，但是沙特依旧毫无明确的官方态度。

2021 年的 9 月份，沙特主动给我发了邮件，但是这次终于是好消息。沙特表示已经为我的签证展期到了 2022 年 4 月份，并且表示沙特已经开放了入境许可。

而最近一次，又由于经历了从塞浦路斯经转伊斯坦布尔晚点，而被迫入境了被沙特设置了"Travel Ban"的土耳其。这一些列的连锁变故，使得沙特的行程一直拖到了现在。

利雅得虽然被称为是一座"绿洲城市"，但是却好像并没有荡涤掉沙漠戈壁的荒秃感。让人完全感受不到一个城市应有的亲和力。这与同在阿拉伯半岛上的迪拜之间的差距，完全出乎我的意料。高达302 米，41 层的王国中心被称为利雅得的地标。这是全球第三高的外观上有空洞的建筑。空洞的上方就是一条好似悬空的 50 余米长的"天空桥"。站在"天空桥"上可以俯瞰整个利雅得市中心。即使是在一月末，依旧好似从天空向地面散发着热气。本就好似"盆景"一样的城市绿化设施，被一片乌蒙蒙又黄澄澄的雾霾笼罩的若有若无。建筑物内部气派且宏大的购物中心里充满着奢华与昂贵，但是却依然难以掩饰寂寥和匮乏。

在这个宣称拒绝世俗化的宗教国家里，随处洋溢着的挥斥奢靡与金碧辉煌，这与在地理结构上被一片戈壁荒漠包围着的这一绿洲城市中的高楼大厦，好似呈现出一种深刻而生动的遥相辉映。而走在其中的我，就好似一个来自外星的过客，仿佛目睹着现代文明正在一个末日之后的星球上挣扎着破土。而那个仿佛严肃却又暗藏玄机，被叫做"宗教信仰"的游戏规则又让我无法做出判断，在无形存在的压抑和呼之欲出的欲望之间，到底哪一个会在哪一场对抗与碰撞中胜出。就好像沙特人喜欢把猛兽和鹰隼训练成宠物一样，他们似乎也更愿意在这份对抗中去寻找一种平衡和互恰。


## 望不尽的断崖与密道

在距离利雅得市中心一百公里之外的一处被称为"Edge of the World"的景点，是阿拉伯半岛上著名的 Tuwaiq 断崖的一部分。车从利雅得市中心开出来的一路上，我似乎并没有意识到要穿出绿洲的边际，而只是看到了钢筋水泥的消失。在距离这个被译作"世界之崖"的地方还有接近 20 公里左右的时候，我的眼前就已经没有清晰的路了。疫情之后这个地方就很少再有游客来，所以无论是道路还是景点都已经完全没有了管理者的痕迹。我们的 SUV 在戈壁上时而穿过一道道干涸的河滩，时而在寻找着蜿蜒向上的沙径。我找的司机是一个出生在青海的回族人。他在沙特已经生活了十多年。对这段路非常熟悉。他最终把车几乎开到了悬崖顶端。

徒步登上高耸险峻的崖顶，举目沙原，天际线可尽收眼底，但却望不穿这满眼的无尽苍凉。"Edge of the World"也仿佛确没有浪得虚名！关于沙特旅游的资料并不充足。Tuwaiq 断崖据说有大约 600 公里。而这里只是其中很小的一部分，就在山崖之下的山谷里，则藏着一条从也门穿向伊朗的古老商路。曾经沧海的大自然里深藏奥秘，但穹天阔土之间却又如此坦诚。我知道无论我站在这崖顶之上痴迷的呆望他多久，都不可能望尽这断崖和密道，尽悉他深藏着的无尽传奇。

# 一无所获的吉达

沙特计划中的重点除了欧拉之外，就是麦加和麦地那。但是这两个地方对于"非穆斯林"而言都是明确不准进入的。在疫情之前也许还有可能在晚上的时候偷偷混进去。但是疫情之后，据说即使是朝觐的穆斯林也需要先在网上预约，拿到二维码之后才能进入。

在叙利亚的 O 教了我几句阿拉伯语，意图让我想办法混进去。但是实际上混进去的可能性几乎没有。而且一旦被发现，将面临被驱逐出境的危险。而且对于中国前往参拜的穆斯林，中国使馆又是要求了附加的手续和限定。这些状况已经让我根本到不了考虑如何躲避被检查的环节，连混进去的可能性都完全不存在了。

沙特希望以旅游产业缓解对石油经济的依赖，这份用心和诚意是有的。但实在还是任重道远，而且很多深层的问题，恐怕不那么简单。进不去麦加禁寺的吉达几乎就是乏善可陈。已经被拆的一片狼藉的吉达老城，巴拉德（AL-BALAD）显示出沙特人里也并不是全都是富豪。吉达的法赫德国王喷泉据称是世界上最高的喷泉！喷射高度达到 312 米，喷射速度每小时 375 公里！可是，这有意思吗？

Al Rahma Mosque 是吉达一座建在海边的清真寺，从某一个角度看过去好似健在了海上，故称为"水上清真寺"（Floating Mosque）。但是我实地去看了以后，发现与卡萨布兰卡的哈桑二世清真寺相比，好似还差了一点雄伟。但是这进去的环节还是颇费了一些口舌。从距离清真寺还很远的地方，就能感到我似乎进入了一个施工现场，车开到了门口，却被警察拦住不让进。

我：怎么回事？为什么不让进？

警察：疫情期间关闭，里面在装修施工。

我：我不进去里面，就在外面照张像而已。

警察：不行，不能进！

本来这种情况之下，我也是没有办法的。毕竟这里明显是已经关闭了不是一两天的样子，而且也不是针对谁而禁止进入的。但是整个吉达的无趣，以及麦加和麦地那的折戟，让我一直不爽的心里突然冒出一股火！不进去也得骂他们一顿！

我：哦，这就是你们沙特的旅游服务吗？这太让人失望了！你们本就匮乏的旅游资源，还设定限制！

警察：现在是疫情，哪都一样！你进不去，里面锁了，在装修！

我：你怎么知道哪都一样？你都去了哪？我说了我不进去，就在清真寺外面照张照片而已！

警察：不行，不能进！

我：你们麦加不让我进，麦地那不让我进，现在这个清真寺还不让我进？你们这是开展旅游的态度吗？你们凭什么？就凭奢华度假吗？你们十到十五年之内都别想跟迪拜比！

警察：不行，不能进！

我，你们的石油挖干了吗？没钱了？改靠旅游挣钱了？这样不行的朋友！哦，真主啊，你看看他们在干什么！

警察：对不起！不能进！

我：你们的政府还不懂旅游！只想赚钱而已！这对旅行者不公平！我不会再来沙特了！

就在我收起了一直使用着 Google 翻译的手机，准备离开的时候，警察终于让步了。

警察：5 分钟！就 5 分钟！！！

（警察顺手打开了警戒围栏……）

## 拯救了沙特的欧拉

欧拉显然呈现出了一种与利雅得和吉达都不同的旅游城市的气氛。在欧拉机场竟然有有会讲英语的小姑娘愿意主动为我介绍欧拉的主要景点和到达方式。但是离开了机场以后，再找一个会英语的人就难于上青天了。虽然欧拉也和利雅得一样被视为一个绿洲城市，但是这里却并没有任何现代化城市的痕迹。几乎看不到任何的钢筋水泥，甚至连一家像样的酒店似乎都没有。这里更被推崇的是在景区腹地的帐篷酒店。

但是 20 万年前就有人在此定居和繁衍的欧拉，无疑比利雅得更能体现出原始的古朴和风情。而实际上，欧拉明显是沙特刻意打造的一张沙特独有的旅游名片。我到达的当天就因为一场国际自行车赛，而使得很多道路戒严。

从地貌上看，欧拉让我觉得似乎有点像是经过了开发的 Tuwaiq 断崖。但是即便如此，被发掘的景点很可能只是阿拉伯半岛上旅游资源的冰山一角。那些可见的，风蚀的岩石和纵深的峡谷可能远远没有抵达这片荒原的腹地。可能也是正因如此，我没有在欧拉租车，也没有安排深度的欧拉旅程计划。而是选择包用了酒店老板 Ali 的车，根据在机场的时候，那个会英语小姑娘的推荐，让他带我去了欧拉最知名的几处景点。

虽然短暂三天的所到之处很可能只是这片神秘之地的边缘，但也确实让人所见倾心。无论怎样，欧拉似乎是对沙特这个国家旅游品质的一种拯救。

在 Ali 开车送我去机场的路上：

Ali：怎么样，我的酒店还好吗？

我：啊，还好吧，只是热水太小了，我无法洗澡。

Ali：哦，我会马上换一个大的热水器！对不起了。你昨天说我的酒店价格贵，是真的贵吗？

我：啊，我觉得一般而言是的！不过，欧拉的酒店都差不多这个价格，就也无所谓了！哈哈哈

（这酒店的水平，除了面积之外远远达不到经济型酒店的水平。没有热水，没有 Wi-Fi，密封很差，房间里到处是沙子。150 美金一晚，

这在欧拉很普遍。景区腹地的帐篷酒店都700美金左右。而且订不上。)

Ali：你还会再来欧拉吗？再来还住我这里吧！

我：好的，我下次还住你这里！到时候试试你的新热水器！哈哈哈，但是你可要带我去更深入的沙漠腹地啊……

Ali：当然！没问题！我喜欢你这样的人！没麻烦！我喜欢外国人，美国人，欧洲人，中国人……没麻烦！我不喜欢阿拉伯人，不欢迎他们住我这里，尤其不喜欢沙特人和埃及人……

我：哈哈哈，可能旅行者和度假的人不一样吧，我们只是关注风景。

Ali：你有老婆和孩子吗？

我：哈哈，如果有老婆，我还怎么能这样到处乱跑！你呢？阿拉伯人是不是可以有很多老婆？

Ali：可以有4个老婆！我现在有一个，过两个月会有第二个！我现在有5个孩子，我还要更多。我爸爸有21个孩子！

我：哈哈哈哈哈，这在中国不行。我可养不起！

Ali：钱不是问题！不是问题！你是基督徒吗？

我：不是

Ali：佛教徒？

我：也不是，我没有归属宗教，我是"不可知论者"。

Ali：那你死了以后怎么办？

我：啊？死了以后？那就让这个世界忘记我，不是挺好吗……

（说好了送我到机场50沙，Ali非不要！说希望我再来欧拉一定住他酒店。因为我不拒绝和他说话！Ali的英语不好。交流太费劲！所以很多人不太愿意和他说话。）

Ali：我喜欢你，欢迎你再来欧拉！

我：我也喜欢你！你很像一个美国的电影演员。他叫史泰龙。很帅！美国人也会喜欢你的！哈哈哈

# 夜入巴林

巴林这个弹丸之地却是世界上货币币值第二高的国家。仅次于科威特。

如果没有极大的语言问题，我是不会在国外使用中国客栈的。因为这种体验的满意度不会超过 10%。但是在阿拉伯国家的英语普及率几乎是零。所以为了省去很多环节的麻烦。我在从欧拉飞去达曼之前，预定了一个在巴林的中国客栈。并让对方来达曼的机场接我，这样我则可以当晚直接从沙特陆路过境到巴林。

从欧拉飞到达曼的班机准时在深夜时分降落在了达曼机场。但是我定好的巴林的中国客栈来接我的人却还没从麦纳麦出发！对方搪塞和敷衍的伎俩拙劣又无耻。中国人很多时候更愿意把欺骗和隐瞒当作是一种控制局面的能力。而诚信在他们的概念里根本就一文不值。"稍等 10 分钟"说了一个小时。自己却丝毫不丢人。这就是海外的中国商人。

我相信他的司机应该已经是在路上了，我也不是不能多等待这一段时间。只是这一个又一个"稍等 10 分钟"的承诺和借口，让我觉得很不尊重，甚至有被戏弄的感觉。这让我盘算着是等他的车，还是干脆在达曼找个地方住一晚，明天再自己想办法过境。让他的司机白跑一趟，可以出了我心里这口恶气。

当然，这肯定不如当晚坐车过去更顺畅省事。我最终决定既不能给自己添麻烦，又必须给他的自作聪明一个惩罚。我在他的司机已经赶到了达曼机场的时候，告诉他我已经在麦纳麦找到了一个酒店，决定不住他的客栈了。所以我只能付给他接我的钱，并且因为迟到还要打折。否则我就今晚就留在达曼不走了。

这一招果然奏效，他不得不答应我的一切要求。否则他的司机将面临空车过来，再空车回去的损失。而后来我才发现我的决定是无比正确的。因为在她用一个租来的三室一厅的公寓所开设的"客栈"

里，除了要租给我的一间之外，另外两间长租给了四个来巴林"淘金"的中国性工作者！而准备租给我暂住两天的那一间是她们临时腾出来的，里面依然堆满了她们乱七八糟的物品。而这家客栈的老板是一个嫁给了巴林人的东北女人，她的生意不仅是开客栈，同时还包括，想尽办法把这四个人"弄"去更好挣钱的科威特。因为即便是在这样的穆斯林国家里，她们的这种"生意"与国内相比，也是因为条件要求更低，但收入却更高。而充满了吸引力

离开阿拉伯半岛的路线是想顺路把科威特和巴林刷了。但是到了巴林才知道，科威特的签证费用高达 5000 多人民币。这完全超过了我心里对这个国家的价值认知。巴林被称为沙特的后花园。周末的沙特与巴林的口岸等待过关的车辆排成长龙。麦纳麦喧嚣的酒吧一直到后半夜才安静下来。里面当然有酒有姑娘！实事求是一点，直接把自己家搞成花园不好吗？如果自由会使你堕入俗世，那把别人的自由还给别人，也许更可以让你超脱于俗世！

放弃了科威特的计划。巴林完全是无需多停留的地方。趁着等待 PCR 的时间，去了巴林堡和生命之树。这是好像是巴林唯一的景点。

# 五、ACT

# 回到尼泊尔

2022 年 2 月 8 日，从巴林经转迪拜的航班如期的降落在了尼泊尔的首都加德满都。时隔 524 天，我终于又回来了！尼泊尔的入境程序一如疫情之前，只是多了一个检查 PCR 的环节。加德满都街头比起疫情之前，萧条显而易见，但是地气浑然由在。泰米尔里的店铺 60% 都还没有开业，个别开业的商家的精神状态，与此时尼泊尔的经济和市场景气程度一样，显然还没有从疫情的冲击中恢复过来。但是佛教国家里，安于生计的那股生活气氛依然按部就班的呈现出来。

返回尼泊尔，在我的心里，不仅是我这一段旅程的结点，甚至也是我一个人生阶段的结点。我想自此之后，我无论如何都不会再有如此长线，而目的纯粹的旅行了。换句话说，我的环球旅程这一次是真的结束了。而这个结束的仪式，就是我要去完成两年前因为 Lockdown 而没能如愿的 ACT（安纳普尔那大环线）。上一次的尼泊尔之行完成了 EBC，这一次要完成 ACT。我想我今生的登山计划也就算结束了。并以此作为我环球旅程的结点，应该是一个完美的结果。

# Annapurna Circuit Trek

安纳普尔那在世界上 14 座 8000 米以上的高峰中排名第十。是尼泊尔一国独占的三座 8000 米以上高峰之一。而 ACT（安纳普尔那大环线）更是在世界十大徒步路线中位居榜首。这一线除了安纳普尔那诸峰之外，还可以饱览包括道格拉吉，马纳斯鲁，鱼尾峰等至少十余座 6000 到 8000 米的高峰。被徒步爱好者视为一生中必须完成的路线。

ACT（Annapurna Circuit Trek）与 EBC（Everest Base Camp）不同的是，ACT 的起点和终点并不在一个地方。从加德满都出发，逆时针完成了这个路线之后，终点正好靠近我的目的地博卡拉。因此，我让尼泊尔的朋友把我的大包从加德满都带去博卡拉，而我则独自从加德满都轻装出发：

Kathmandu1400 ～ Besisahar760 ～ Danagyu2300 ～ Chame2710 ～ Upper pisang3300 ～ Manang3520 ～ Yak Kharka4050 ～ Letdar4350 ～ Phedi4500 ～ HIgh Camp4860 ～ Thorong La Pass5438 ～ Muktinath3800 ～ Jomsom2743 ～ Pokhara822

2 月初走 ACT 确实还是有些早。本来这 ACT 一线当中只有从 Manang 到 Muktinath 这一段是必须要徒步的路段。而这一段也才是整个 ACT 的精华。我从加德满都搭大巴先到 Besisahar。再从 Besisahar 设法找去 Manang 的车。但是 2 月份的这段路上的雪依然没有融化。从 Besisahar 开出来的车只能开到 Danagyu。后面的路上已经全是积雪，根本没有司机敢走。因此徒步的起点不得不从本来的 Manang 提前到了 Danagyu。

我用了两天的时间从 Danagyu 走到了海拔 3520 米的 Manang。实际走过了这段路后，以我的感觉，恐怕在三月初之前这段路上的雪都很难融化，而汽车确实是完全没有可能通过的。当我到达 Manang 的时候，得到了确定的消息，去 Tilicho Lake 的路确定无法通过。并且连 ACT 行程里必须经过的 Thorong La Pass 也不能充分确定是否可以通过。但可以确定的是，从 Manang 到 Thorong La Pass 之间的所有客栈都还没有人上去开业。这意味着我在中间无法找到睡觉和吃饭的地方。而我也没有帐篷和睡袋，更是根本无法露营。

Manang 在 ACT 一线中的位置意义相当于 EBC 路线中的 Namche，是最后一个可以进行高原适应的地方。从 Manang 之后的路，一直到有车的地方之前，就没有比这里海拔更低的地方了。我在 upper pisang 的客栈遇到了同样要走 ACT 的一个法国人和一对德国情侣。他们从 upper pisang 到 Manang 的中途选择去了 Ice Lake 而与我分开。于是先于他们到达了 Manang 的我，不得不选择先在这里住下来。一方面调整一下身体的状态，一方面等待他们到了 Manang 后，看看在人稍微多一点的情况下，是否可以找到当地人愿意专门为我们上去打开客栈。

遗憾的是同样因为大雪封路，他们三人并没有如愿到达 Ice Lake，而是与我分开后不久就不得不从半路折返。他们在我到达 Manang 当天的晚上，也赶到了 Manang。

我在 manang 住的客栈是一对当地的夫妻开的。属于条件适中的一家客栈。在不下雪的时候，太阳能设备似乎可以提供一些供我洗澡的热水。丈夫不太爱说话，但是据说是当地很有名的一个摄影师。客栈里挂着很多令人惊艳的摄影作品，都是出自他的手。其中有些还是获奖的。妻子看起来则是主要负责具体打理客栈。每天晚上围坐在火炉旁边的时间，是一天里最让人感觉暖和的时刻。火炉上烤着一堆滚圆而光滑的石头，是让客人在回去房间睡觉的时候，带着到床上，温暖床铺的有效工具。

妻子比丈夫显然更加健谈一点。每当我要了多一点的餐和茶，她则会因为多了一些收入，而不觉露出开心的神情。高原带给人的不适感似乎有相当一部分原因是因为寒冷，所以当人觉得暖和了以后，也会觉得舒服了很多。精神状态也会振作很多。

客栈里只有我一个客人，围坐在火炉旁边的只有我和他们夫妻俩，以及他们的一个帮工。我当然更关心的是 ACT 这一线的路况，积雪和大风。丈夫的话不多，但是凡是回答的问题都是笃定的。我问这个时候能不能确定穿过 Thorong La Pass。丈夫回答没问题。你这样的没问题，孩子和老人可能不行。你可以的。但要选择一天风别太大的时候走。否则起风会迷路。迷路就很危险了。而且，千万不要一个人走！你没走过，迷了路就麻烦了！丈夫这种稳重自信又驾驭无碍的回答，让我心里感到了把握和踏实。

我们又谈到了尼泊尔的政治，谈到了王室血案，谈到了国王的废黜。谈到疫情发生以后尼泊尔的封锁政策，谈到了客栈的生意。妻子说客栈的生意这两年因为疫情的原因完全是一落千丈，甚至几乎难以为继。现在只能是这么苦苦的撑着。她不喜欢尼泊尔政府的防疫政策。更不喜欢现在的总理。她更喜欢和怀念国王的时代。但是她喜欢的是老国王。她不相信尼泊尔官方公布的王室血案，这里面一定有阴谋。她还是喜欢老国王。她认为君主制也没什么不好。现在的国家和人民的生活还不如老国王在的时候。

　　谈起病毒，她相信病毒是来自中国的，也认为病毒是人为制造的。说完她好像有点感觉自己失语的笑笑，问我，你觉得呢？我说我不知道，我真的不知道。如果知道的话我一定会说，但是不知道的事情我不好随便乱讲。她又笑笑说，反正那是不关你们个人的事情，你们来了我这里，我都欢迎！

# 得到也是失去

好在从 Manang 到 Thorong La Pass 这段路上的所有客栈的老板都住在 Manang。终于我们找到了愿意上去为我们打开客栈做饭的人。最终我们，一对德国的情侣和另外一个独行的德国人，以及一个法国人和一个中国人。一行 5 人组队，终于在 Manang 休整之后可以继续出发了。从 3520 米的 Manang 出发，穿越 5438 米的 Thorong La Pass 后，再下到 3800 米的 Muktinath 计划了三天的时间。在到达 Muktinath 之前要在途中住两个晚上。这一段的平均海拔超过 4500 米。

第一站是海拔 4350 米的 Letdar。Ledar 的一个客栈的老板在当天早晨，比我们更早的时间从 Manang 出发，上来为我们准备当晚的吃住。Letdar 的客栈固然没有电，但是毕竟有一个可以躺平睡觉的地方，和一口热乎的食物。这让我们可以相对从容的在这个 4350 米海拔的地方恢复体力，去面对第二天海拔更高的路程。

按照最初的计划第二天是要住在 Phedi。然后第三天从 Phedi 出发穿越 Thorong La Pass 后，当天下到垭口另一侧的，3800 米的 Muktinath，从而结束 ACT 里这段最关键的行程。

第二天一早，在我们刚刚准备从 Letdar 出发的时候，Phedi 的客栈老板就从下面上来，超过我们，赶上去为我们当晚的吃住作准备。而我们在下午的两点多的时候也顺利穿过了危险的滑坡路段，到达了 4500 米的 Phedi。德国女孩开始感到身体不适，在 Phedi 的客栈躺倒休息。也许是天气的原因，Phedi 的阳光照进客栈的玻璃窗让人感到暖洋洋的，这让我感觉似乎比昨天的 4350 米的 Letdar 更舒适一些。独行的德国人取出他背包里的炉具开始给自己煮起咖啡，我和法国人靠在客栈窗棂下，晒着阳光喝着尼泊尔的甜茶。

其实，在我们的后面还有一对来自葡萄牙和英国的夫妇。他们与我们在同一天从 Manang 出发，在第一天他们住在了比我们住的 Letdar 低一点的，4050 米的 Yak Kharka。他们一共雇用了两个背夫和一个向导。也是一行 5 人，在我们之后一个小时也到达了 Phedi 休息。他们的向导和 Phedi 客栈的老板，根据所得到的第二天的天气状况。一致建议我们在当天日落之前，从 Phedi 强突 HIgh Camp。在天黑之前赶到他们在 HIgh Camp 的客栈去休息，然后在第二天的天亮之前从 HIgh Camp 出发，必须确保在第二天正午起风之前穿过海拔 5483 米的 Thorong La Pass！并要在当天的天黑之前下到 Muktinath。

这个决定其实是有一点风险的！因为从 Phedi 到 HIgh Camp 这段路虽然距离不是很长，但是强度很大。距离只有 1300 米，但是海拔上升了 360 米。陡度很高，所需要耗费的体力过大。而到达了接近 4900 米的 HIgh Camp 之后，距离第二天出发时间，之间留给休息的时间也比较短。对体力的恢复要求较高。

但是如果把这段路放在第二天走，可能会导致第二天到达 Thorong La Pass 的时间过晚而遇到极端天气，那样我们则不得不返回 Phedi，这将会让我们的行程非常被动，甚至造成这次整个 ACT 行程的失败。所以我们最终还是决定接受了这个建议。

客栈的老板走在最前面，我紧跟其后，走在所有游客的最前面。两名当地的背夫和向导前后分开，把走在最后面的葡萄牙和英格兰夫妻紧紧的夹在他们中间。这一段的强度确实比较大，再加之这一天已经走了很远的路。确实明显的感觉到体力的消耗。由于此行的时间太早，前面没有任何的游客和当地人通过，所以雪地上几乎无清晰痕迹可寻。没过膝盖的雪，每走一步都非常耗力。我尽可能的保持着呼吸和迈步的节奏，但还是不得不无数次的停下来喘息。无法跟上前面的客栈老板。但是最终我还是保持在所有游客的前面到达了 4860 米的 HIgh Camp 客栈。当走在最后的葡萄牙和英国夫妻到达客栈的时候，天色已经完全黑下来了。

一份热乎的炒面和 Black Tea 让我感觉恢复了很多。所有人的状态也还都看起来还好。我们必须让自己吃饱喝足，烤干湿透的鞋袜。因为不到 7 个小时后，我们就要再次出发。去完成这个 ACT 行程里最重要和最关键的一个路段。

High Camp 的客栈是一排独立的小木屋，每间木屋里面只有两张床和一个毛毯。每个人找到自己的房间后都迅速进屋睡觉，以应对明天最具挑战的一天。而我却站在小屋门口凝望夜空，迟迟不舍离去。接近 4900 米的 High Camp，夜空里繁星璀璨几乎可以看清银河。举头仰望夜色里的苍穹，近者仿佛触手可及，远者又仿佛若隐若现。白雪笼罩的万山群峰在星光竞耀之下光晕犹显层次清晰。在这无风静谧的夜色里，站在浩瀚而璀璨的苍穹与皑皑白雪的星球表面之间。不仅让人心旷神怡，更觉魂魄凛冽，竟全然忘却了那份刺骨的清冷。

7 个小时后，High Camp 的星河依旧，与 7 个小时之前的夜色无异，清冷而无风。我们一行人吃完早餐后，顶着黎明前的黑暗和客栈的老板告别，他们要从这里原路返回 Manang，我们则要走向相反的方向，去翻越 5438 米的驼龙垭口 Thorong La Pass，之后下到 Muktinath。这一次，独行的德国人走在了最前面。一望无垠的雪原上有他踏出来的一条步道，而一轮弯月挂在这步道的前方，也挂在每一个人的头顶。让这条路好似通向天边，却没有终点。我们依旧刻意的在深一脚浅一脚的雪地里尽力的调整着呼吸和迈步的节奏。我和身后的法国人不断的停下来照相。

四个小时五分钟后，我终于站在了这次 ACT 行程的最高点 Thorong La Pass！月色已经褪去，但太阳还没有完全升起。站在了 5438 米的垭口之上。叠嶂的山峰，让广博清远的雪原更显现出包容和掌控的力量。让人觉得仿佛一切都并不遥远，却又实则遥不可及。

从 High Camp 到 Thorong La Pass 的路程是 4.1 公里，海拔上升了 570 多米。从 Thorong La Pass 下到 Muktinath 的路程是 9.1 公里，海拔下降了 1600 多米。不知道是这一天体力消耗的比较快，还是心里知道最艰苦到路段已过而产生的松懈所致。从 Thorong La Pass 下到 Muktinath 的路并没有我想象的那么轻松。随着海拔的下降，依旧没过膝盖的积雪呈半融化状态，比全未融化的雪路更加湿滑，加之很多路段陡度较大，让走在最前面的德国人和我滑倒很多次。我脚上的陆战靴里早已经晃荡着半靴子的雪水。这双陆战靴是我 2017 年在阿富汗的时候，淘到的当地美军的军需品。在我整个的环球旅程里就没再买过户外徒步靴，就一直靠这双陆战靴应付所有的艰苦路况。而这一次，我知道回到博卡拉后，要和他说再见了。这好像也是这个结束仪式的一个组成部分。

Danagyu ～ Chame

Chame ～ Upper pisang

Upper pisang ～ Manang

Manang ～ Letdar

Ledar ～ HIgh Camp

HIgh Camp ～ Thorong La Pass ～ Muktinath

将近 5 点钟到时候，还是我和德国人最先到达了 Muktinath 的住地。最后到达的依旧是葡萄牙和英格兰夫妻。他们的尼泊尔向导告诉我们，Phedi 的客栈老板发来消息，在我们离开后两个小时，他们从 High Camp 下到了 Phedi，那里已经起风下雪了。如果我们今天早晨是从 Phedi 出发，情况肯定是很不乐观。当地人对天气和路线的研判和掌控能力是不得不让人认可的。虽然 3800 米海拔的地方依旧不能洗澡，但无论怎样，Muktinath 当晚的气氛里必然洋溢着一种胜利后的放松和欢乐。所有人的手里都拿着啤酒，互相庆贺，也互相告别。有人要从这里继续前往安纳普尔那大本营，有人要在这里住上几天作为调整，而我则决定从 Muktinath 赶去确定可以洗澡的 Jomsom。

在 Jomsom 终于洗过了热水澡的我，慵懒的靠坐在客栈庭院里的躺椅上，喝着能让我切实感到了人间地气的尼泊尔咖啡。任凭木斯塘慷慨的阳光肆意的打在我早已被晒伤的脸上。

可能在我自己也难以厘清的复杂心里中，从离开沙特的那一刻起，我就已经感受到了这一刻的结点的到来。却又一直在回避着这一刻的心情的出现。此刻的我必须真正面对一个事实，这一场"强行之旅"结束了！以及这一段旅程背后的一切可能也会随之结束。人生中有很多时候，只知道必须结束，却不知道如何再开始。尽管我意识到调整这样的心理状态远比体力的恢复要缓慢得多，但我此刻已经无心再去构划木斯塘王国和安纳普尔那大本营的计划了。而是迫不及待的想要回到博卡拉！

# 六、又见 Banyan Tree

# 又见 Banyan Tree

2022 年 2 月 20 号，迎着喜马拉雅南坡山麓的细雨，我终于回到了阔别 565 天的博卡拉。

此刻的博卡拉已经一扫疫情的阴霾，尽管 Omicro 的病例数依旧在尼泊尔呈常态化存在，但是人们已经完全忽略了其对生活的影响。Lakeside 的店铺虽然人影稀疏，但是家家都开门迎客。费瓦湖畔更是恢复了往日的莺歌燕舞，来自印度的观光客和少量来自欧美的登山者涌现在这座小镇。虽然与疫情之前的盛况相比还是天壤之别，但此时的博卡拉无论是比起 lockdown 的时候，还是比起此时的加德满都都更显繁荣之气。

湖滨区很多在 lockdown 时候并没有开业的酒店此时也已经重新开业。我选择了一家正好在 lockdown 之后才开业的，连床单都还没有人睡过的新酒店。我和酒店协商了一个月租的价格。就算住下了。我在尼泊尔的停留期是 5 个月，我已经计划好，在这里开始我的写作计划。

这家酒店所在的第九街是被俗称中的博卡拉"唐人街"。其实就是疫情之前中国客栈和餐厅比较聚集的一条街。北京，湖南，四川，河南各地的中餐菜系和风味都聚集在这里。在疫情中去世的中国女老板的"等风来中餐厅"也在这条街上。此外还有几家中国人投资参股的客栈。甚至连在中餐厅打工，学了中国菜烹饪后，自己另起炉灶开起了中餐厅的尼泊尔人，也把餐厅开在了这条街。这条街上的尼泊尔客栈接待的也大多是中国客人。我在 lockdown 初期也在这条街里暂住过一个月。这家客栈的老板见到我之后竟然还能认出我。

老板：哈，我认识你，在 lockdown 的时候，你在我家住了一个月。啊，你那一个月的房租让我们全家真的很高兴啊

我：啊，我记得。怎么样？还好吗？生意怎么样？

老板：嗯，比 lockdown 的时候好些了，但是比起疫情之前还是

相差太多了。我想我死之前都难以再见到这条街在疫情之前的样子了。

我：别灰心，会好的。

老板：这条街的生意就是指望中国人的，你们中国人什么时候才可以出国旅游啊？没有中国人，这条街的生意不会好的。

没有中国游客的博卡拉，开业的中餐厅寥寥无几。连协会的老会长的中餐厅也割出一半的面积开起了超市。也坦言没有中国游客的博卡拉中餐厅很难为继。现在也在考虑做一些尼泊尔人的生意，以前餐厅的经营模式，大部分的尼泊尔人是吃不起的。

曾经在博卡拉滞留的人们基本全都已经离开了。大多数都回了国，只有极少数少数如我一样到处旅居。有个别的娶了当地的老婆在博卡拉扎根开启新的生计。甚至包括大部分的华商，以及那些所谓的"江湖大佬"也都已经不在了。很多都转手或者干脆放弃了博卡拉的生意，有的回国另谋生计，有的抱病客死异乡。而留下来的，有的收缩生意维持生计，有的与时俱进的粉红着，以谋求新的机会。还有的无所事事，与"江湖游侠"一语不合被扎进了 ICU。博卡拉好似一片物是人非，却又每次回首往昔都历历犹存。

回到 Banyan Tree 的阁楼，Delma 的老婆先看到了爬上阁楼的我，急忙去喊还在楼下睡觉的 Delma。我的到来，显然让 Delma 很意外又很惊喜。我们紧紧的拥抱彼此！时隔两年再次见到 Delma，他竟然已是白发盈头。在后来尼泊尔解除了 lockdown 之后，据说 Dalma 全家都感染了病毒，但是很快就都康复了。

似乎自老 J 他们搬走后，Banyan Tree 楼下的客房就一直空着没有客人。滞留的游客离开后，阁楼的餐吧也仅有几个他的朋友偶尔光顾。好像解封之后 Banyan Tree 的生意不仅没有什么起色。甚至比 Lockdown 的时候还要惨淡。我"照例"要了 Chicken Dalbhat 和 Gorka，Delma 为我卷着大麻。我们彼此都询问着对方的近况，谈起疫情和那段曾经的日子，此刻的 Delma 已经确信，新冠病毒就是一个"阴谋"。是商家刻意设计的赚钱伎俩。而现在的疫苗都是比尔盖茨投资研发的这个事实，让 Delma 更加坚信了这一点。Delma 会一边摇着头含笑，一边嘴里嘟囔着，都过去，都过去了。那神情仿佛是在一场游戏里输给了一个耍赖的对手，而心中的委屈早已不愿再多说。

我们谈起旅行，Delma 给我讲了他的旅行计划和路线，大概是从尼泊尔先到印度和斯里兰卡，之后到整个东南亚的一个环游路线。他说等小孩子再稍微大一点就出发。这个路线在他心里已经很久了。他一定要有一次如我一样的"在路上"的人生经历。Delma 还是一如既往的随和又充满热情。但是相比于 Lockdown 时候的 Delma，不仅多了很多的白发，也多了一些消沉和疲惫神态。言谈的间隙，Delma 偶尔会呆呆的望着阁楼外的费瓦湖，仿佛像是那一场激烈的游戏结束之后的沉静和休息，亦或是在消解心中的委屈。

我让 Onki 向我的微信发一段给 Delma 的语音问候，当 Delma 听到 Onki 奶声奶气的对他说，Delma, Don't Worry, Jackie Chen is much older than you！ and i miss you！我看到了他的眼睛里有晶莹在闪烁。

2022 年的 3 月 18 号是尼泊尔一年一度的洒红节。作为南亚地区最重要的一个节日，洒红节庆祝着冬天的结束，万物复苏的春天的到来。同时也庆祝着正义对邪恶的胜利。这是疫情发生以来尼泊尔第一次彻底放弃管控的洒红节。博卡拉瞬时沉浸在一片狂欢之中。当地的尼泊尔人和很多为此而来的欧美游客一起聚集在 lakeside。浑身从头到脚都涂撒上五彩的色粉。随着全天候的音乐疯狂的起舞。那一幕幕浩大的街头狂欢场景，仿佛是尼泊尔人正在宣泄掉所有疫情带来的压抑和困顿。庆祝着他们的胜利。而那胜利并不是人类的抵抗力与病毒较量的胜利，也不是人类防控疫情的方法和作为的胜利。而是人性的胜利，是良知的胜利。

## 奴才的尊严

此时，中国国内的"抗疫措施"已经从"焊门封户"不离家，发展到了"破门抓人"去隔离的阶段了。包括深圳，上海，北京等各大城市在内的数十个城市都被采取了"封城静默"的措施。与疫情之初普遍的官僚执法相比，当前的执法者已经完全陷入了摒弃耐心的野蛮执法而有恃无恐。甚至发展到一些本就是社区里的流氓地痞却被雇佣为"志愿者"。穿上只露出眼睛的防护服，利用一副流氓地痞的姿态破门而入居民家中，极尽骚扰，威胁恐吓的黑社会行为之能事。强迫居民离家去接受集中隔离。其嚣张的气焰和姿态中早已没有了对病毒的紧张和失措，其想要达到的目的完全与防疫没有了任何关系。

一时间很多被封锁在家中的市民缺食少水，生活难以为继。基础病病人发病不能就医的情况大量涌现。居民被强制拉走去集中隔离后，居民家中被强制野蛮消杀。财产物品被损坏遗失，而无处伸张。中国式抗疫的次生灾害早已经汹涌而至。成分复杂且数量庞大的"大白"们，却依旧甚至更加的耀武扬威和理直气壮！他们在政权的组织与背书之下，具有着强大的攻击力和保障力以及心理优势，这远远压倒了本就是一盘散沙的中国老百姓中的零星反抗者。被封门困在家中的人，在绝望中采取了跳楼自杀等方式解脱于这种迫害式防疫的案例，在网络中不断的被披露出来。绝望中虽然饱含着愤怒，但是愤怒却难以形成有效的爆发。这个中国社会的死结始终还是不能解开。

一个在上海封城静默期间躲在杭州的上海小伙子在 clubhouse 里发言，表示如果自己被困在上海家中，有人敢来强制封门或者要拉走他去强制隔离，他如果选择自杀也一定要先弄死几个"大白"。而此时，依然还有始终对防疫政策抱持赞许的人，在我的朋友圈下留言表示，"搞不懂为什么会有人抵抗这种"为了大家都好"的防疫措施。面对政府的防疫政策，即使是封门静默也应该理解配合。不配合的就应该强制执行"！

确实在很多的中国人的价值观里认为，做一个卑躬屈膝甚至献媚求宠的奴才，确实比做一个被推上断头台的反叛者活的更有价值，也更有尊严。其中的核心价值点就是，无论活的多难看，都比死了更有价值。活着就是最大的尊严！就如同中国的那句老话，"好死不如赖活着"。

在这个核心价值建立起来之后，就可以不断的想办法，去美化这个"难看的活法"。给这个"难看的活法"注入价值内涵，再赋予体面和尊严的光环。他们首先不得不先要让自己去相信，自己的选择和做法不是卑微懦弱的奴性，而是深明大义的睿智。之后再想办法组织一套理论体系，去让别人也能相信和理解。更重要的是，要把用跪在地上笑着接受主子强奸得到的赏钱，拿到其他人面前炫耀一下，以证明自己的价值选择和江湖睿智确实让自己活成了"人上人"！

这样的价值诠释和排序，无疑是与对待防疫措施的态度一脉相承的。在这样的价值逻辑里，无论是被强迫戴口罩，还是被强迫集中隔离，被强制打疫苗，或者家门被焊死，都不是大问题。都可以忍受配合。在他们的价值认知里，已经把反抗失败后的"颜面扫地"，看的比跪下来笑着被强奸更加丧失尊严。忍辱负重的人才能成大事，享受强奸的人更充满睿智。

如果这样的"防疫逻辑"发展下去，那么，假如割掉扁桃腺可以防止重症，在呼吸道里植入一个医疗装置，以防止病毒传播！如果当以上这样的做法都得到了"医学专家"的背书，都被"论证为"是对防疫有利和必要的措施。都是为了大多数人好的政策。是不是都可以发出政令对公民强制执行。或者对不接受的人限制他的公共权利。奴才们恐怕是要跪下来感谢龙恩浩荡，并且警告不配合的人别不识时务！不仅要身体力行的理解配合，还要坚决与不配合的人斗争到底。

懦弱者不等于不残暴！奴才的最大特点是，一旦他们相信了造反能成功，他们会第一个把主子弄死，但是在他们觉得造反不能成功的时候，他们就会一直帮着主子去弄死造反的人。当"防疫策略"被中共官方明确定义为非单纯的医学问题的时候，我已经明显的感觉到，疫情防控在中国已经完全进入了一个新的阶段。纵权者的醉翁之意早已经不再半遮半掩，而享受强奸的奴才们必须主动换个姿势，再创新高潮。

## "迟疑"的空间

　　一直支持和高度评价国内疫情防控措施的阿 S 也终于忍不住在他的朋友圈开始吐槽。批评当前国内的防疫政策。在洒红节的当晚，阿 S 提出要在我们同在的一个微信群里搞一次"云干杯"的群聚会。几杯酒下肚的阿 S 也坦陈了国内的疫情防控措施让他公司的生意颇受影响。我把 2021 年初，他在此群微信群里，高度赞扬国内的抗疫措施是全世界第一。并且表示"核酸检测很方便，一周四次也不是问题"的发言截图，再次发在群里。问他此时什么感受？阿 S 依然没有否定自己曾经的论断，甚至也巧妙的躲过了去否定曾经被他高度肯定的防疫措施，而是仅仅针对当前的局面，表示中国的防疫措施没有"与时俱进"。

　　此时的我，已经意识到这个所谓的抗疫行动，已经完全转化为了一场政治运动。而这个民族里的人，在这样一场荒唐的闹剧发展到今天的时候，基本上还依旧没有必要的觉醒和进步。出现的个别反弹和牢骚，完全是自己的那份蛋糕被动了之后的抱怨。如果我们给阿 S 这样的抱怨者一张"特别通行证"，让他工作生活都不受，或者少受防疫措施的影响，也许他们还是会继续默认甚至支持和赞许当前这样的抗疫措施。这很可能会"倒逼"防疫运动出现一套利益和生态体系。让这个社会进入一种更加失衡和混乱的状态。

　　而让我更加担心的是，在这样一场政治运动和社会浩劫不断深入的过程中。那些一直以来宣称要坚持从善如流，不做与社会和他人有害之事的那部分人，以及那些只追求岁月静好而独善其身的不革命者，在面对必须选择和被强迫选择的"电车难题"的时候，是不是还真的能守住不与任何人为敌的"不害人"底线？因为留给"迟疑"的空间可能会越来越小。

　　这在当前的中国社会里，让我确实感到隐忧。因为我始终还是相信，有什么样的人民就有什么样的政府。一个国家的局面归根结底还是这个国家里的人民造就的。然而令人遗憾和气馁的是，我们面对的不仅仅是一个偶然得手的，"拿着邪念当梦想"的政治投机客，而是一个充满了巨大局限性的国家和民族，乃至于一个时代。一个政府让我们看在眼里的种种劣迹和恶行，其实很可能是来自于这个国家和民族所具有的劣根性和文化弊病的孕育。

# 七、率性的生活才是最有尊严的生活

## 最原始的不自由

如果说起人类"最原始的不自由"，大概就要算是不能自由掌控自己的"出生权"了吧。这份"最原始的不自由"，又衍生出来了个人对血统与种族的不可选择。同时让个人不可选择的，还包括出生地和所属的族群。就好像人到这个世界上来，并非是由自己所决定一样，每一个人在一出生的时候也会有一个同样并非由他自己所决定的，且不可更改的"原生民族"，和一个不需要你宣誓效忠，就可以拥有的"法定国籍"。

现代世界的政治秩序，以及个人的社会权利，基本是以国家为单位而构建和获得的。文化以及宗教的差异也在很大的程度上是以民族的存在而形成的。国民们难以克服的要根据国家和民族的划定，去承担法定的责任和义务，去获得利益的保障和情感的归属。现代社会里的人，基本上是无法游离于国家和民族的概念去生活的。

与此同时，无论是为了免受和抵抗来自域外的侵袭和进犯，或是为了积蓄足够于发展和稳固自己所在的族群和组织所需的向心力。个体对于自己的国家和民族的"爱与忠诚"仿佛也就被先天的，无条件的，诠释并灌输成为一种"良知底线"和"基础正义"。人类也在不知不觉中也像划分国土一样划分着立场和情感。"国家主义"和"民族主义"在这个人类社会里的"国际化存在"，仿佛是政治和民粹在最早期的一个"合作产物"。

这也让大多数国家里的国民，很少有人愿意再去仔细考量这个"国家"里面所无法剥离的政治立场，和"民族"之间被先天揉进的情感藩篱，是否具有足够的正义性和科学性。大多数的人们也自然而然的，受这份"最原始的不自由"的牵引，而去宿命化的接受生活，固化立场，甚至于去支配情感。而很少再去反省和突破这其中可能存在的暇疵，以及在这样的顺应和服拥里可能"被养成"的，思想上的僵化和局限。以及情感上的被动和狭隘。

一个政治化的"民族精神"，和一个民粹化的"家国情怀"所带给人的无所适从和难以摆脱，有些时候甚至更甚于那个"最原始的不自由"。而其向国民所输出的这些情感控制和意识形态，其根本的逻辑和目的就是要让人们对当前的政权无条件的服从和牺牲。

有很多人认为，对自己的国家和民族的认同与维护本就应该是无条件的，并且这也是对抗在这个世界上普遍存在的，居于国家之间，种族之间的各种"歧视"，所必须且唯一的方法。但事实上，这种对自己的国家和民族与国际社会之间，在价值设定上所采取的绝对割裂化思维，其在客观上反而是为"种族歧视"提供了持续存在的土壤。甚至在一定程度上激化并加深了"种族歧视"的表现形式和生存根基。


## 新歧视主义

正是因为很多"先天"因素的存在，造成了"后天"环境中的遗憾。人类社会里的"歧视"就如同自然界里的"病毒"一样不会消失。而在人类还没有找到一种可以扬弃国家主义形态之下的国际政治秩序和结构之前，在还不能进化出一种可以消解民族间情感隔阂的文化和价值之前。"种族歧视"还会长久的存在于人类社会之中。因此，与"歧视"共存是人类必须面对的选择。

但是，这并不妨碍人类将会进入一个"新歧视主义"的时代。"歧视"不再会居于法条和制度层面去建立不平权的条款，更不会再漠视"歧视"在行为上跨越法律的边界，去侵犯个体或者群体的权利和尊严。但与此同时，在一个平等和尊重私权的文明社会里，保障人的情感自由和私权选择，是一个文明世界的基本底线。这也为"歧视"保留了其无法被挤占的空间。

病毒会不断变异，"歧视"也在改变着形态。尽管随着法治和社会文明的进步，凡是再试图存在于制度和规程里的"歧视"，都不会再具有长久的生命力。在舆论的导向和公共介质的表达上，甚至在人与人之间交往的态度中所存在的"歧视"痕迹，可能也会越来越日趋收敛和克制。"歧视"将再不能以冒犯的形态存在。但"歧视"本身并不会在这个充满了差异和分歧，遍布着双标和主观的世界里消失。其只会以更多的表现形态长期存在于人类社会。只不过更多的"歧视"会越来越隐蔽的体现在情感态度中，和个体权利的选择上。

可能从某种意义上来看，一个人并没有太过充分的理由，因为自己所属的民族而感到过多的"自豪"或者"自卑"。一个民族属性之下所存在的文化优劣与文明进步程度是一种客观的存在。因为那可能既不是他自己的选择或缔造，也不是他作为一个个体能轻易更改的内容。在人类的历史长河里，一个民族的衍化与进步往往是跨越代际的。一个强大的人格应该敢于去正视和坦承其民族属性里存在的各种劣根性，同时也不怕去迎面和应对其中所含有的谬意和偏见。一个敢于去追求灵魂自由的人，不介意用他一生的时间去告诉世界，他与他所属的国家和民族，彼此之间都不具有绝对充分的代表性。

这世界只有谬误和主观之下的认知，但是没有无缘无故的歧视。我们必须承认我们生活在一个充满"标签"的世界里，并且无法摆脱。人很难避免受到各种资讯的影响，更难避免透过以往的个案体验，去建立对一个群体的普遍性认知。然而在每一个国家乃至民族的"标签"上，恰恰就是写满了各种正确或者错误的认知，和主观或者客观的表达。

把对一个国家和群族的"标签化"认知和情感态度，转移到来自这个群体中的每一个个体身上。这显然既不公平也不科学。但是人们在大多数的时候还是会选择不断的更新，迭代，或者改写和续写这个"标签"，以便使其造成的误判概率和相对成本尽力趋低。但是始终难以将它抛弃。

"标签"不仅让你在进入黑人区的时候就会比在白人区更加谨慎和关注自己随身物品的安全；也会让你在经济和政治文明欠发达的威

权国家，对法制和诚信的依赖度低于经济发达的民主国家。"标签"甚至会让你在生活中与人打交道的时候，难免会靠肤色，民族，国籍，宗教去区分和选择具体的交往方式和交流态度，并且去预支必要的防意和戒心。

而一个充满了"标签"的世界，虽然有可能行之有效，但是却无法消除歧视。同时写着灼见和偏激的"标签"，也释出了无声又无争的"歧视"。我们在阅读标签的同时，也在书写着标签。我们在被别人歧视的同时，也在歧视着别人。而此时此刻值得追问的是，是否也正是"歧视"帮助了我们在人群中去安身立命？是否也正是"歧视"驱使了我们去探索未知，和疏解对立？

当你看到那些极权国家里的人民，在暴政下卑躬屈膝的苟活却还经常夜郎自大释放戾气；当你看到那些贫穷落后的国家里的人民，普遍好吃懒做且又自暴自弃；当你看到那些迂腐蛮昧国家的糟粕文化，使他们的人民普遍没有良好的生活习惯和文明素养；当你看到那些宗教极端国家里的人民，愿意通过束缚人性来实现精神胜利……

当你看到非洲国家的部落里那些浑身汗津津脏兮兮的男人，和那些袒胸露乳甚至干脆赤裸上身的女人，以及那些仿佛自残一样的唇盘族少女和老妇；当你看到因宗教戒律而只能穿着宽大累赘的罩袍在海水里游泳的穆斯林妇女，和那些被压抑的性需求所折射出来的卑劣和丑态；当你看到用指甲黑乎乎的手指抓起饭菜直接送进嘴里的南亚风俗；当你看到执着于把意识形态化的个人情感"倾注"于本国政治领袖的极权国家的国民……

"新歧视主义"之下，越来越多的人可能愿意去探寻更加务实和有效的方式去处理分歧和差异。用隐蔽的歧视去代替公然的碰撞。但是，接纳不代表认同，包容不等于没有隔阂。你可以沾沾自喜于所享受到的"体面和礼遇"，但不要以为你因"正确和强大"而得到了认同和尊重。也许只是你没有发现，对方已经把那些对你的"歧视"，刻意隐藏起来了而已。如何在包容和接纳不同文化和价值的同时，依然坚守和探索文明的导向，是人类的一个永恒的课题。而在这个过程中，"歧视"显然不是"最好"的方法，但是也许在某些时候，却可能是一个"最不坏"的选择。

改变和扭转"歧视"的途径，不是去逼迫那些歧视我们的人，去否认和忽略我们所属的国家和民族里客观存在的问题，而是应该证明我们自己正在身体力行的去改变和割裂于这些弊病。

我认同 Dalma 的和善与包容。但是这并没有改变我对尼泊尔人的普遍认识，依旧是懒散而不够进取的。反过来，Dalma 也会看到我对自由的追求和坚持。但是这并不会改变他心里对中国人的群体认知。连尼泊尔这么落后的国家，这么贫穷的人民，都懂得并有勇气去反抗暴政，都会在泰米尔不断的发起游行示威，促使政府最终结束了 Lockdown。而与此同时的中国人还依旧还在浑浑噩噩的忍受着封城静默。甚至在互相残害。中国人的奴性和贪生，这也正如尼泊尔人的懒惰和不求上进一样，是一个客观存在的事实。

我和 Dalma 都既不能改变我们各自所属的民族所客观存在的劣根性。我们也都必须面对这些我们可能"配得上的歧视"。但是这也并没有阻止我们"冒着歧视"，去向这个世界展开一个更加独特而生动，不能被代表的自己。

"歧视者"不代表绝对充分的正确和先进，但是他们有权力依据自己的主观做出判断和选择。"被歧视"也并没有那么值得自卑和感到被侵犯。甚至更无须为摆脱"被歧视"而妥协于道德和民粹的绑架以及规训于无形的世俗力量。无论是"保持歧视"还是"接纳歧视"，都是一种自我坚守的人格态度。


## 走火入魔的"不爱有罪"

个人与国家之间的关系应该遵循一种在法律构建之下的"契约关

系"。至于"爱与忠诚"完全只是个人的选择。既不是义务，也不应受任何道德和民粹意识的约束和绑架。我不会也无法把我的"爱"去刻意的投给任何一个政治实体之下的国家。没有任何一个政治实体有资格去掳取我的"忠诚"，也更不可能去绑架我的情感。

我更倾向于"无政府主义者"对社会契约的理解。社会契约的基础首先是个人与个人之间的契约，当人与人之间，和人与集体之间的"被动权威"得到了消解之后，社会文明和政治文明才会得到进步和发展。而在此基础之上，"人民"与一个"政治实体"所建立的契约，才能最大化的去保证每一个个体的自由和权利的不受侵犯。同样，一个国家政体运行在法律支撑的契约关系之下，也远比运行在公众的情感支配之下要更加稳定和健康。

而人类社会面对的现实情况却是，"政治实体"在这个人类社会进步的过程里，很多时候像极了一个趁人之危，为了窃取权力而谄媚又卑鄙，野蛮又狡诈的，令人作呕的无耻之徒！虽然这可能的确就是政治的本质，且又恰好驾驭在了人类社群所难以攻克的人性的局限上。但他绝对不该成为人性的情感依托。我从来不认为"爱"这个高度不具有共识性的概念，可以准确的在人与人之间进行情感传递。尤其是用之表达对一个政体和民族的情感。就更显得无稽和可笑。继而再用之去衡量和约束人的言行，那无疑就是野蛮而无知。

政治的最大发力点无疑就是"国家政体"了。因此，政客对国家和民族的情感号召，如同宗教团体对神旨的传播一样，同样采取了常态化的"情感养成"策略。如果说宗教有可能禁锢了人的精神和认知，那么对"家国情怀"的政治植入，则完全是试图透过绑架人的利益和情感去实现精神控制。

相比之下，这种公然把利益驱动和情感灌输凝结在一起的手段，让政治比宗教在控制民众的效果上，体现出了更加机巧和野蛮的特点。对人在世俗生活里的诱惑和控制也就更加强大。在"信众"内部形成的排他性拥趸和立场化情感也更加强烈。这在人类普遍进入了"政教分离"时代后，宗教在社会中影响力势微的局面，好像也足以证明这一点。

信奉一个"人格化的上帝"远远比不上追随一个"拟人化的国家"更容易获得现实利益和情感共鸣。因宗教冲突而引发的仇视被归于极端主义的同时，为国家利益而战则被赋予了绝对的正义性。

越是在执政权力非市场化的国家里，执政者就越是会强化对国家和民族的情感宣导，继而达到要求民众让渡私权，而稳固政权的目的。殊不知，这份对国家和民族的"爱与忠诚"所导向的结果，事实上早已经被顺理成章的偷换成了对政治强权的服从与牺牲。

利益的反哺使得国民的价值观不知不觉的更趋功利化，情感的控制使国民的社会人格体现出根深蒂固的狭隘化。对自己的民族和国家的否定和不爱，就好像是触犯了伦理天条！背叛了祖宗血脉。对政体和制度的批评就好像是要毁掉丛林法则之下的诺亚方舟一样十恶不赦，而对文化和情感的质疑更像是碰到了自卑家奴的神经 G 点。如此之下，对民族和国家的"爱与忠诚"似乎变成了去成就一个世俗意义上的"健全人格"所必须的"基本配置"。使这其中充满了捍卫利益的骄横和抵抗自卑的戾气。更没有人愿意去正视，这份对国家的忠诚里有多少功利心，这份对民族的情感中又藏着几分江湖气？

政客们努力营造的，所属群族与整个国际社会的二元化思维，使人们会更多的关注当国际环境里出现极端局面时，所属群体的利益和安全。而忽略了"政治本位"的思维意识对一个健全的人格在日常生活中的摧残和僵化。而国家情怀和民族主义在当前人类社会中的普遍性存在，也让人们更容易自然的放弃对事实和正义的追求，而趋同于一个更加立场化和功利化的价值逻辑。政治化的民族主义和法制化的爱国主义，只会让国民变得更加肤浅和自弃。满足虚荣和掩饰自卑的精神投喂，终会从济世灵药变成人格毒品。

这个世界的近代史，一再揭示着一个事实。那就是一个国家和民族之所以得到认同和尊重，并不取决于他的人民有多么的维护和忠诚于这个国家和民族，而是因为这个国家和民族所栽培的人民，为这个世界和人类社会所创造的价值。

## 率性的生活才是最有尊严的生活

从 1453 年哥白尼的《天体运行论》，到 1687 年牛顿的《自然哲学的数学原理》，人类用了 244 年的时间，才完成了科学革命。说服了人类的主流意识对自然科学理论体系的包容与接纳，以致采用。如果要是从最早提出"经验主义和理性主义"的泰勒斯的时代算起，人类从神权统治一切的时代，走进彻底摆脱神学理论对思维意识的绝对统治，所用的时间有可能超过了二十个世纪。这已经不再是"时代的进程"之局限，所带给人的"遗憾"，也不是"人类文明发展"的缓慢带给人的"气馁"，而是我们在这个星球上生而为人，所不得不面对的现实。

我愿意始终让自己做一个"不可知论者"。而不是去归属任何一个宗教派别。我的认知不应该被格式化，我的意识也拒绝被形态化。我的爱和忠诚拒绝被任何一个政体和民粹所绑架。包括我所出生和成长的这个"共和国"。我只会把我的情感投给栽培灵魂和承载生活的土壤和人性。没有神的护佑，生灵不会灭亡。不在世俗中妥协，人格也可以找到栖身之所。即便是在与歧视共存的世界里，也会有一片自己的立命空间。摆脱了政治和民粹的束缚，也会给自己的情感和思想多一份自由。

虽然在这一刻，我依然不得不决定继续留在路上。但是我知道这一次，我今生的环球旅行已经确定结束了！虽然在这一刻，我还是不能去规划我接下来的生活，但是我知道又到了一个要让自己去遗忘，并和过去说再见的时刻。

尼采说，离一个人最远的，就是他自己。

人的一生中更有趣的，是去不断的努力发现一个未知的自己，而不是去不断的努力让自己以及别人相信，此刻的自己就是那个心中想要成为的自己。我不得不承认，这次疫情给了我一个继续让自己留在路上，而逃避去规划未来生活的机会。但同时，这也让我有了更多的机会去了解自己。有更多的时间去思考如何去建立一个自己与这个世界相处的方式，以及如何去开启一种更加符合自己内心的生活。

# 肆拾玖

疫行 琐记 杂忆

## 疫情时期的环球旅行

作　　者：NZ·S

责任编辑：Gordon Li

出　　版：飞马国际出版社

出版日期：2024 年 11 月

国际书号：978-1-998496-10-5

All rights reserved.

Published in Canada by Pegasus International Press

Library and Archives Canada Cataloguing in Publication

Title: Global Travel During A Pandemic

Names: NZ·S, author

ISBN: 978-1-998496-10-5 (paperback)

ISBN: 978-1-998496-11-2 (ebook)

www.ingramcontent.com/pod-product-compliance
Lightning Source LLC
Chambersburg PA
CBHW021659120626
46545CB00004B/1313